"오늘보다 더 나은 내일을 꿈꾸는"

_____님께

Lifetime Challenger(라첼)

著者 전병수 드림

실전 사례로 풀어보는
상가 셀프 경매의 정석

실전 사례로 풀어보는
상가 셀프 경매의 정석

전병수 지음

매일경제신문사

프롤로그

Story 1. 갈매기 '조나단'의 꿈

1970년대 미국 작가 리처드 바크(Richard Bach)는 100쪽 분량의 소설《갈매기의 꿈》을 썼다. 주인공은 '조나단 리빙스턴'이라는 갈매기다.

갈매기 조나단은 남다르다. 대부분의 갈매기들이 자신들의 삶에서 가장 중요하게 여기는 것은 먹잇감이다. 그러나 조나단에게 절실하고 중요한 것은 먹기 위해 연명하는 삶이 아니다. 하지만 조나단의 멘토였던 아버지마저 비행의 목적은 먹이를 찾는 것이지, 비행 자체가 아니라며 그를 나무란다.

그러나 조나단은 온종일 '완벽한 비행' 그 자체를 위해 피나는 연습을 한다. 그는 매일 빠른 속도로 수면을 향해 하강하다가 순간 멈추어 다시 수평으로 나는 고도의 기술을 연마했다. 그는 이 반복을 통해 자신의 비행 기술의 한계를 조금씩 극복해나갔다.

그는 '가능의 한계'를 알고 싶었다. 그의 시도는 언제나 경계를 확장하다 보니 종종 실패했다. 실패는 완벽을 갈고닦기 위한 필수 불가결의 과정이다. 실패가 없는 성공이나 완벽은 존재할 수 없다.

어느 날 조나단은 이전보다 빠른 속도로 물위로 하강했다. 100km 이상의 초고속으로 급하강하던 중, 정확한 순간에 멈추지 못해 벽과 같은 수면에 부딪혀 거의 죽을 뻔한 위기에 놓인다.

조나단은 자책했다.
"나는 갈매기다. 내 태생의 한계를 수용할 수밖에 없다. 만일 내가 매의 속도로 날 수 있다면, 매의 짧은 날개를 가지고 태어나 물고기가 아닌 뭍의 쥐를 잡아먹었을 것이다."

그는 체념하며 자신의 무능을 수용하고, 다른 갈매기처럼 그지 물고기를 잡아먹으며 연명하는 이전의 삶으로 되돌아간다. 그는 다시 해변에 나가 인간들이 던져주는 과자나 받아먹는 비참한 갈매기로 살아간다.

완벽한 비행을 할 수 있는 예술가를 꿈꿨지만, 구걸하는 신세로 전락한 자신에게 실망한 그는 고민에 빠진다. 그러고는 다시

'갈매기'로서 한 번도 시도해본 적이 없는 새로운 비행 기술을 연마하기로 결심한다.

그는 자신의 날개를 최대한 밀착해 매처럼 접은 뒤, 몸과 바람의 흐름을 하나로 만들 수 있다면 고속으로 날면서도 방향을 자유자재로 전환할 수 있으리라고 생각했다. 그는 수만 년 동안 전승된 갈매기들만의 비행 기법을 버리고 매의 비행 기법을 연습했다.

그는 마침내 시속 300km로 하강할 수 있게 되었다. 조나단은 이제 갈매기가 아니라 '매가 된 갈매기'가 된 것이다! 그는 너무 기쁜 나머지 자신의 동료 갈매기들에게 새로운 비행을 선보였다. 그는 동료 갈매기들에게 더 이상 배만 바라다보며 어부들이 버린 물고기 대가리나 먹으려 연명할 필요가 없다는 '복음'을 전한다.

그러나 조나단의 새로운 비행 기술은 동료 갈매기들의 시기와 질투의 대상이 되고 만다. 복음을 전하는 자들은 항상 배척당하기 마련이다. 동료 갈매기들은 조나단의 행위를 '분별없는 무책임'이며 비굴해도 가능한 한 살아야 한다고 설교한다. 그러고는 조나단을 공동체에서 추방한다.

조나단은 홀로 멀리 떨어진 절벽에서 비행을 연습한다. 그가 슬픈 이유는 자신이 소외되었기 때문이 아니다. 그는 동료들이 완벽한 비행을 할 수 있다는 사실을 알지 못하기 때문에 슬프다.

끊임없는 고공낙하 비행 기술을 시도하며 다른 갈매기와는 다른 비행법을 터득하려 노력했던 조나단….

세월이 많이 흐른 어느 날 조나단은 높은 하늘을 유유히 나르는 자신의 날개가 은빛으로 빛나고 있음을 알게 된다. 다른 갈매기보다 더 높이 오르고자 하는 조나단의 꿈이 마침내 실현된 것이다.

Story 2. 어떤 사무관의 일탈

《갈매기의 꿈》이라는 책을 읽어보니 불현듯 필자의 10여 년 전 모습이 생각난다. 중앙부처 5급 사무관으로서 안정된 공무원 생활을 하던 필자는 평생 연금이 보장되긴 하나 역동적이지 않던 일상에 실망하고서는 또 다른 일탈을 꿈꿨다. 대부분의 동료들이 주어진 월급에 안주하며 상사나 동료 또는 일로부터 오는 스트레스가 심하더라도 어느 정도 감수하는 분위기였다. 20년만 근무하면 60세부터는 공무원 연금이 나오고, 또 30년 정도 근무하다 퇴직 시 관운이 받쳐주면 가문의 영광이 될지도 모르는 부이사관 이상 자리까지(살아생전 필자의 아버님은 늘 강조하셨다. 사무관 이상부터는 족보에 올라간다고!) 영전하는 등 퇴직 시 받을 화려한 '레테르'와 매일매일 등산만 하고 살아도 굶어 죽지 않을 수준의 평생 연금이 나오는데, 뭐하러 무리하게 비행할 필요가 있겠는가?

하지만 필자가 초등학교 때 읽었던 《갈매기의 꿈》이라는 소설에 나오는 주인공 갈매기 조나단의 운명처럼 필자는 직장생활을 하는 틈틈이 부동산 재테크, 그중에 경매를 통한 재테크를 갈고닦기 시작했다.

'9 to 6'라는 일상의 시간 틀에 갇혀 사는 삶이 아니라 스스로 비행하며 자유자재로 고공 낙하하는 기술을 연마하며 남들이 모르는 먹잇감을 찾아낼 수만 있다면, 필자는 자유의지를 가진 인간으로서 또 다른 멋진 미래를 그려나갈 수 있을 것이다!

10대부터 60대까지 모든 한국 사람들이 공무원을 꿈꾸는 사회에서 필자는 나름대로 재테크 인생 플랜을 착착 진행해온 가운데, 결국 16년간의 공무원 생활을 마감하고 무척이나 담대하게 퇴직서를 제출했다. 주변의 모두가 반대하는 무모해 보이는 결정이었다.

이후 국민연금으로 대체 가능한 퇴직금마저 필자는 모두 일시불로 수령한 후에 경매 투자를 위한 시드머니로 활용했다. 이 또한 모든 은퇴 전문가들이 반대하는 사안이지만, 어쩌면 필자는 세상 사람들을 얽어매는, 아니 필자의 머릿속 한편에 조금이라도 의지하고 있는 구차한 사다리를 가차 없이 치워버려야 또 다른 세상으로 날아갈 수 있을 것 같았다. 아무리 그 길이 험난할지라도 말이다.

10여 년 전 인생을 바꾼 이 결정이 과연 현명한 선택이었는지는 아무도 모른다. 다만, 필자는 5급 사무관이라는 안정된 직장 생활만으로는 도저히 벌 수가 없는 재산을 치열한 경매의 세계를 접하며 좌충우돌하는 가운데 벌어들이고 있으며, 또한 앞으로도 수많은 자유낙하 등 여러 가지 비행법을 통해 벌어갈 것이다. 아무리 삶이 고단할지라도 말이다.

"찬란하게 비행하는 방법을 배우십시오. 완벽한 비행은 당신이 짧은 인생 동안 시도할 수 있는 최선입니다."

어느 수필집에서 읽었던 아름다운 명대사처럼, 인간의 삶이란 죽을 때까지 완벽 그 자체가 아니라 완벽을 향한 열정과 노력을 기울이는 과정이 아닐까? 에베레스트산 정상에 오르는 게 목표가 아니라 정상을 향해 열정과 노력을 다해 올라가는 것, 거기서 우리는 인생의 참 의미를 찾아야 하지 않을까?

공무원이나 대기업 같은 안정된 직장인의 삶과 경제적 자유가 있는 사업가의 차이는 어디에 있을까? 사업가에게는 자기결정권이 있다. 진정한 자유인이 되기 위해서는 자기결정권을 확보할 수 있는 사업이라는 길로 입문해 최종적으로 내가 일하고 싶을 때 일하고, 쉬고 싶을 때 쉬는 구조를 만드는 길에 있다고 본다.

로버트 기요사키는 《부자 아빠 가난한 아빠》라는 책에서 성인 남녀를 크게 '봉급 생활자, 전문직, 사업자, 투자자'의 네 가지 직업군으로 분류했다.

봉급 생활자와 전문직은 자신의 노동력이 수입원인 구조다(물론 평범한 봉급 생활자에 비해 의사 같은 전문직이야 아무리 일이 고되어도 명예도 있고 수입도 많기에 모든 게 다 용서가 될 것이다!).

사업가와 투자자는 처음에는 자신이 직접 노동을 하지만 나중에 기업이 성장할수록 사업가 본인을 대신해 업무별로 일을 대행하는 직원과 시스템이 알아서 수입을 창출해주는 부류로서 필자가 가장 이상적으로 추구하는 롤모델이다.

Story 3. 책이 나오게 된 연유, 그리고 이 책의 구성

필자의 첫 책인 《상가 경매로 비즈니스하라》가 나온 지 어느덧 3년이 흘렀다. 첫 책을 쓸 때만 하더라도 작가로서의 경험도 일천한 데다 그간의 경매 경험을 되짚어보며 정리한다는 느낌으로 썼던 책이라서 그런지 필자가 보기에도 미진한 부분이 많았다. 언젠가 다시 한번 손을 봐야지 내심 생각하고 있던 찰나에 두드림미디어의 한성주 대표님께서 돌연 전화를 주셨다.

첫 책 초판이 소진되어 2쇄 인쇄에 들어가야 할 것 같은데, 수정할 부분이 없냐는 것이었다. 갑작스럽게 내용 전체를 뜯어고치려고 보니, 한도 끝도 없을 것 같아서 일단 원본 그대로 2쇄 인쇄를 진행하도록 하는 대신에 그동안 필자가 운영 중인 블로그인 네이버 '라첼의 셀프 경매'를 통해 틈틈이 올려둔 글들을 다시 정리해 색다른 시각으로 상가 경매 전반에 대해 기술해보았다.

두세 달 동안 집중적으로 블로그 글 위주로 정리하고 보니 분량이 다소 많아져 결국 경매 이론 편과 상가 실전 경매 편을 다룬 책 두 권으로 나눠서 나오게 되었다. 필자의 상가 실전 경험 위주로 쓴 이 책에서는 지난 15년간의 아파트·상가·토지 경매 가운데 주로 상가 경매에 포커스를 맞추어 기술해보았다.

필자는 퇴직 이후 월급을 대체할 가장 안정적 수단으로 상가 경매 투자만 한 훌륭한 수단을 경험해보지 못해왔기에 역세권 입지 분석부터 섹션오피스·소호사무실·소호창고·고시원 등 다양한 유형의 공·경매 투자를 통한 전문임대업자로서의 길을 소개했다. 물론 지면의 한계가 있긴 하나, 덤으로 NPL 경매나 법인 투자 등 다양한 형태의 경매 비행술도 함께 지면에 풀어보았다.

'파트 1. 상가 경매의 ABC' 편에서는 역세권 입지 분석을 통해 좋은 상가를 낙찰받아 상가 임대를 한 사례 위주로 기술했다.
'파트 2. 섹션오피스', '파트 3. 소호사무실·소호창고', '파트 4. 공유오피스·고시원' 편에서는 은퇴자들이 가장 관심이 많은 월세 파이프라인 경매 투자 노하우를 공개했다.
'파트 5. NPL 경매' 편에서는 경매 부린이들이 쉽게 경험하기 힘들지만, 수익률을 극대화할 수 있는 사례들 위주로 소개했다.
'파트 6. 법인 투자' 편에서는 필자가 학원 수강생들과 함께 운영해온 부동산 법인을 활용해 경매 투자를 한 경험을 풀어보았다.
'파트 7. 상가 경매 심화학습' 편에서는 경매 투자자로서 반드시 알아야 할 상가임대차보호법·주택임대차보호법 및 상가수익률 계산하는 방법 등 '알쏠경지(알아두면 쓸모 있는 경매 지식)'에 대해 정리해보았다.

책을 집필할 때마다 늘 미완성교향곡이라는 느낌을 지울 순 없지만, 부디 이 책이 경제적 자유를 꿈꾸는 모든 분께 훌륭한 이정표가 될 수 있기를 기원한다.

아울러 이 책이 나오기까지 아낌없는 지도 편달을 해주신 박재욱 변호사님, 박성환 법무사님, 이해용 세무사님, 권승기 교수님, 서만석 교수님, 김동부 교수님, 이영삼 교수님, 사랑하는 누나 전춘희 님과 늘 자애로우신 매형 이중재 님, 인생의 든든한 방패막 같은 두 형님, 전상수 님, 전철수 님, 그리고 ㈜두드림미디어의 한성주 대표님, 잦은 원고 수정에도 아무 불평 없이 수고해주신 최윤경 팀장님을 비롯한 출판사 가족 모두에게 진심으로 감사의 말씀을 전하고 싶다.

마지막으로 인생의 뒤안길에서 길 잃은 한 마리 영혼을 올바른 길로 이끄신 하나님과 결국 세례까지 받게 해주신 일산 큰빛교회 김종철 목사님, 박기환 집사님, 눈에 넣어도 아프지 않을 하늘이 주신 사랑하는 두 아들 '전영진과 전영훈'에게 이 책을 바칩니다.

전병수

차 례

프롤로그   4

Part 1 상가 경매의 ABC
"역세권 상가 경매로 시드머니 만들기"

상가 투자란 무엇인가? …… 25
상가 경매의 기본은 역세권 투자다 …… 29
Case Study 01 지하철 개통 2~3년 전을 공략할 것! …… 39
Case Study 02 빨래방 하려다 어린이집으로 임대 주기 …… 43
Case Study 03 독서실 하려다 헬스장 임대 주기 …… 51
Case Study 04 소호사무실 하려다 요양원에 매각하기 …… 64

Part 2 섹션오피스
"상가 개발로 연봉 1억 원 세팅하기"

거인의 어깨 위에 올라타라 …… 80
Case Study 01 행신 역세권 상가 – 연봉 3,000만 원 세팅하기 …… 83
Case Study 02 일산 백석동 상가 – 연봉 3,000만 원 세팅하기 …… 91
Case Study 03 상동 역세권 상가 – 연봉 4,000만 원 세팅하기 …… 102
Case Study 04 2억 원 유치권 깨고 섹션오피스 개발하기 …… 114

Part 3 소호사무실·소호창고
"365일 월세 받는 연금 파이프라인 만들기"

상가 경매는 경제적 자유를 안내할 지름길이다 …… **139**
Case Study **01** 폐문부재 상가 소호사무실로 개발하기 …… **141**
Case Study **02** 망한 미용실, 소호사무실로 개발하기 …… **150**
Case Study **03** 지하헬스장 소호창고로 만들기 …… **155**

Part 4 공유오피스·고시원
"상가 경매로 노후 대책 마련하기"

모리 회장에게 배우다 …… **169**
Case Study **01** 룸살롱 낙찰받아 공유오피스 만들기 …… **178**
    Step 1 20억 유치권 걸린 룸살롱 명도하기 …… **179**
    Step 2 룸살롱 철거 후 만화카페 개발 …… **197**
    Step 3 공유오피스 개발기 …… **199**
Case Study **02** 고시원 낙찰받아 노후연금 만들기 …… **212**

Part 5 NPL 경매
"NPL 경매로 투자 기회 엿보기"

Case Study **01** 유치권 경매라 쓰고 NPL 경매라 부른다 …… **236**
Case Study **02** 필자는 아파트 경매에도 NPL을 활용한다 …… **259**
Case Study **03** NPL 경매로 입찰자 40명을 물리쳐라 …… **271**
Case Study **04** NPL 경매로 적립식 연금 받기 …… **275**

Part 6 법인 투자
"법인 경매 투자의 허와 실"

Case Study **01** 법인 주소는 어디에 두면 좋을까? ······ **291**
Case Study **02** 법인으로 테마상가 낙찰받기 ······ **296**
Case Study **03** 연결호수 매입 시 법인과 개인 명의를 병행할 것 ······ **303**
Case Study **04** 법인은 대형평수 아파트 매입 시 취득세 중과 ······ **306**

Part 7 상가 경매 심화학습
"경매 지식은 부자로 가는 지름길"

상가건물 임대차보호법이란? ······ **315**
상가 수익률은 어떻게 계산할까? ······ **327**
상가 장기수선충당금은 누가 부담할까? ······ **332**
상가 체납관리비 대처 요령은? ······ **334**

Part 1

상가 경매의 ABC

"역세권 상가 경매로 시드머니 만들기"

"진정 무엇인가를 발견하는 여행은 새로운 풍경을 바라보는 것이 아니라 새로운 눈을 가지는 데 있다."

— 마르셀 프루스트(Marcel Proust)

> ## 나이 든
> ## 어느 외판원의
> ## 이야기

- 레이 크록 회장의 맥도날드 창업 스토리 -

52세의 밀크셰이크 기계를 파는 영업맨이었던 레이몬드 크록(Raymond Kroc, 줄여서 레이 크록이라 함). 그는 평생 늘 하는 사업마다 실패해서 장사꾼으로서는 전혀 소질이 없는 것처럼 보였다.

젊은 시절 플로리다에 부동산 투기 바람이 일었을 때 거액을 투자했다가 홀딱 날리기도 하고, 종이컵이 처음 발명되자마자 그 가능성을 알아보고 종이컵 영업맨으로 업종을 바꾸는 등 늘 새로운 도전을 갈구하며 평지풍파를 많이 겪었던 영업맨이었다. 수년간 식당을 돌아다니며 종이컵을 팔며 뛰어난 영업실적으로 승승장구하던 레이 크록은 어느 날 밀크셰이크 기계가 처음 발명되자, 다시 그 가능성만을 보고 돌연 밀크셰이크 기계를 파는 영업맨으로 전직한다.

당시, 그의 아내는 "왜 잘나가는 종이컵 영업맨 자리를 놔두고 한 치 앞도 알 수 없는 밀크셰이크 기계 판매 영업을 하려고 하냐?"며 결사반대했다고 한다.

주변의 반대를 무릅쓰고 미국 전역을 떠돌며 밀크셰이크 영업 활동을 하던 그에게 어느 날, 운명의 여신이 손짓했다. 당시만 해도 매우 값비싼 고가장비였던 밀크셰이크 기계를 대량으로 주문한 식당 한 군데가 눈에 들어왔다. 잘되는 음식점도 한두 개 정도나 비치할 정도로 매우 고가의 장비였는데, LA 인근 샌버나디노라는 캘리포니아의 한 중소도시에서 밀크셰이크 기계 주문이 여덟 대나 한 번에 들어온 것이다.

'도대체 장사가 얼마나 잘되는 식당이길래 여덟 대나 주문을 하지?' 문득 강렬한 호기심이 들었던 레이 크록은 그 햄버거 음식점을 직접 찾아가 보기로 했다. 멀찌감치 살펴보니, 수많은 사람이 대기 줄에 서서 줄지어 햄버거를 사 먹고 있는 광경을 보게 된 레이 크록은 이 가게의 인기 비결에 대해 하나씩 꼼꼼히 살펴보기 시작했다.

쓰레기 하나 없이 종업원들이 매장 안팎을 청결하게 운영하고 있었고, 음식 조리도 마치 포드차 조립공정처럼 줄지어서 대량주문을 받아 요리하고 있었다. 다른 햄버거 가게와 달리 잡다한 메뉴 없이 햄버거, 프렌치프라이 등 경쟁력 있는 몇 개의 메뉴만으로 승부했고, 셀프서비스 등 효율적인 경영 방식이 눈에 띄었다.

맥도날드라는 성을 쓰는 형제가 운영하는 시골의 작은 햄버거 가게였지만, 레이 크록은 이런 가게라면 프랜차이즈를 운영해도 좋겠다는 생각이 들어 두 형제와 담판을 시작한다. 그러자 이들은 상당히 의아한 표정을 지으며 물었다. "이런 매장을 과연 우리 말고 누가 운영하려 할까요?" 레이 크록이 말했다. "바로 내가 하겠소!"

당시 그의 나이는 52세였고 지병인 당뇨병도 앓고 있었으며, 그의 아내는 "늘그막에 이 무슨 사서 고생이냐!"며 줄기차게 반대했다.

레이 크록은 당시 그가 가진 모든 돈을 투자해 맥도날드 형제로부터 겨우 프랜차이즈 영업권을 따낸 후에 그가 살던 시카고 인근 데스 플레인즈에서 프랜차이즈 1호점을 내게 되었고, 연이어 다른 지역에도 가게를 열었다. 레이 크록이 맥도날드 형제와 계약하던 순간, 그는 이렇게 말했다.

"나의 전성기는 아직 시작되지 않았다."

그러나 사업이 매우 잘되자 오히려 문제가 발생하기 시작한다. 맥도날드 형제에게 매출의 1% 정도를 로열티로 지불하는 조건으로 계약했으나, 사업장이 늘어나게 되자 맥도날드 형제와 삐걱거리기 시작한 것이다. 맥도날드 형제는 레이 크록에게 팔았던 프랜차이즈 영업권을 다른 업자에게도 팔고, 레이 크록 매장의 영업에도 사사건건 간섭하는 등 마찰을 빚게 된 것이다.

절치부심하던 레이 크록은 마침내 또 다른 베팅을 시작한다. 뉴욕의 한 대부회사로부터 당시에는 거액인 무려 270만 달러를 빌려 맥도날드 형제로부터 프랜차이즈 사업권 전체를 인수하는 일생일대의 결단을 내린다.

그리고 레이 크록은 맥도날드 햄버거 체인점 사업을 더욱 혁신화시킨다.

첫째, 모든 조리과정을 매뉴얼화시켰다. 물론 맥도날드 형제 당시에도 매뉴얼이 있긴 했으나 30여 가지에 불과했다. 레이 크록은 햄버거 패티의 두께부터 조리법, 심지어 매장카운터의 높이까지 미국 전역 어느 영업점이나 같도록 매뉴얼화시켰다.

둘째, 미국 내 어느 맥도날드 체인점에서나 동일한 맛을 낼 수 있도록 매니저와 종업원들을 재교육시켰다. 당시 업계에서는 매우 혁신적인 '햄버거 대학'을 만들어 6개월간 전 매장의 종업원들을 불러 어느 매장에서나 동일한 수준의 햄버거 맛을 낼 수 있도록 철저히 교육시켰다.

셋째, 부동산 프로젝트 파이넌싱 기법을 도입한다. 뉴욕의 금융기관으로부터 거액을 대출받자마자, 그는 자신의 전용 비행기로 미국 전역의 부동산을 샅샅이 훑고 다니며 분석하기 시작한다. 도로망이 개설되어 향후 교통 요지가 될 만한 위치의 부동산을 매입한 후, 일간신문에 대대적인 광고를 게재한다.

"프랜차이지(Franchisee)가 될 사업자라면 누구나 일정액의 투자금을 내고 맥도날드 햄버거 본사가 소유한 영업점에서 영업만 하면 된다. 당신은 조리법을 몰라도 된다. 본사가 당신을 교육시켜줄 것이다. 단, 영업 조건은 매출액의 1% 정도에 해당하는 임대료와 로열티를 지불해야 한다. 일단 당신이 프랜차이지가 될 경우, 반드시 20년은 영업해야 한다."

업계에 없었던 레이 크록의 획기적인 프랜차이즈 계약 방식은 인생 2막을 고민하던 미국 전역의 은퇴자들로부터 선풍적인 인기를 끌게 된다. 레이 크록의 맥도날드 본사도 20년간 빌린 거액의 이자 부담도 줄이며 안정적으로 임대수익과 로열티를 확보하게 된다.

맥도날드 햄버거는 자동차 교통의 요지에 유동 인구가 많은 밀집 지역을 타깃으로 운영했기에 맥도날드 매장이 들어오면 몇 년 후 그 지역 상권은 더욱 커지게 된다. 맥도날드 본사 입장에서는 적정한 시점에 매장을 팔게 되면 그간의 매장 운영수익과 부동산 매매차익으로 이른바 대박이 나는 것이다.

오죽하면 맥도날드의 최대 경쟁 햄버거사인 버거킹의 입지전략이 맥도날드 매장의 바로 앞자리에 차리는 것이었을까? 즉, 자신들은 레이 크록만큼 부동산 입지를 보는 눈이 없으니 무조건 맥도날드 바로 앞에만 매장을 세우고 대신 햄버거 맛으로만 승부한다는 발상이다. 바둑으로 치면 '고수들의 흉내 바둑'이라고나 할까?

누구나 생각할 수는 있겠지만 실행하기는 어려운 일이다. 레이 크록은 햄버거 식당을 운영해본 노하우가 있는 것도 아니었다. 사업을 다시 하기에는 너무나 위험한 50대였고, 주변에는 그의 아내를 비롯해 줄지어 말리는 사람밖에 없었다.

"콜럼버스(Columbus)는 미국을 발견했고, 토머스 제퍼슨(Thomas Jefferson)은 미국을 건국했고, 레이 크록은 미국을 맥도날드화했다"는 은유적 표현도 있듯이 50대 한 늦깎이의 도전이 마침내 세상을 바꾼 것이다!

상가 투자란 무엇인가?

　우리나라는 전 국민이 아파트 가격의 등락에 민감한, 말 그대로 '아파트 공화국'이다. "당신이 사는 곳이 당신을 말해줍니다!"라는 풍자적 언어 유희도 있듯이, 대한민국 국민 누구에게나 '어디에 사시는가?' 한마디면 그의 재산 규모를 파악할 수 있을 정도이며, 수도권 아파트 가격의 급등락 여부에 따라 선거 판세가 바뀔 정도다.

　이 책은 이러한 아파트 공화국에서 필자가 지난 20여 년간의 부동산 투자를 뒤돌아보며 지금 현재 퇴직을 앞두고 있거나 또는 퇴직 이후 안정적 월세를 희망하는 은퇴자들을 위해 쓴 책이다. 10년 전, 부동산 경매에 전념하기 위해 안정된 공무원 직장까지 그만두고서 그 누구보다 필사적으로 상가 경매에 열정과

혼을 쏟아 부어온 필자이기에 독자들에게 생생한 경험담을 들려줄 수 있을 것 같다.

아파트·빌라·상가·토지 등 여러 부동산 중에서 필자의 가장 큰 관심사는 안정적으로 고정적인 임대수익을 얻을 수 있는 수익형 부동산이다.

수익형 부동산은 우리나라 경제가 선진국형 저성장 국면에 접어들고 기업 업황이 불투명해지면서 베이비붐 세대들의 은퇴가 본격화됨에 따라 많은 은퇴자로부터 더욱 주목을 받는 부동산 유형이다.

수익형 부동산에 투자할 때 포인트는 무엇보다 환금성과 수익률이다. 은퇴자에게 수익형 부동산의 생명은 매달 안정적으로 월세가 들어와야만 월급의 대체재가 될 수 있다.

안정적인 월세를 가져다줄 수익형 부동산들은 종류가 매우 많은데, 크게 주거용·상업용·업무용·숙박용·토지용 등으로 구분할 수 있다.

주거용 수익형 부동산은 다세대·다가구·고시원·셰어하우스 등 주거용 시설을 이용해 수익을 올리는 모델로, 많은 은퇴자가 노후 대비를 위해 투자하는 유형이나, 투자금이 많이 소요된다는 단점이 있다.

상업용 수익형 부동산은 근린상가·테마상가·주상복합상가·단지 내 상가 등이 있는데 대출을 활용할 경우, 자금이 많이 필요하지 않아 인기가 많다. 또한, 단순 임대를 하거나 고시원·소호사무실 등으로 개발할 수 있어 필자가 주로 타깃으로 삼고 있는 부동산 유형이다.

업무용 수익형 부동산은 지식산업센터·업무용 오피스(섹션 오피스)·물류창고 등으로, 요즘과 같은 저금리 시대에 들어 안정적 수익원으로 많은 은퇴자로부터 각광을 받고 있다.

숙박용 수익형 부동산은 게스트하우스·분양형 호텔·펜션·모텔 등 숙박 시설을 이용해 수익을 내는 모델인데, 코로나 사태 등 외부변수에 민감하고, 입지와 상품별 특성에 따라 수익률 차이가 크다. 또한, 투자 자금이 많이 소요되기에 입지 선정에 더욱 신중해야 한다.

토지용 수익형 부동산은 주말농장·캠프장·농원·수목원·가족묘지 등 토지를 이용해 수익을 내는 부동산이다.

이들 중에 필자가 주로 타깃으로 삼고 있는 부동산은 상가다. 지난 20년간 필자는 아파트를 위시해 오피스텔·토지·상가 등 여러 부동산에 투자해보았지만, 상가만큼 안정적인 수익률을 보장해주는 부동산은 찾지 못했다.

아래 표에서 볼 수 있듯이 상가에는 근린 상가·테마 상가 등 수많은 종류의 상가들이 있다. 이 중에 어떤 종류의 상가가 안정적으로 수익을 가져다줄지 필자는 섣부르게 말하고 싶지 않다. 필자는 남들이 꺼리는 테마 상가도 낙찰받아 수익을 낸 경험이 있다. 필자의 관점에서는 오직 가치 대비 싼 상가만 좋을 뿐이다. 또한, 이런 상가들을 매입할 때 필자가 경매로 접근했던 이유는 단 하나다. 싸게 살 수 있기 때문이다.

구분	분류	특징
근린 상가	역세권 상가 일반상업 지역 상가 중심상업 지역 상가 연도형 상가	주거 지역 인근에 주민들의 생활 편익을 제공하는 상점을 말하며, 건축법상 제1종과 제2종 근린생활시설 및 일부 판매 시설, 숙박 시설 등이 입점한 상가
단지 내 상가	아파트단지 내 상가 연립·다세대단지 상가	주택법의 적용을 받아 아파트 단지 내에 입점하는 상가
주상복합 건물 상가	주상복합건물 상가	주거공간과 상업공간이 복합된 건물로 주상복합아파트 및 오피스텔건물에 입점한 상가
아파트형 공장 상가	아파트형공장 상가	아파트형공장+업무지원 시설+판매 시설로 구성된 건물에 입점한 상가
테마 상가	전자 전문상가 의류 매장 전문상가 의료/한방 전문상가	하나의 테마를 가지고 관련 업종을 중심으로 집단화시킨 형태의 상가를 말하며, 한방의료 시설·의류 매장·음식점 등 특정 전문 테마로 입점한 상가
상가 주택	상가+주택	단일 건물에 1~2층은 상가나 사무실로 쓰고, 3층 이상은 주택으로 사용하는 상가 건물

상가 경매의 기본은 역세권 투자다!

　스타벅스는 2020년 9월 기준으로 전 세계 70개국에 약 3만 3,000개의 매장이 있으며, 그중 한국에만 1,500여 개의 매장이 있다고 한다.

　이처럼 한국에 스타벅스가 성공적으로 자리 잡게 된 배경에는 여러 요인이 있겠지만, 무엇보다 스타벅스 내 점포개발팀의 역할이 크다고 한다. 점포개발팀에서 일하는 파트너들은 스타벅스의 매장 후보지 발굴부터 임대차계약, 인테리어 설계 및 공사, 시설의 유지, 보수에 이르는 전 과정을 맡고 있는데, 오픈 매장 후보지 선정 시 맨 먼저 하는 일은 스타벅스 국토개발계획 지도를 제작하는 것이라고 한다.

전국 지도를 펼쳐놓고 스타벅스 매장을 열 수 있는 모든 후보지를 조사하는데, 우선 전국의 지하철역과 신설 예정 지역을 지도에 그려 넣는다. 마찬가지로 버스 역세권도 매장 오픈 후보지에 포함하는데, 버스 정류장별 승하차율을 고려해 매장을 열 여건이 되는 버스정류장을 계산해 추가 오픈 대상에 포함한다고 한다.

사람들이 많이 모이는 장소나 KTX, GTX, 공항, 터미널 등을 조사해 지도에 표시하고, 특히 판교·동탄·김포·파주 운정 신도시와 같이 정부 주도로 건설되는 모든 신도시와 거주인구가 이동하는 동선 등 모든 부동산 정보를 분석한 후에 실제 개발이 시행되는 시점까지 고려해 연도별 매장 오픈 계획을 지도와 연계해 표시해나간다고 한다.

언젠가부터 한국에서는 도심지 곳곳에 스타벅스 간판이 하나둘씩 보이기 시작하더니, 지금은 역세권과 비슷한 의미의 '스세권'이라는 신조어까지 탄생하게 되었다.
이러한 스타벅스 한국지사 내 점포개발팀의 부동산 입지 전략은 상가 경매 투자에서도 매우 유용한 방식이다.

10여 년 전, 필자도 부동산에 투자할 때 먼저 수도권 전역의 지도를 펼쳐놓고 샅샅이 분석했다. 당시만 해도 동원 가능한 금액이 그리 많지 않았기에 항상 경락잔금 대출·가계자금 대출·

마이너스 신용 대출 등 레버리지를 최대한 이용했다. 다소 무리하더라도 가용범위 내 최대치의 물건에 도전한다는 느낌으로 투자를 했다.

아마 평범한 직장 생활보다 경제적 자유를 누릴 수 있는 은퇴자의 삶을 꿈꿔왔기에 더 공격적이었던 것 같다. 퇴직 후 월급 대용으로 나올 수 있는 안정된 월세가 시급했기 때문에 아파트 등 자본차익형 물건보다 임차수익이 나오는 상가 경매에 집중했다. 당시 살고 있던 판교나 강남 일대의 상가는 필자의 자본으로는 어림도 없이 비쌌기에 어느 정도 상권이 안정기에 접어든 1기 신도시 중에서 비교적 저평가되었다고 판단되는 부천, 일산 등지의 상가들 위주로 공략했다.

당시만 해도 사무관으로 한창 바쁠 때라 사이드잡으로 경매 투자를 할 수 있는 가장 좋은 방법은 역세권 위주 투자였다. 역세권 상가는 유동 인구 확보가 쉽고, 임차인 확보도 유리해 월세 수익률이 높고 공실률도 상대적으로 적다. 하지만 기존 역세권 상가의 경우 대부분 고가이기에 나름대로 상권분석을 통해 향후 역세권으로 부상할 가능성이 큰 입지들 위주로 공략했다.

상가 경매 초기 필자의 기본 경매 투자 전략은 역세권 상가를 70% 언저리에 낙찰받은 후 또박또박 월세를 받다가 양도세 부담이 훨씬 덜해지는 3~4년쯤 후에 감정가 근처 100% 가격으로 파는 것이었다.

　역세권에 있는 근린상가는 경매로 잘 나오지도 않고 어쩌다 나오더라도 후면 안 좋은 자리의 상가가 나올 확률이 높거나 고가 낙찰되기 쉽다. 입찰 경쟁도 치열하기에 사전에 충분한 수익률 분석을 마쳐야 한다. 입찰 전에 이 물건에 과연 몇 명이나 입찰할지, 그리고 어떤 사람들이 입찰할지 충분히 고민한 후에 입찰가를 써야 하며, 명도 이후에도 충분한 다음 계획을 사전에 마련한 뒤에 투자해야 한다.

　예를 들어 지난 10여 년간 필자의 주 공략지였던 부천을 살펴보자.
　역세권 상가 투자의 포인트는 신규 지하철역 개통 2~3년 전부터 집중하는 것이다. 필자는 지하철 7호선이 개통되기 3년쯤 전인 2009년부터 7호선 역사가 들어올 입지를 중점적으로 분석한 후에 경매 정보지를 통해 지도 검색을 해 반경 1km 내외 물건들 위주로 공략했다.

　다음은 필자가 지난 10여 년간 주로 경매 입찰에 참여한 물건들로, 지도상으로도 7호선 연장선 역세권 위주로 투자했음을 알 수 있다.

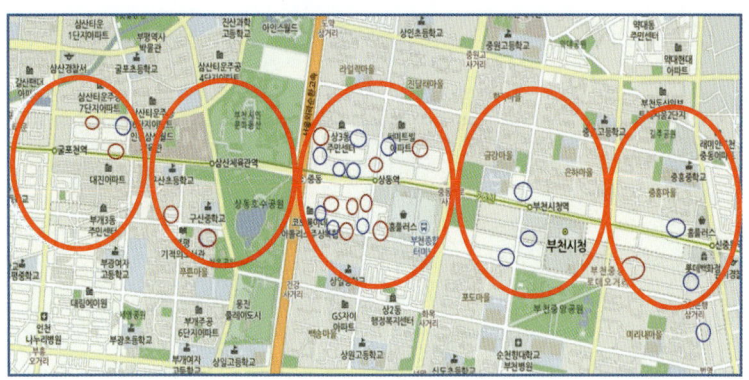

동그라미 친 부분들은 필자가 지하철 7호선 개통 전후 10여 년간 부천 중동 상동 신도시와 인천 부평구 일대에서 입찰에 참여했던 물건들이다. 이 중에 상당수가 낙찰에 성공했다.

부천의 경우 지하철 7호선이 개통되면 기존의 부천역, 송내역 등 1호선 위주의 상권이 7호선 역사 위주로 바뀔 것으로 예상했다.

그래서 평소 필자의 투자 철학(① 해당 지역 내 가장 인기 있는 상권을 공략, ② 남들이 주목하기 전에 입찰)에 따라 공격적으로 입찰한 결과 낙찰도 비교적 쉬웠던 시절이었다.

퇴직 후, 필자가 7년여간 살았던 고양시에서도 주로 지하철 3호선과 경의선 행신역 등 서울로 출퇴근하기 좋은 인접 지역 위주로 공략했다. 사실 일산은 전형적인 베드타운으로, 서울로의 출퇴근은 불편하지만 나름대로 호수공원, 좋은 학원가 등 기본 인프라가 좋아 상가 외에도 아파트도 주 공략 대상이었다.

다음 지도를 보면 철저히 역세권 경매에 집중했음을 알 수 있다.

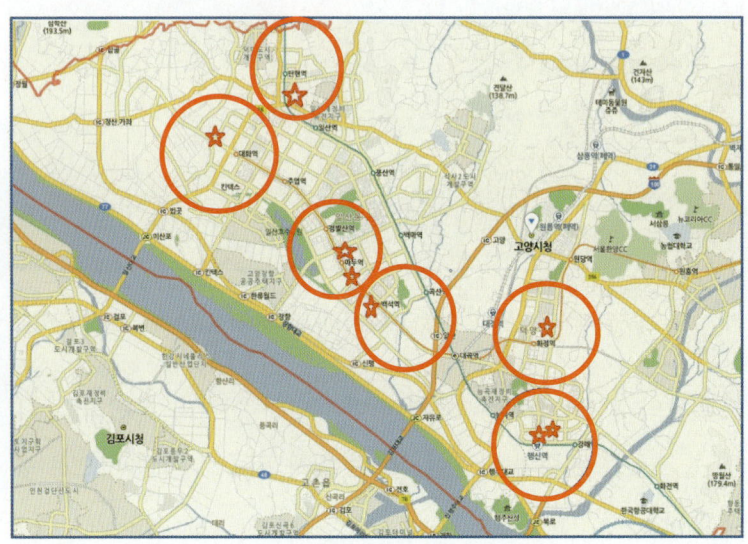

15년간 고양시에서 필자가 경매로 낙찰받아 적정 수익을 올린 후 매도 또는 보유 중인 물건들

필자가 역세권을 고집하는 이유는 직장 생활을 병행하면서도 관리도 가능하고 투자금이 필요할 때 매도하기도 쉬웠기 때문이다. 특히 지하철역 1분 거리의 초역세권 상가는 지금도 몇 채 가지고 있고, 인근 부동산을 통해 즉시매도도 가능하고 투자금 대비 수익률도 높은 편이다. 앞으로도 역세권 위주의 투자법은 매우 유효하리라 판단된다.

예를 들어, 부천 지역의 경우 GTX B노선 예정지인 부천종합운동장 일대와 대곡 소사라인 근처, 부천 스타필드가 들어선 범박

옥길지구, 미니 신도시급으로 변모할 소사구 일대도 주목된다.

언론에 이런 기사가 나오면 항상 1순위로 스크랩해두어야 한다! 필자가 운영 중인 '라첼의 셀프 경매' 네이버 블로그에 보면 이러한 류의 교통망 관련 분석 기사가 많다.

물론 3기 신도시 예정지인 부천 대장지구와 인천 계양지구 및 고양 창릉지구 등은 투자 1순위 후보군일 것이다. 이외에도 지하철 개통이 예정된 오정지구나 지하철 개통이 완료된 시흥, 김포 역세권 일대도 당분간 투자 리스트에 들어갈 것이다.

필자의 '라첼의 셀프경매' 블로그에 스크랩한 지하철 개통 예정 지도와 언론 기사다. 현재 운행 중인 노선이다.

　필자라고 남들과 다른 특별한 부동산 비법이 있는 것이 아니다. 그저 끊임없이 교통망 정비계획 등 해당 지역을 분석하고 거기에 맞는 경매 물건이 나올 경우, 주의 깊게 관찰한 후 입찰에 참여할 뿐이다.

　퇴직 후 10년간을 경매 전업 투자자로 살다 보니 문득문득 과거에 낙찰받았거나 또는 패찰한 물건이 기억의 저편 속에 되살아나곤 한다.

바둑을 두는 프로기사들은 한판의 바둑을 두고 나면 비록 지더라도 반드시 상대방과 복기를 한다. 마음은 쓰리지만, 상대방과의 처절한 복기 과정을 통해 잘 둔 수 또는 잘못된 수를 짚어내면서 다음에 둘 때는 다시는 같은 실수를 하지 않도록 하기 위함이다. 대부분의 프로기사들은 이런저런 복기를 해보며 여러 시간 동안의 바둑을 두는 과정에서 미처 가 보지 않았던 길, 또는 다른 경우의 수를 놓고 끊임없이 되묻기 과정을 반복한다.

필자는 30여 년 전 처음 부동산 투자를 시작한 이후 최근 약 15년간은 경매에 집중해왔다. 상가 경매 초기에는 직장 생활을 병행했기에 상가 개발을 통해 부가가치를 높이기보다는 주로 좋은 역세권 상가를 경매로 낙찰받아 임차를 준 후에 몇 년 후 충분한 시세차익이 나면 매각해서 시드머니를 만드는 전략이었고, 어느 정도의 시드머니가 확보되면 소호사무실·공유오피스 등 자본을 투여해 부가가치를 높이는 방향으로 진행해왔다.

다음 페이지에서 열거하는 사례들은 필자가 지난 15년간의 상가 투자 과정에서 명도가 힘들었거나 상가 경매를 활용해 다양한 비즈니스를 해보려다가 일단 임차를 준 후, 결국에는 매각한 사례들 위주로 선별해보았다. 평범한 직장인도 누구나 할 수 있는 역세권 경매에 기반한 임대 또는 매각한 사례들 위주로 풀어보고자 한다.

| Tip | 상가 경매 물건 선정 노하우

1. 근린상가에 투자하자

근린상가란 주거지구와 인접해 걸어서 이용할 수 있는 상가건물로, 주로 신도시 택지지구 내 근린생활 지역과 근린산업 지역 내 건물이 해당된다. 신도시 근린상가에 투자할 때는 역세권 위주로 하는 것이 좋다. 특히 근린상가 중에 아파트와 인접해 아파트 단지상가 기능도 할 수 있는 7층 미만의 근린상가가 가장 좋다.

2. 지하철 개통 호재를 살펴라

국토교통부 홈페이지나 시도 홈페이지를 통해 개통되는 역사 현황을 예의주시한다. 예를 들어, 부천의 경우 지하철 7호선 개통 시점인 2012년 10월 전 2년간이 최고의 투자 타이밍이었다.

기존의 부천역, 송내역 등 1호선 전철역 위주로 형성되었던 상권이 지하철 7호선 개통 이후에는 중동역, 상동역 위주의 상권으로 점차 이동하게 된다. 현재는 향후 5년 내 지하철 개통 호재 지역을 투자처로 주목해야 한다.

- ▶ 일산·파주 GTX 지하철역 주변 – 대곡역, 킨텍스역, 파주운정신도시
- ▶ 김포 경전철 개통라인 – 고촌동, 사우동, 김포한강신도시
- ▶ 원시·소사 전철역 개통라인 – 소사역 주변, 시흥역 주변 상권
- ▶ 신안산선 개통라인 – 독산동, 석수역 주변, 안산 중앙역, 한양대역 주변
- ▶ 8호선 전철역 연장라인 – 별내역 주변, 진건지구, 구리역 주변
- ▶ 평택 KTX역 개통라인 – 지제역, 서정리역, 송탄역 주변 상권

Case Study 01
지하철 개통 2~3년 전을 공략할 것!

 12년 전 낙찰받은 이 물건은 몇 년 후 지하철 7호선이 개통될 경우에 지하철역 바로 1분 거리의 초역세권 상가로 변모할 입지였다.

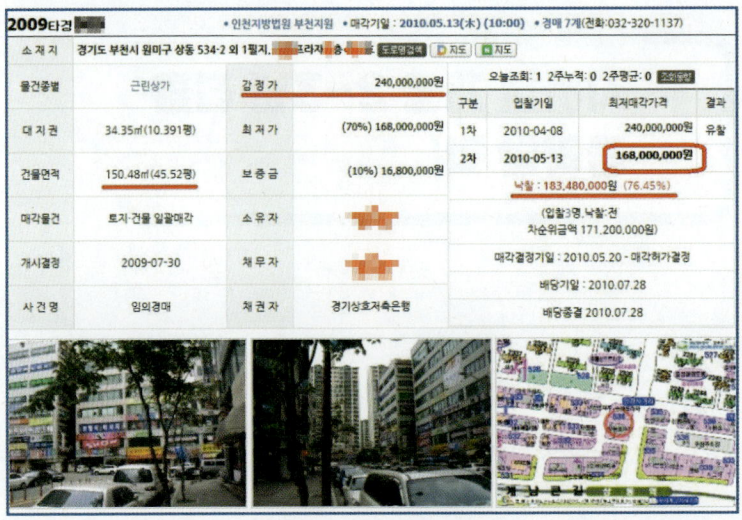

　이 물건이 나올 시점에 경매 정보지를 검색해보면 부천 일대 상가의 평균 낙찰률은 60%대 후반에서 70% 초반 언저리였다. 하지만 좋은 위치라 당연히 경쟁자가 많을 것으로 예상했고, 최소 20여 명 이상 경합자가 몰릴 것으로 생각해 당시 유료 경매 정보지에서 보이는 예상 낙찰가보다 과감하게 올려 쓰기로 했다.

　2010년 당시만 해도 부천, 인천 일대 상가 경매 입찰 시 70% 이상을 쓰면 고가 낙찰에 해당했다. 필자 대신에 대리 입찰로 참석한 아내의 후일담을 들어보니, 과감하게 예상가보다 6% 정도 높게 76% 정도 가격으로 낙찰받으니 역시나 법원 여기저기서 수군거리는 목소리가 들렸다고 한다.

"생초보가 왔네. 저렇게 높게 쓸 거면 동네 부동산 중개사무소에서나 사지! 괜히 경매 판을 흐리고 말이야."

요즘같이 100% 이상 고가 낙찰이 일상화된 현실에 비추어보면 이런 류의 웅성거림이 매우 우습게 들리겠지만, 당시만 해도 상가 경매가 그리 인기가 높지 않았고 낙찰률도 저조했기에 당연한 반응이었다.

사실 이 상가를 받은 목적은 임차를 주기보다는 퇴직 이후를 대비한 용도였다. 어느 정도 사전작업을 한 상가였는데, 이 상가 501호를 받기 직전에 인근 부동산을 샅샅이 뒤져보니 연접한 502호도 매물로 나왔음을 알게 되었다. 501호와 502호를 합하면 70여 평대의 훌륭한 상가가 되며, 원룸텔이나 소호사무실로 인테리어를 할 경우 매우 짭짤한 임대수익을 거둘 수 있을 것이라 생각했다. 퇴직 이후 소호사무실 등 몇 가지 개발 플랜을 염두에 두고 502호부터 인근 부동산 중개사무소를 통해 비교적 싸게 매입한 후 바로 입찰에 참여한 것이다.

낙찰받은 후 그다음 주에 직장에서 휴가를 내어 아내와 함께 현장에 갔다. 내부로 들어가 보니, 감정평가사 사무실로 사용 중이라 실내 인테리어가 매우 잘되어 있었다.

임차인인 감정평가사 사장님에게 정중히 인사드린 후 명도 여부를 협상하던 중, 문득 고개를 들어 사장님 뒤편에 걸려 있는 액자를 보니 호랑이 로고가 있길래 조용히 출신 학교를 여쭤보니 학교 동문이다.

  동문 선배님은 "임차보증금 2,000만 원도 거의 다 날아갔으니, 같은 조건으로 사무실을 계속 임차해달라"고 간곡히 요청하셨다.

  일단 전후 사정을 다 들어보니 매우 딱하기는 한데, 이미 502호까지 매입한 상황에서 계속 선배님에게 임차를 주기가 난감했다. 결론은 잔금 후 두 달간은 임차료 없이 무료로 쓰시되, 2개월 후에는 다른 곳으로 이전해줄 것을 간곡히 요청했다. 501호와 502호를 함께 소호사무실로 인테리어할 플랜을 세운 뒤라 별다른 방법이 없었다.

  결국, 2개월 후 동문 선배님은 상동역 건너편 사무실로 이사했다. 그런데 필자도 당시 인근에 또 다른 경매 물건에 꽂혀 돈이 투입되는 바람에 자본이 부족해 결국 소호사무실로 인테리어를 하지 못하고 중견 건설사에 통으로 사무실 임차를 주었다.

  이 물건은 약 2년 후, 7호선 상동역이 개통되면서 지하철에서 도보로 1분 거리의 최고 역세권으로 변했다. 그런데 약 3년 후 상동 일대에 또 다른 물건을 잡으려다 보니 자본이 부족해 2억 3,000만 원 정도에 급매로 팔아버렸다. 상가 경매 초반에는 5,000만 원 정도 차익이 나면 바로 매도했는데 수익률을 너무 짧게 잡은 것이 지금까지 후회된다.

Case Study 02
빨래방 하려다 어린이집으로 임대 주기

자동차로 늘 타고 다니는 외곽순환도로 중동IC 근처에 1층 상가가 10여 년 전 퇴직을 앞둔 시점에 경매로 나왔다.

1층 상가는 수요가 많기에 경매로 잘 나오지 않는다. 고령화 사회로 갈수록 노인들은 계단을 올라다니길 싫어하기 때문이다. 1층 상가가 실평수 29평 정도면 여러모로 쓸 만하다. 인근 부동산 중개사무소에 들러 시세를 물어보니 당시만 해도 상동역 개통 전이고 외곽순환도로 중동IC에 바로 붙어 있어서 그런지 매우 부정적으로 이야기한다. 그쪽은 유동 인구가 적어 매매가가 싸다고만 이야기한다.

1층 상가라 일단 낙찰만 되면 할 만한 사업이 많다. ① 셀프 빨래방, ② 부동산 중개사무소나 법인사무실(일단 15평씩 두 개로 분할 후 각각 임차를 주는 모델), ③ 어린이집·가구점에 통으로 임차를 주는 방안 등을 생각했다.

불과 몇 년 전부터 워시엔조이나 워시프렌즈 등의 '카페형 빨래방'으로 통하는 무인 빨래방 프랜차이즈점들이 급증하고 있다. 1인 가구가 급속하게 늘어나면서 진화의 속도도 훨씬 빨라지고 있다.

이 물건은 중동IC에 진입할 때마다 볼 수 있기에 가시성이 좋다. ① 24시 셀프 빨래방 간판을 그럴 듯하게 제작하고, ② 상가 절반인 15평은 카페형으로 꾸미고, 나머지 절반은 무인 세탁기와 건조기 등 24시간 돌아가는 셀프 빨래방을 운영하면 수지타산이 맞을 것 같았다.

필자가 구상했던 빨래방 프랜차이즈점. 요즘은 이런 셀프 빨래방이 흔하지만 10년 전만 해도 별로 없었다. 약간의 기획력에 경매를 접목시키면 누구나 프랜차이즈 대표가 될 수 있다!

더구나 이 물건이 위치한 디아뜨갤러리4차 오피스텔은 주변에 유동 인구가 많지는 않으나 600세대가 거주하는 오피스텔 건물이다.

 디아뜨갤러리와 같은 소형오피스텔의 주요 거주자는 신혼 부부나 젊은 독신층 등 1인 가구다. 오피스텔 내에 세탁기가 있긴 하나 너무 작아 이불 등 대형빨래를 하기 힘들다. 주차장이 좋고 젊은 층이 많은 오피스텔 건물이라 셀프 빨래방은 한번 해볼 만한 사업이었다.

 상동택지지구 외곽의 상권이 활성화되지 않은 1층 상가니 일단 70% 못 미치게 썼다. 1층 상가라 최소 열 명 이상 입찰할 것으로 예상했으나, 의외로 일곱 명밖에 안 되어 비교적 수월하게 낙찰받았다.

 당시 이 상가는 D가구점이 105호를 비롯해 옆 세 개 호수를 모두 통으로 임차 중이었다. 낙찰받자마자 일주일 후에 가구점이 장사가 잘되는지 확인도 할 겸 현장에 갔다. 낮이라 그런지 손님 한 명 없는 매장에 불쑥 찾아가니 젊은 직원이 반가운 얼굴로 맞이한다.

 사장을 찾으니 훤칠하게 생긴 호남 스타일의 중년 남자가 나온다. 자초지종을 설명하고 잔금을 치르자마자 바로 이사해줄 것을 정중하게 부탁하니, 얼굴이 순간 일그러진다.

재빨리 한 단계 더 수위를 높였다. "보름 후 잔금을 치를 예정이며, 잔금 이후부터는 감정가의 1%인 300만 원을 임차료로 내셔야 합니다. 아니면 부당이득반환청구소송을 제기해 연체한 관리비와 월세와 이자까지 모두 청구하겠습니다. 다만 보름 안에 나가주신다면 소정의 이사비 정도는 드리겠습니다."

필자는 임장 시 상대방을 잘 관찰한다. 상대방의 외모, 입고 있는 옷, 말하는 행동거지 등등. 몇 마디를 나눠보면 대강 어떤 부류의 사람일지, 법적 지식은 어느 정도일지 가늠해볼 수 있다. 가구 매장 내 소파 등 가구 가격을 물어보니 웬만한 게 500만 원을 훨씬 넘어간다. 물론 필자가 살 수 있는 수준이 아니다! 너무 고가다!

D가구점 사장은 중견가구 회사를 수년간 운영한 전형적인 비즈니스맨이다. 가만히 이야기를 들어보니 장사가 잘 안 되어서 그렇지 않아도 호실을 줄여 이사하려 했다는 속내를 내비친다. 가구점이 세 개 호실 전체를 임차했기에 경매에 따른 임차보증금 손해도 없고, 명도도 수월한 가장 이상적인 경매 물건 케이스다!

D가구점 사장은 경매 관련 지식은 별로 없는 듯싶었다. 주변 지인으로부터 약간씩 코치를 받아 낙찰자에게 대응하는 정도다. 이럴수록 더 확실하게 끝을 내야 한다. 최근에 강제집행한 사례와 소송으로 이긴 사례 등등을 이야기하니 약간 기가 죽는 듯했다. 미리 준비해간 이행각서를 슬쩍 내밀었다. 첫 대면부터 이행각서

에 사인해줄 것을 요구하며 공격적으로 나갔다. 보름 후 잔금 시까지 이사를 갈 경우 100만 원을 준다는 내용이다. 호남 스타일의 중년 사장은 젊은 직원과 몇 마디 나누더니 흔쾌히 사인한다.

낙찰 후 이 물건은 사실 여유가 되면 24시 무인세탁소를 직접 운영하려고 했다. 당시만 해도 우리나라에는 세탁물을 수거해서 받는 세탁점(크린토피아) 정도만 있었고, 24시간 셀프로 운영되는 무인세탁소는 없었다. 예전 필자가 미국 연수 중이었을 때 교포들이 동전을 넣으면 무인으로 세탁이 되는 코인 세탁실(Coin Laundry)을 운영하는 것을 많이 보았기에 언젠가 한국에 돌아가면 무인세탁소를 운영해볼 생각이었다. '1층 상가가 30평 정도 크기니 만약 임차가 잘 안 되면 24시간 셀프빨래 카페를 만들면 어떨까?' 등의 상상을 하고 낙찰받았다.

그러나 당시 직장을 다니고 있던 때라 사업을 벌일 형편이 안 되어 일단 인근 부동산 중개사무소에 임차를 내놓고 추후 개발하기로 계획을 수정했다.

잔금도 치르기 전에 부동산 중개사무소에서 연락이 왔다. 어떤 젊은 부부가 어린이집으로 사용할 수 있는 1층 상가를 찾고 있는데, 바로 옆 호수인 104호와 합해서 임차하고 싶다고 한다.

계약서를 작성하자마자 임차한 가구점 사장을 찾아가 이사 날짜를 최종 조율했다. 잔금을 치르는 날 바로 이사하기로 했다! 이 물건은 여러 군데 은행에 대출을 타진했더니 비교적 싸게 낙찰받아서인지 90%까지 대출이 나왔다. 어린이집에 보증금 2,000만 원/월세 160만 원 조건으로 계약했더니 실투자금은 1,000만 원 남짓에 불과했다. 잔금을 치르자마자 명도가 끝났고 보증금도 바로 들어왔다. 이자를 제하고 월세로만으로도 매월 50만 원 이상 들어왔다.

몇 년 후 인근 부동산 중개사무소에 낙찰 당시 감정가 근처로 내놓았더니 임차 중인 어린이집 부부가 바로 잡아갔다. 투입원금이 1,000만 원에 불과한데, 3년 동안 매월 받은 월세와 매도차익까지 더하면 수익률이 좋았다. 원금 대비 수익률로 치면 800%가 넘는 것 같다.

직장 퇴직 후 24시 셀프 빨래방으로 인테리어해서 운영해도 충분한 수익률이 나올 것으로 예상되었으나, 임차수익과 매매차익을 모두 거둔 물건이기에 후회는 없다.

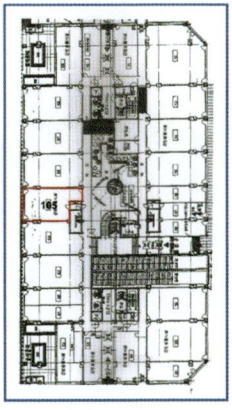

왼쪽 105호를 위 사진처럼 절반으로 분할한 후 한쪽은 카페로, 나머지 15평은 셀프 빨래방으로 운영하면 근사한 사업 모델이 될 것 같다!

낙찰가	대출(연 6%)	임대조건	실투입금	매도가
2억 500만 원	1억 8,600만 원	2,000만 원/160만 원	1,000만 원	2억 9,500만 원

투자는 남들보다 한발 빨라야 한다. 지금은 아무리 눈을 씻고 보아도 이런 종류의 1층 상가가 잘 안 나온다. 투자는 타이밍이다!

Case Study 03
독서실 하려다 헬스장에 임대 주기

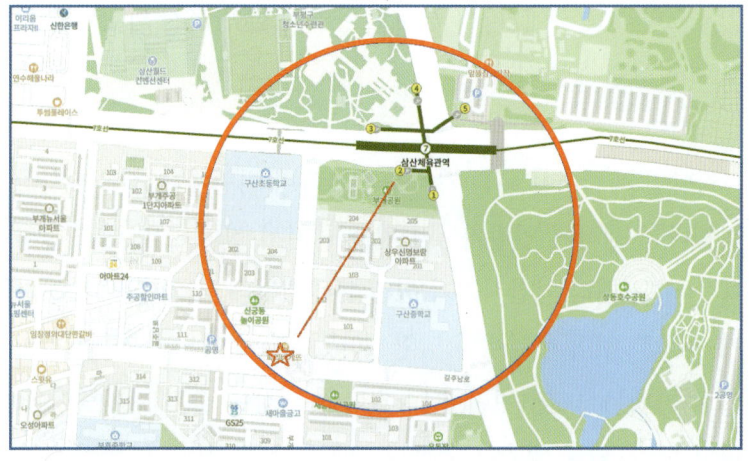

10년 전, 낙찰받은 다음 상가는 세 개의 법인이 본사 사무실로 쓰다가 망한 상태라 명도 문제가 최대 관건이었던 물건이었다.

소재지	인천광역시 부평구 부개동 ▓▓▓▓▓ 4차 7층 701호					
	[도로명] 인천광역시 부평구 길주남로 ▓▓▓					
용도	상가(점포)	채권자	북0000000	감정가	510,000,000원	
대지권	75,145㎡ (22.73평)	채무자	유00	최저가	(70%) 357,000,000원	
전용면적	296,88㎡ (89.81평)	소유자	동00000	보증금	(10%)35,700,000원	
사건접수	2011-01-07	매각대상	토지/건물일괄매각	청구금액	304,893,030원	
입찰방법	기일입찰	배당종기일	2011-03-23	개시결정	2011-01-10	

기일현황

회차	매각기일	최저매각금액	결과
신건	2011-04-27	510,000,000원	유찰
2차	2011-05-27	357,000,000원	매각
	입찰1명/낙찰405,100,000원(79%)		
	2011-06-03	매각결정기일	허가
	2011-06-30	대금지급기한 납부 (2011.06.30)	납부
배당종결된 사건입니다.			

이 물건은 필자가 퇴직하기 전 공무원으로 재직 중에 낙찰받은 상가다. 사실 이 물건은 2009년에도 경매에 나왔던 물건이다. 3억 원대 후반에 입찰했다가 2등으로 패찰한 아픈 기억이 있었으나, 1년 후에 다시 경매로 나와 내심 반드시 낙찰받을 각오로 임했던 물건이다.

지난번 패찰했던 아픈 기억을 뒤로하며 이번에는 기필코 낙찰받겠다는 생각에 입찰가 4억 원을 넘겨서 썼다. 그런데 입찰장에 아내를 대리 입찰시키기 위해 파견했는데, 개찰 당시 입찰자가 아무도 없어 무척이나 당황스러웠다고 한다! 아내는 입찰자도 없는데 3,500만 원이나 더 썼다는 생각에 순간 현기증이 났다고 했다. 단독 입찰은 언제나 고통을 동반한다. 속 쓰린 마음은 있었으나 너무나 좋은 입지의 사거리 코너 대로변에 있는 통상가라 절대 놓칠 수 없는 물건이라는 점 등을 위안으로 삼았다.

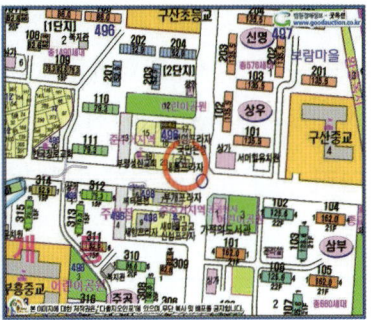

　입지 분석을 해보면 2011년 입찰 당시에는 7호선이 개통되기 전이나 개통 시 삼산체육관과 도보로 5분 거리다. 우측에 상동 호수공원이 있고 상가 주변을 신명보람아파트와 주공아파트·삼부아파트 등 중대형 평수의 아파트들이 병풍처럼 둘러싸여 있어 주위 아파트 입주민들을 대상으로 한 학원·독서실·병원 등이 자리를 잡고 있다. 외곽순환도로 중동IC와도 접해 있어 서울 출퇴근도 비교적 용이하며, 외곽순환도로와 올림픽대로를 이용 시 여의도 30분, 강남 40분 등 인천에서 가장 서울과 인접한 사통팔달의 지역이다.

　더구나 이 건물은 상권입지 분석 시 가장 좋다고 할 오른편 사거리 코너 대로변에 위치해 있다. 경기 불황으로 상가 경기가 침체할 때나 경매로 나오지, 경기가 좋을 때는 나오기 힘든 경매 물건이다.

　건물 구조도를 살펴보면 7층 전부를 쓸 수 있어 복도까지 활용할 경우, 실평수 100평 이상의 개발 가치가 있다. 건물 모양도 4면 중에 3면이 대로변이라 향이 좋다. 가장 이상적인 가로형의 타원 꼴이다. 고시원·소호사무실·독서실·요양원·헬스장 등 여러 가지 용도로 인테리어해 부가가치를 높일 수 있는 상가다.

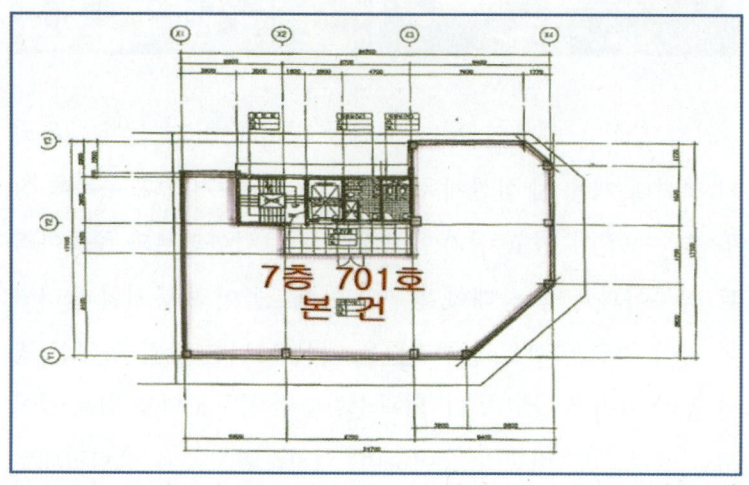

입찰 당시 계획은 독서실이나 필자의 주특기인 소호사무실로 리모델링할 생각이었는데, 자본이 충분하지 않아 일단 건물 명도 후에 임대를 주고 나서 자본이 쌓이면 다시 리모델링할 계획이었다. 자본만 충분하다면 호수공원이 바로 옆에 있기에 요양원으로 리모델링해도 전혀 손색없는 입지다. 요양원은 가평·양평 등 공기가 깨끗한 곳도 좋지만 수도권 내 대형공원을 낀 교통의 요지도 괜찮다.

이 물건의 하이라이트는 건물의 일부를 점유 중인 세 개 법인의 명도와 거액의 미납관리비였다. 임차인 현황서를 살펴보면 S건설을 비롯해 D산업과 B산업개발 등 세 개의 법인이 동시에 임차해 있다.

건물은 D사 소유로 되어 있으나, 임차인 현황서를 살펴보면 B사와 S사가 건물 일부를 점유 사용 중인 것으로 나와 있다. 두 개 법인은 관할 세무서에 사업자등록을 신고하지 않은 것으로 보아 임차인은 아닌 것으로 보이며 이전 소유자인 D사와 모종의 연관이 있을 것 같다.

임차인	점유부분	전입일/확정/배당	보증금/차임	대항력	배당예상금액	기타
번 개 발(주)	사무실 미상	사업자등록: 미상 확 정 일: 미상 배당요구일: 없음	미상		배당금 없음	점유자
예 건설(주)	사무실 미상	사업자등록: 미상 확 정 일: 미상 배당요구일: 없음	미상		배당금 없음	점유자

임차인수: 2명
☞ 소유자외 소유자 점유
기타사항: 본건 현황조사차 현장에 임하여 소유자 회사 직원을 면대한 바, 소유자 회사 외에 번   개발주식회사와 예   건설주식회사가 일부를 점유 사용하고 있다고 함 / 본건 조사서의 조사내용은 소유자 회사 직원의 진술과 전입세대열람 및 등록사항 등의열람,제공 요청서에 의한 조사사항임 / 이 사건 부동산 소재지에 사업자등록이 되어 있지 않으나 위 점유자들이 사무실 일부를 각 점유하고 있음. 경매시 참고바람

상가임대차보호법상 대항력 기준인 주소지 내 사업자등록도 안 되어 있고 임차보증금 내역도 없으니, 아마도 낙찰자에게 거액의 이사비 요구 등 명도를 곤란하게 할 속셈으로밖에는 안 보인다.

사무실 안에 들어가 보니 건설사 본사라 그런지 책상과 회의 테이블 등 각종 집기들로 꽉 차 있어 강제집행하기도 수월하지 않을 듯싶었다. 눈대중으로 훑어봐도 50개 이상의 책상과 100

개 이상의 의자들, TV, 소파들까지…. 강제집행까지 가더라도 5t 화물차로 최소 다섯 대 이상의 분량이니 창고보관비까지 1,000만 원 가까이 소요될 수 있었다.

 설상가상으로 각종 집기들에는 가압류 딱지까지 붙어 있었다. 강제집행을 곤란하게 할 심사로 빨간 가압류 딱지까지 붙여두다니, 과연 건설회사라 그런지 보통내기들이 아니었다. 강제집행은 쉽지 않으리라는 점은 저쪽이나 필자 양쪽 다 잘 알고 있다.

| Tip | 가압류 딱지가 붙어 있을 때

인도명령을 받은 후, 강제집행을 위해 개문을 하고 들어갔는데 유체동산에 압류나 가처분으로 빨간 딱지가 붙어 있을 경우에 강제집행이 가능할까?

적극설은 강제집행으로 유체동산을 보관소에 이동하는 것이 가능하다는 입장으로, 단순히 보관 장소가 채무자 집에서 보관 창고로 이동하는 것인바, '기존 유체동산 압류권자의 이익을 침해하지 않는다'라는 점을 근거로 한다.

소극설은 동산 경매를 먼저 시행해 처분하거나, 가처분을 말소시켜야 강제집행이 가능하다는 입장으로, 기존 유체동산 압류권자에 의해 실시된 압류 처분을 후행 집행관이 함부로 할 수 없다는 점을 논거로 한다.

▶ 강제집행을 당하는 자가 자기방어를 위해 유용한 방법이다. 실무에서는 압류 물건 장소 이동 신청 또는 집행목적물 소재지 변경 신청을 통해 해결한다.

▶ 압류한 동산은 3개월 이내에 처분해야 한다. 만약 3개월 이내에 처분하지 않으면 법원은 2회에 걸쳐 처분을 촉구하고 이후 직권으로 동산압류를 취소한다.

최상의 시나리오는 소정의 이사비를 주고 빨리 이사시키는 게 능사이겠지만, 연체된 거액의 관리비가 문제다. 근 100평 가까이 되는 건물이 장기간 방치되어 왔으니 관리비만 2,000만 원 이상 밀려 있다. 부도난 회사라 관리비 채무부존재 소송을 한다 하더라도 받아내기가 쉽지 않을 것이라 갈수록 첩첩산중이다.

세 개 법인을 어떻게 명도해야 할까? 일단 형사반장 콜롬보가 된 기분으로 하나씩 하나씩 단서를 찾은 후 추리해본다.

첫째, 법인등기부등본을 떼어본다. 법인등기부등본은 대법원 인터넷등기소에 들어가서 공인인증서와 ID만 있으면 간단히 발급 가능하다. 상가 경매에서는 법인일 경우, 반드시 법인등기부등본부터 발급받아 임원진 구성이나 본점 소재지 등 회사 연원부터 살펴봐야 한다.

둘째, 법인등기부등본을 토대로 인터넷상으로 S사와 B사·D사를 차분하게 검색해보니 세 개사 모두 중견 건설기업인 S사의 계열사로 나온다. S사 홈페이지에서 대표이사·이사 등 임원 현황을 살펴보니 B사·D사 대표이사들과 서로 중첩된다.

셋째, 이런저런 단서들을 조합해보니 어느 정도 윤곽이 나온다. 임원과 회사연혁 등 관련 내용을 파일로 정리한 후, 담당자를 한 명씩 만나 명도 향방을 판단하기로 했다.

먼저 임차인으로 등록된 두 개사 대표들을 만나보니 당시 해외 출타 중인 S사 회장이 실질적인 권한을 갖고 있고 자신들은 아무 결정권이 없다고 한다. 가장 큰 문제는 회장이 2~3개월 후에나 한국에 온다는 것이다. 설상가상이다.

부도난 건설사 사장들과 대면 시 일단 잔금 이후부터는 매월 임차료와 강제집행 비용 모두를 부당이득소송으로 반환받겠다고 엄포를 놓긴 했으나 결정권자가 없으니 도무지 협상이 안 된다. 3개월 후 드디어 기다리던 회장이 귀국했다. 전화로 시간을 약속하고 현장에 갔다. 명도 현장에는 아내와 당시 다섯 살이었던 쌍둥이 아들까지 데리고 갔다.

S사 회장이 B사·D사 대표까지 모두 대동해 현장에 왔기에 이쪽도 비슷한 쪽수는 맞추어야 하지 않겠는가? 자칫 험악해질지도 모르는 명도 현장에 쌍둥이 아들놈들을 풀었더니 뭐가 좋은지 책상 위에 붙은 가압류 딱지를 떼질 않나, 아무리 주의를 해도 왁자지껄 시끄럽게 떠들면서 논다.

굳은 표정의 S사 회장님도 첫 대면부터 이러한 우리 가족들의 모습을 보더니 기가 차는지 이윽고 웃으면서 대한다(그래도 건설사 도급순위 100위 안에 들었던 중견기업 회장님께서 단란한 일개 샐러리맨 가족의 행복을 깨기야 하겠는가?). 회장님은 이사비는 묻지도 않고 오히려 비싸게 낙찰받은 것 같다고 필자를 위로하면서 잔금 후 상당 시간이 지났으니 월세 상당의 사례비까지 주겠다고 했다. 최악의 경우 강제집행까지 고민하고 있었는데 사례비까지 받다니…!

며칠 후 회사 직원들이 와서 알아서 짐을 빼기 시작했다. 집기류가 워낙 많아 일부는 이사 차로 못 나가는 바람에 관리소장에게 부탁해 지하주차장 가득히 빼곡하게 짐이 들어찼다. 만약 강제집행까지 갔더라면 물류비까지 최소 1,000만 원은 들었을 텐데 참 다행이다!

속앓이하던 명도 문제가 점유자들과 웃으면서 해피엔딩으로 마무리되었지만, 아직 관리비 문제가 남아 있었다. 건물 관리사무소를 방문해 관리비 내역을 받았다. 대법원 판례들을 근거로 나름대로 분석한 끝에 관리소장에게 미납관리비의 3년 치 공용분만 내겠다고 했으나 관리소장이 전액을 내야 한다며 으름장을 놨다. 단전·단수 등 건물입주까지 방해하는 바람에 결국은 관리비 소송까지 갔다. 1심에서 결국 조정이 성립되어 70% 수준에서 내는 것으로 타협을 보았다.

이 물건은 80%까지 경락잔금 대출을 이용해 낙찰받아 이자 부담이 컸으나 동네 부동산 중개사무소에 내놓았더니 바로 계약이 되었다. 헬스장을 하던 젊은 부부가 이 일대에서 헬스장 자리를 몇 달간 알아보던 중, 이 건물을 주시하고 있었다고 한다.

임차보증금 5,000만 원/월세 180만 원에 세를 주니 이자 빼고 매월 50만 원 이상 들어왔다.

원래 이 건물은 입지가 워낙 좋아 몇 년 후 필자가 퇴직했을 때, 헬스장과 계약을 종료하고 멋있는 독서실로 리모델링할 계획이었다.

인근 건물마다 학원들이 꽉꽉 들어차 있기에 독서실로 개발할 경우 승산이 있다고 보았다. 그러나 이후 임차 중인 젊은 부부가 너무나 열심히 헬스장을 운영한 데다 필자도 퇴직 후 여기저기 사업을 하고 있어 개발까지 이어지지는 않았다. 5년쯤 후 임차인 부부에게 낙찰가보다 몇천만 원 정도 매도차익만 남기고 팔아버렸다. 안타깝지만 좋은 임차인에게 매도했기에 후회는 없다.

어떤 건물은 아무리 낙찰받으려 해도 안 되고, 어떤 건물은 쉽게 낙찰받아도 좋은 수익모델로 개발하기가 힘들다. 일단 내 건물에 임차인을 들여놓으면 월세 인상은 가능하지만, 5년간은 임차인을 쫓아내기기 힘들다. 건물도 사람도 다 인연이 있는가 보다.

| Tip | **강제집행 비용 산출법**

만약 협상이 결렬되어 100평 상가를 강제집행하면 비용은 어느 정도일까?

강제집행 비용+물류 비용(3개월 창고 보관료+이송료+유체동산 감평 비용)을 모두 포함해야 한다.

【강제집행 비용】: 200만 원

강제집행 접수비 : 4만 원(접수 시 강제집행 예납금 20~40만 원 납입)

집행관 기본 수수료 : 1만 5,000원(2시간 초과 시 시간당 1,500원 가산)

노무자 수수료(1인당 7~9만 원, 야간집행은 20% 가산, 장비 동원 시 별도)

   5평 미만 : 2~4명
   5~10평 : 5~7명
   10~20평 미만 : 8~10명
   20~30평 미만 : 11~13명
   30~40평 미만 : 14~16명
   40~50평 미만 : 17~19명
   50평 이상 : 매 10평 증가 시 2명 추가

결론적으로 100평 노무자 비용 = 28명×7만 원 = 196만 원

【물류 비용】: 600만 원

1컨테이너당 110만 원(창고보관료 3개월분)×5대 = 550만 원

  * 1컨테이너는 통상적으로 실평수 20평 기준 분량

스카이 비용(20만 원) + 음료비(10만 원) = 30만 원

유체동산 감정평가 비용 : 20만 원

결론적으로 실평수 100평 상가를 강제집행 시 800만 원 정도 비용이 예상됨

필자가 60평(실평수) 아파트를 실제 강제집행 해보니 창고 비용, 감평 비용까지 포함해 대략 250만 원 정도 소요됨

| Key Point |
강제집행 절차

강제집행 절차도

인도명령 신청	낙찰자 → 대금 완납 후 바로 신청
서면심리 및 소환에 의한 심문	민사집행법 제136조 4항
인도명령 결정	신청 후 2주 내 결정
인도명령 결정문 송달	통상적으로 1~2주
강제집행 신청 : 집행관 사무실	인도명령결정문 + 송달증명원
집행을 위한 현장 조사	1~2주
집행 비용 예납	
강제집행기일 통지	2주
강제집행 계고	
강제집행 실시	보관창고로 이송
유체동산 보관 신청	유체동산 처분은 3개월 내 할 것
유체동산 압류 신청	압류집행(빨간딱지) 및 목록표 작성
유체동산 감정평가 신청	
유체동산 경매 기일 신청 및 낙찰	채무자에게는 사전 내용증명 발송

Part 1 상가 경매의 ABC – "역세권 상가 경매로 시드머니 만들기"

Case Study 04
소호사무실 하려다 요양원에 매각하기

    10여 년 전, 늘 관심 있게 지켜보던 지역 중 하나인 인천 부평 삼산지구에 모처럼 마음에 드는 상가가 경매로 나왔다.

소재지	인천광역시 부평구 삼산동 프라자 10층 1001호				
	[도로명] 인천광역시 부평구 체육관로				
용도	상가(점포)	채권자		감정가	300,000,000원
대지권	32.38㎡ (9.79평)	채무자	나OOO	최저가	(49%) 147,000,000원
전용면적	175.89㎡ (53.21평)	소유자	나OOO	보증금	(10%)14,700,000원
사건접수	2012-02-21	매각대상	토지/건물일괄매각	청구금액	2,452,880원
입찰방법	기일입찰	배당종기일	2012-07-19	개시결정	2012-02-22

기일현황			
회차	매각기일	최저매각금액	결과
신건	2012-07-24	300,000,000원	유찰
2차	2012-08-24	210,000,000원	유찰
3차	2012-09-24	147,000,000원	매각
	입찰5명/낙찰210,000,000원(70%)		
	2012-09-28	매각결정기일	허가
	2012-10-30	대금지급기한 납부 (2012.10.30)	납부

인천 삼산지구는 부평구 내에서 굴포천역과 삼산체육관역을 끼고 상권이 작은 데 비해 주공아파트를 비롯해 신규 아파트가 병풍처럼 둘러싸고 있어 상가 임차 수요가 많다. 상가를 볼 때는 그 배후를 봐야 한다. 차분히 상권분석을 해보자.

1) KB 시세분석으로 주공7단지와 주공6단지 아파트의 시세를 검색해본다. 새로 지은 지 얼마 안 되어서 그런지, 부천 상동 일대 아파트와 가격 차이가 별로 없다. 아파트 시세가 센 데 비해 삼산지구 내 상가 수는 적은 편이다. 아파트 주민을 대상으로 한 학원, 사우나, 헬스장 등 근린상가 이용 수요가 높을 수밖에 없다.

2) 지하철 굴포천역과 거리는 도보로 5분이 채 안 된다. 좌측에 롯데마트, 우측에 삼산월드체육관이 있다. 수영장, 배드민턴장 등 체육관시설과 롯데마트, 병원, 한의원, 학원 등 아파트 주민들이 좋아할 편의시설이 많다. 롯데마트도 주말에 가 보면 손님들로 붐벼 주차장이 꽉 찰 정도다. 인천 부평구 주민들에게는 부개동의 오래된 아파트 대비 삼산동의 신규 아파트에 대한 수요가 높다.

중동IC와 가까워 서울 출퇴근도 30분 내 거리다. 부천 영상산업단지, 입지상 상동호수공원 등 부천의 대규모 공공시설물들이 사실상 삼산지구 주민들에게 그 편의가 돌아가고 있다.

이 건물을 낙찰받을 당시만 해도 지하철 7호선이 개통되기 이전이라 초역세권은 아니었다(필자가 낙찰받은 직후 그다음 달에 굴포천역이 개통되었다). 굴포천역에서 도보로 5분 거리 이내이며, 롯데마트와 아파트 사이의 상권이라 동선상 걸어다니는 유동 인구가 많다. 이런 지역에 나온 상가는 절대 놓치면 안 된다.

가만히 권리분석을 해보자. 의문 사항이 한두 가지가 아니다. 10층 전체를 대기업인 D사가 전세권 설정을 한 후 임차 중이었다. 1001호, 1002호, 1003호의 세 개 물건으로 나누어져 있어 모두 입찰하려 했으나 통장 잔고에 더 이상의 현금이 없다. 고민 끝에 1001호와 1002호 두 개에 입찰하기로 했다.

1) 역세권에 위치한 뛰어난 입지인데, 이 건물은 왜 3차까지 유찰되었을까?

2) 임차인 D사는 전세권 4억 원이 설정되어 있는데 배당 시 2순위다. 1순위 근저당설정권자가 약 8,000만 원을 배당받으면 2순위 D사가 입찰가대로 배당받게 된다. 1001호부터 1003호까지 5억 5,000만 원 이상 낙찰될 경우, 경매 비용을 제하더라도 D사가 전액 배당받는 데 문제가 없다. 배당받을 경우 명도비를 줄 필요가 없기에 쉬운 사례다.

플랜 A는 공격적 가격인 69%와 70%, 플랜 B는 보수적 가격인 65%대를 놓고 고민하다 공격적인 가격 플랜 A로 입찰했다.

다행히 1001호, 1002호 둘 다 낙찰되었고 두 개 호수를 합할 경우 약 108평이다. 분양평수로는 200평 가까이 되는 대형 평수다. 문제는 낙찰 잔금이다. 이미 다른 상가를 받느라 가진 돈을 모두 소진했기에 더 이상의 여력이 없다. 주거래 은행에 가서 최대 대출 가능 금액을 알아보았다.

낙찰 직후 바로 현장에 달려갔다. 잔금을 치르기 전 혹시나 모를 불상사가 있을지 모르니 다시 한번 꼼꼼하게 점검해야 한다. 비타민 음료 한 박스를 들고 관리실에 들러 소장을 만나보니, 다행히 연체된 관리비는 없다고 한다(대기업인 D사가 영업 중이었음을 확인했기에 현장 임장 전 이미 예상했던 바다). 건물과 관련된 제반 사항을 충분히 물어본 후 사무실을 방문해보니 근무하는 직원들만 있고 지사장은 없다. 직원에게 낙찰자라며 소개한 후 연락처를 남겨 지사장이 돌아오면 전화를 부탁했다.

며칠 후 D회사 직원으로부터 전화가 왔다. 회사 재무담당 과장이니 건물 인근에서 만나자고 했다. 건물 인근 카페에서 본사 재무과장을 만나 명도를 협의해보니, 회사 사정상 다른 건물을 알아볼 때까지 2개월 정도는 기다려줄 것을 간청했다. 잔금 후 2개월까지는 기다려줄 수 있으나 그 기간 동안 사용한 사무실 임차료는 내야 한다고 압박하니 약간 고민하더니 윗선에 보고하겠다고 한다. 명도 대상자가 개인이 아니라 법인일 경우, 명도가 비교적 수월하다. 보증금을 건 임차인일 경우, 대부분 배당을 받지 못하고 쫓겨나는 상황이라 거액의 이사비 요구 등 명도저항이 심하다. 하지만 4억 원 전세권설정한 법인이라 보증금 전액을 배당받기에 명도저항이 없음을 유추해볼 수 있다.

　집에 돌아와서 차분히 생각해보니, 재무과장은 어디까지나 실무자이기에 윗선에 보고하면 결국 결정자는 회사 임원이나 사장일 테니 필자의 요구사항을 좀 더 명확히 전달하는 게 낫다는 판단이 들었다.

　중견회사는 서류로 판단하니 공문 형식으로 정중하게 내용증명을 다시 한번 보냈다. 이때 내용증명은 일반 임차인을 대상으로 한 독촉용이 아니라 되도록 공손하게 자초지종을 친절하게 설명해주어야 한다. 경매 낙찰자가 잔금을 납부해 소유권을 가져오는 순간부터 감정가의 1% 상당의 임차료가 발생하며, 이는 부당이득반환청구소송으로 다 받아낼 수 있다는 내용이다.

　협상 대상자인 재무과장으로서도 지금 낙찰자가 강력히 임차료를 압박하고 있음을 윗선에 따로 보고할 필요가 없다. 혹시나 몰라서 본건물 지사와 D사 본사 주소로 2통을 보냈더니, 재무과장으로부터 바로 연락이 왔다. 윗선에서 모두 OK 했으며, 정확히 두 달 후 이사하기로 했다. 다음 주에 재무과장을 다시 카페에서 만나서 이행각서를 작성해 주고받고 확실하게 마침표를 찍었다. 예상대로 대기업답게 두 달 후 약속한 두 달 치 임차료를 깔끔히 지불하고 지정된 날짜에 정확하게 이사했다.

　연체된 관리비도 일절 없고, 두 달 치 임차료도 잘 받고 이상적으로 잘 끝났는데 관건은 이 건물의 활용이다.

1) 임차를 줄 것인가?
2) 소호사무실로 리모델링할 것인가?

하지만 경매 낙찰에 모든 자금을 다 투입한지라 더 이상 인테리어할 자금이 부족했다. 좋은 입지의 상가라 모든 자금을 투자해 낙찰받았는데 자금이 바닥나다니! 일반 사무실로 재임차를 주고 몇 년간 기다린 후에 리모델링하기로 고민하던 찰나, 인근 부동산 중개사무소에서 매수자가 있다고 연락이 왔다.

100평 이상의 요양원 자리를 알아보고 있었다고 한다. 1001호부터 1003호까지 합하면 실평수가 150평에 달한다. 이 건물도 결국 부처님 손바닥 안까지 들어왔다가 필자의 자금 경색으로 인해 약간의 차익만 남기고 결국에는 바로 팔게 되었다.

인연이 아니면 미련 없이 버려야 한다. 경제 상황이 악화되면 아무리 좋은 상가라도 애물단지가 될 수 있기에 자금이 바닥나면 어쩔 수 없다. 이 건물까지 무려 열 개 정도의 경매 물건을 퇴직하기 직전에 무리하게 낙찰받고 미련 없이 명퇴 신청을 했다! 실전 투자자라면 털 수 있을 때 냉정하게 모든 것을 털고 갈 길을 가야 한다. 그래야 새로운 길로 나아갈 수 있다.

| Tip | 바쁜 직장인은 대리 입찰을 잘 활용하자

업무가 많은 바쁜 직장인도 얼마든지 법원 경매에 참여할 수 있다. 법원 입찰장에 반드시 본인이 갈 필요는 없다. 대리인, 즉 아내를 보내면 된다. 필자의 경우 퇴직 전에는 대부분 법원에 아내가 경매 입찰에 참가했다. 아내로부터 법원 현장 분위기를 들어보고 차분하게 사무실 컴퓨터로 해당 물권 분석을 한 후에 최종 입찰가를 불러주는 형태로 경매 입찰에 참여했다. 자금이 부족해 여러 명이 공동 투자할 경우에는 공동 입찰제를 활용하면 된다. 다음은 대리 입찰 또는 공동 입찰 시 필요한 서류다.

구분		준비물 및 준비 서류
개인 입찰	본인	1. 본인의 신분증(주민등록증 또는 운전면허증) 2. 본인의 도장
	대리인	1. 대리인의 신분증(주민등록증 또는 운전면허증) 2. 대리인의 도장 3. 본인의 인감 날인된 위임장 4. 본인의 인감증명서
위임 입찰	법인	1. 법인대표의 신분증(주민등록증 또는 운전면허증) 2. 법인의 인감도장 3. 법인등기부등본 또는 초본 1통
	대리인	1. 대리인의 신분증(주민등록증 또는 운전면허증) 2. 대리인의 도장 3. 법인등기부등본 또는 초본 1통 4. 법인의 인감 날인된 위임장 5. 법인의 인감증명서
공동 입찰	공동	1. 공동입찰자 전원의 신분증(주민등록등본 또는 운전면허증) 2. 공동입찰자 전원의 도장
	대리인	1. 대리인의 신분증(주민등록등본 또는 운전면허증) 2. 대리인의 도장 3. 공동입찰자 전원의 인감 날인된 위임장 4. 공동입찰자 전원의 인감증명서

Part 2

섹션오피스
"상가 개발로 연봉 1억 원 세팅하기"

"길을 가다가 돌을 만나면 강자는 그것을 디딤돌이라
말하고, 약자는 그것을 걸림돌이라 말한다."

– 토마스 칼라일(Thomas Carlyle)

> ## 인생에
> ## 네 번만 이기면
> ## 된다!

일본의 프로 바둑기사 중에 후지사와 슈코(藤澤秀行)라는 사람이 있다. 조훈현 9단의 도일(渡日) 유학 시절 정신적 스승이 세고에 겐사쿠(瀨越憲作) 9단이라고 한다면, 실질적인 스승은 슈코 9단이었다. 조훈현 9단은 수학 시절 슈코 9단이 운영하는 연구회에 참석해 슈코 9단과 속기 대결을 자주 벌였다고 한다.

슈코 9단의 바둑류는 두터움과 화려함을 추구하는 바둑이다. 지금 우리나라나 중국의 바둑계는 10대, 20대 기사들이 휩쓸고 있는데, 슈코 9단은 그의 나이 63세에 제1회 잉창치배 세계바둑대회 4강까지 올라가는 기염을 토하기도 했다. 그래서 그의 또다른 별명은 '괴물' 슈코였다.

젊은 시절부터 슈코 9단은 술과 바둑, 경마, 여자 등에 빠져 살았기에 가산을 탕진하기 일쑤였으며, 일본 기성전과 같은 큰 바둑대회가 열리는 날이면 빚쟁이들이 실시간으로 정보를 전해 듣고 몰려왔다고 한다. 만약 슈코 9단이 우승할 경우, 슈코 9단이 그 상금을 다른 데 쓰기 전에 변제받기 위해서였다.

일본의 3대 바둑기전은 기성전, 명인전, 혼인보전이었는데, 이 중에 기성전이 가장 상금이 많았다고 한다. 기성전 우승상금은 일본 돈으로 약 1억 엔, 우리 돈으로 약 10억 원 정도였다고 하니 30~40년 전 물가를 고려해보면 엄청난 액수라고 할 수 있다. 또한, 일본 바둑계에서는 가장 상금 규모가 큰 기성전 우승자를 일본 1위 바둑기사로 인정하는 분위기였는데, 슈코 9단은 이 기성전을 6연승 한 전설의 승부사였다.

평소 슈코 9단이 흔하게 했던 말이 "1년에 네 번만 이기겠다"였다고 한다. 즉 기성전이 7승 4선승제 방식이니 기성전에서 네 번만 이기면 1년 농사는 다 짓는 셈이 된다. 네 판만 이기면 1년에 10억 원도 벌고 일본 1위 자리도 고수할 수 있는 것이다.

슈코 9단은 상금 규모가 작은 다른 기전에서는 승률이 낮았지만, 오직 큰 기전인 기성전에만 온 에너지를 집중해 돈도 벌고 명예도 획득했다.

특히 제2회 기성전을 치를 당시, 슈코 9단은 빚 때문에 사면초가에 몰린 상태였다고 한다. 경륜과 경마로 이미 가산을 탕진한 상태에서 1년 내내 술에 절어 살던 그가 기성전을 치르기 한 달 전부터는 일절 술을 끊고 번뜩이는 눈으로 바둑대회장에 나타났다고 한다.

일본 최대 상금이 걸린 기전을 앞두고 그는 먼저 목매달기 좋은 나무를 찾은 다음에 대국장을 향했다. 그러고는 무려 2시간 57분의 장고 끝에 둔 한수로 상대방의 대마를 잡으며 2승을 거두었고, 결국 그해 기성전 방어에 성공했다. 단 한 번의 승리로 남은 빚도 모조리 갚을 수 있었다고 한다.

그가 바둑을 두는 대국장 주변에는 항상 그의 빚쟁이들이 악어 떼같이 몰려들어 호시탐탐 그의 재산을 노리는 상황에서 슈코 9단은 지면 목매달아 죽을 각오를 하고 싸웠으니 얼마나 비장하게 바둑을 두었을 것인가?

어느덧 불혹을 지나 지천명(知天命)의 나이로 접어드니 대학교 친구들이 하나씩 둘씩 찾아오고 있다. 대학교수도 있고 부이사관 공직생활을 하는 친구도 있는데 모두 노후를 걱정해 건물주를 꿈꾸며 필자에게 자문해오는 것이다. 모두 경매는 책으로만 접했지, 실전은 없는 친구들이지만 시중에 나와 있는 책들을 보면 경매를 통해 대박을 낸 사례들이 많기에 경매를 매우 쉽게 생각하는 경향이 있었다.

필자는 이미 40대 초반에 경매를 통해 안정된 공직을 버리고 제2의 인생에 도전한 경우였기에 경매 초기에는 슈코 9단 못지않게 비장할 수밖에 없었다. 공무원이나 대기업 샐러리맨의 경우, 안정된 월급과 퇴직금이 있으나 이를 박차고 나온 필자에게는 더 이상 기댈 곳이 없었다.

물론 슈코처럼 목매달 나무를 찾아놓고 경매 물건을 낙찰받은 것은 아니었지만, 단 한 건이라도 잘못되면 타격이 크기에 더욱 더 결기에 차 있을 수밖에 없었다. 그렇게 경매를 한 지 15년이 지나고 나니 공무원 사무관이었을 때 온순했던 성격은 더 강하게 변해버렸다. 그래서 50대의 나이에 찾아오는 친구들에게 해 줄 수 있는 말은 "모든 것을 버릴 각오로 하지 않으면 경매의 세계에서 자리 잡을 수 없다"라는 것이었다.

슈코 9단은 "1년에 네 번만 이기면 된다"라고 이야기했지만, 필자의 생각에는 1년에 한 번만 이기면 된다. 좋은 경매 물건을 낙찰받으면, 1년에 1억 이상의 차익을 볼 기회가 생기기 때문이다. 단 이런 물건에는 경쟁자도 많고 눈에 보이지 않는 함정들이 도사리고 있기에 매사에 신중하게 접근해야 한다.

임차인 명도, 거액의 유치권, 미납관리비, 상가 개발 문제 등등 헤쳐나가기 힘든 함정들이 곳곳에 있기에 비장한 각오로 대응하지 않는다면 승리하기 힘들다. 다만 상가든, 아파트든, 빌라든 분명히 경매의 세계에서 기회는 있다. 초보자들은 이를 볼 수 있는 눈이 없을 뿐이고, 고수는 수없이 많은 낙찰 경험을 통해 볼 수 있는 안목을 갖고 있기에 이러한 기회에서 부를 찾을 수 있다.

1년에 네 번만 이기면 된다. 아니, 어쩌면 인생에 네 건만 이기면 된다. 네 건의 황금 물건이 진정 당신의 노후를 풍요롭게 만들어줄 수 있기 때문이다.

거인의 어깨 위에 올라타라

　10여 년 전, 공직에서 퇴직하고 나올 당시에 필자의 가슴 한쪽에는 '과연 경매 전업 투자자로서 이 험하디험한 세파를 견디고 살아남을 수 있을까?' 하는 의구심이 들었다. 사실 겉으로는 자신감 있게 외치고 퇴직을 했지만 말이다. 하지만 그간 필자가 나름대로 구축해온 월세 파이프라인들이 성과를 맺고 있었고, 하나씩 상가 경매로 낙찰받은 물건들이 점차 늘어나게 되면서 이러한 기우들은 마음속에서 사라지게 되었다.

　퇴직할 당시, 필자가 주로 생각했던 투자 모델은 상가 경매를 통해 월세 파이프라인을 만드는 것이었다.

주된 사업 방법은 다음과 같았다.
첫째, 월세를 잘 낼 능력 있는 임차인에게 상가 임차 주기
둘째, 소호사무실이나 섹션오피스, 소호창고 개발 등을 통해 임차료 파이프라인 만들기
셋째, 낙찰 상가를 이용해 만화카페, 영어도서관, 공유오피스 등 다소 자본이 소요되나 유익한 사업해보기

10여 년의 세월 동안 법원 경매로 70평, 80평, 100평, 200평짜리 상가들을 하나씩 소호사무실 또는 섹션사무실로 만들어나가기 시작했고, 어떤 상가들은 10~20평 정도로, 어떤 상가들은 5~8평 규모로 분할하는 등 그 지역 사정에 적합하게 개발해나갔다.

개발의 포인트는 항상 최소비용으로 최대의 효과를 거두는 것이었다. 100평 통상가를 단순히 임차인 한 명에게 월세 200만 원 정도 받을 수 있다고 칠 때 수천만 원에서 수억 원을 투입해 과연 월세 수익률을 얼마나 더 높일 수 있을까 등을 다각도로 고민하게 되었고, 필자가 개발한 이런 상가들은 일정 기간이 지난 후 자금이 필요할 때 충분한 임차료가 확보된 상태였기에 시장에 매도하기가 쉬웠다.

심지어 일산에서 경매 학원을 하던 70평 상가도 40평 정도는 강의장으로, 30평은 6평 정도 사무실 다섯 개로 분할해 임차를 주었다. 경매 학원이 설사 잘 안 되더라도 최소 임차인들로 받

는 월세만으로도 유지하는 데 문제가 없도록 말이다. 결국, 경매학원을 접었을 때도 임차한 사무실 다섯 개가 다 차 있어 부동산 중개사무소에 내놓자마자 바로 나갔다.

지금은 투자의 파이프라인으로 소호사무실만 고민하지는 않는다. 유치권 등 특수 경매뿐만 아니라 NPL, GPL 투자, 법인 투자 등 다양한 경매 기법을 활용해 투자 수익을 올릴 수 있는 길을 고민하고 있다.

흔히 많은 이들이 "거인의 어깨 위에 올라타라"라는 말을 인용하지만, 실제로 실천하는 사람은 드물다. 그동안 경매로 낙찰받은 부동산 가치도 10여 년 정도보다 급속하게 증가해 재산 증식, 즉 캐피털게인(Capital Gain)도 어느 정도 이룬 것 같다.

섹션오피스(Section Office)란?

최근 상가분양사들은 규모가 큰 업무용 빌딩을 10~50평 등 다양한 규모로 분할해 분양하며 '섹션오피스'라는 용어를 쓰고 있다. 단어 자체가 사무실을 분할해 사용한다는 의미를 가지고 있기에 필자는 이 책에서 60~200평의 큰 평수 상가를 10~30평 단위로 분할해 임대한다는 의미로 사용하겠다.

Case Study 01
행신 역세권 상가
- 연봉 3,000만 원 세팅하기

10여 년 전 일이다. 고양시 행신역 바로 앞 초역세권 상가가 무더기로 경매로 나왔다. 건축주 부도로 열 개 호실 이상이 한꺼번에 쏟아져나왔다. 경매로 나오기 쉽지 않은 A급 역세권 상가 경매 물건이다.

Part 2 섹션오피스 - "상가 개발로 연봉 1억 원 세팅하기"

1. 입찰가 분석 및 입찰 요령

동 상가는 감정가 3억 5,000만 원으로서 3차까지 유찰된 상태인데, 2차 가격인 70% 언저리에 낙찰받는다면 나중에 감정가인 3억 5,000만 원 정도에만 매도해도 단박에 1억여 원의 시세차익이 기대된다.

당시 필자는 경매로 수도권 내 상가물건을 검색할 때, 3차까지 떨어진 상가 위주로 공략해 여러 차례 성공했다. 3차까지 유찰된 상가가 A급 입지일 경우, 다른 입찰자들이 따라오지 못하도록 아예 2차 가격 위로 올려 써서 낙찰받는 전략이다. 대부분의 입찰자들은 2차(2억 4,500만 원)와 3차(1억 1,715만 원) 사이 가격에만 집착한다.

2. 건물구조도 분석

503호, 505호가 23평이고, 504호가 57평인데 503호·504호를 같이 낙찰받으면 80평대의 모양 좋은 훌륭한 역세권 A급 상가가 나온다. 80평 이상일 경우, 병원·당구장·소호사무실 등 다양한 용도로 개발 또는 임차가 가능하다. 건물 모양상 503호·504호가 보기 좋은데, 503호는 2차에서 다른 사람이 낙찰받았기에 어쩔 수 없이 504호와 505호 두 개 호실을 낙찰받았다.

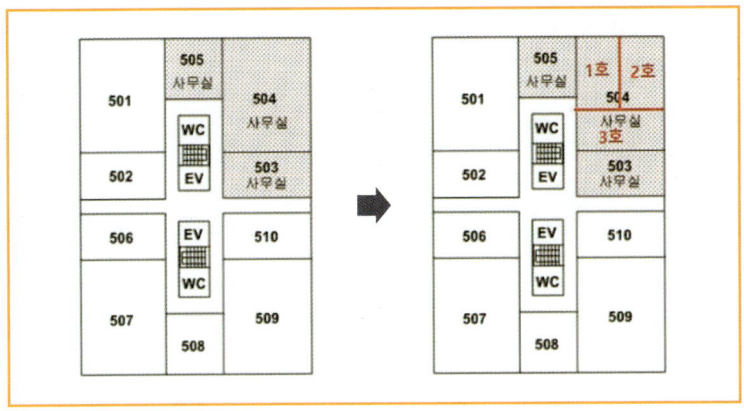

특히 504호는 'ㄱ'자형으로 창문이 나 있기에 57평을 그림과 같이 세 개 호실 19평으로 분할하면 임대수익률을 더 높일 수 있다.

실제 경매 입찰 전에 현장을 둘러보니 같은 건물 3층 301호가 도면처럼 세 개 호수로 분할해서 임차를 주고 있었다.

여러 호수로 분할할 경우, 장점은 일부 공실이 발생해도 잔여 호수에서 월세를 받을 수 있기에 손해를 줄일 수 있다.

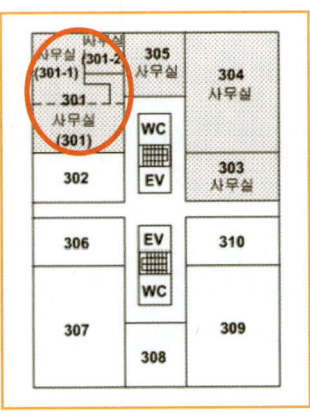

3. 입지 분석

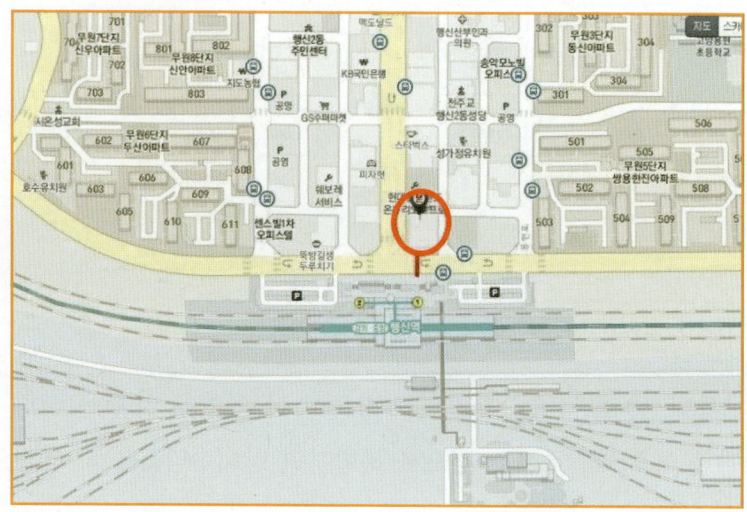

KTX역인 행신역 바로 앞에 있는 상가다. 당시 행신역은 용산까지 아홉 개 정거장밖에 되지 않아 출근 거리 30분 미만이다. 어찌 보면 서울 외곽의 비역세권보다도 더 나은 입지다.

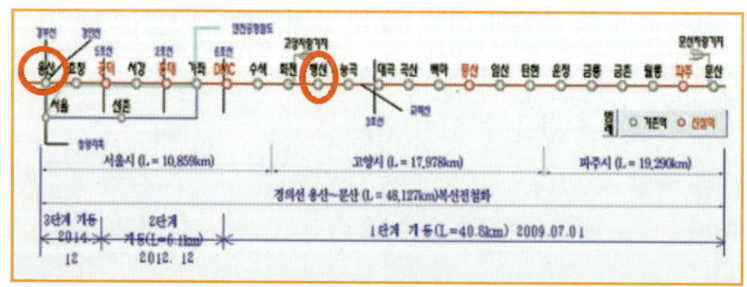

또한, 행신역은 전국 어디나 갈 수 있는 KTX역이다. 2011년 당시는 세종시로 수도 이전 중이라 KTX역을 이용하는 공무원들의 수요도 더 많을 것으로 예측되었기에 건물 가치가 더 올라갈 것으로 보였다.

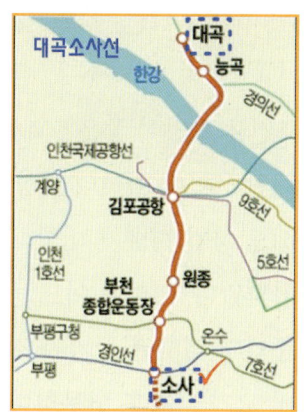

향후 소사원시선과 대곡역이 연결되는 시점 또는 GTX 대곡역이 개통되는 시점에 폭발력을 갖게 될 것 같다.

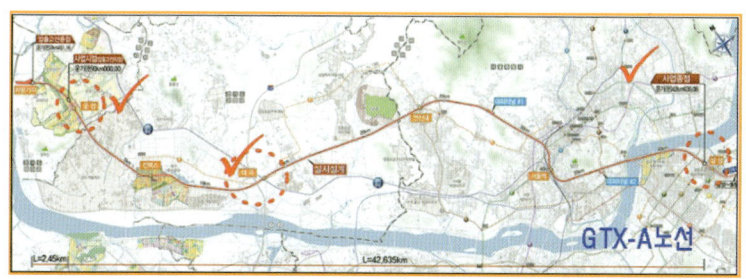

4. 임차인 분석

제약회사인 M사가 임차 중이었다. 대법원 인터넷등기소에서 M사의 법인등기부등본을 떼보니 매년 잘 돌아가고 있는 알찬 법인으로 판단되었다. 보증금 2,000만 원/월세 100만 원으로 신고되어 있다. 평수 대비 임차료가 저렴한 편이다(나중에 조금 더 올려야겠다!).

5. 입찰 결과

건물 모양이 좋은 504호는 71%, 작은 평수인 505호는 70% 아래인 69%에 썼더니 예상대로 두 건 모두 다 낙찰되었다. 당시만 해도 상가 경매가 대중화되어 있지 않아 필자 예상대로 척척 낙찰되었다. 그러나 어느 순간부터 NPL 투자와 상가 경매 인기 때문인지 역세권 상가가 잘 잡히지 않는다. 요즘에는 100% 이상의 고가 낙찰도 난무한다.

6. 명도 과정 : 임차인들을 꼭 명도시킬 필요는 없다!

낙찰받자마자 아내와 현장에 가서 M사 대표를 만나 보니 온화한 인상의 50대분이었다. 관리비가 약 3개월간 밀려 있었는데 미납 사유를 들어보니, 주변에 경매를 잘 아는 지인이 코치를 한 눈치다. 퇴거당할 것에 대비해 미납한 것 같다. 임차인과 협상 끝에 보증금 2,000만 원/월세는 100만 원에서 20만 원 더 올려 120만 원으로 하고 미납 관리비도 모두 정산하는 조건으로 계약서를 작성했다.

함께 낙찰받은 505호도 연이어 방문했더니 동업하는 두 명의 젊은 친구들이 사무실 가득히 짐을 쌓아놓고 있다. 이럴 때는 무조건 명도시키는 것보다 재임차를 주는 게 낫다. 보증금 1,000

만 원/월세 60만 원 기존 조건에서 약간 올려 보증금 2,000만 원/월세 70만 원을 제시했더니 좋다고 해서 바로 계약서를 작성했다.

당시 이 상가는 2금융권인 단위수협을 통해 경락잔금 대출을 최대한 알아보았더니 싸게 낙찰받아서인지 낙찰가의 90%까지 해주었다. 아마 사무관이라는 안정적 신분도 작용한 것 같다.

결국, 잔금과 동시에 보증금 3,000만 원과 월세 190만 원이 입금되니, 504호·505호 두 개 호수에 투입된 금액은 취·등록세 등 기비용을 빼도 총 1,000만 원에 불과했고, 이후 대출이자를 제외하고서도 매월 80만 원 이상씩 연 1,000만 원 정도의 월세 월급이 나왔다.

3년 후에 504호 임차인이 나간다고 해서 57평을 곧바로 19평 세 개 사무실로 쪼개니 월세가 두 개 호실을 합해 기존 190만 원에서 260만 원으로 늘어났다. 연봉 3,000만 원짜리 안정적인 수입원이 생긴 것이다!

최근 자금이 필요해 2억 5,000만 원에 낙찰받은 504호를 부동산 중개사무소에 내놓으니 4억 2,000만 원에 바로 매도되었다. 504호 한 개 호실만으로도 세전 1억 7,000만 원 정도 수익이 났고 지난 10년 동안 매년 3,000만 원씩 임대수익이 들어왔으니 총 3억 원 정도 월세 수익이 발생한 것이다.

  최초 투입된 자금은 불과 1,000만 원이었다! 10년간 받은 월세 임차료와 매도차익까지 포함하면 1,000% 이상 수익이 난 것 같다.

  남의 자금을 이용해 돈을 버는 것, 상가 경매의 매력이 여기에 있지 않나 생각된다.

| Tip | 레버리지(Leverage) 투자란?

타인이나 금융기관으로부터 차입한 자본을 가지고 투자해서 이익을 내는 것을 레버리지 투자라고 한다. 빌린 돈을 지렛대로 삼아 이익을 창출한다는 의미다. 필요하다면 금융기관의 도움을 받아서 자금 문제를 해결해야 하나 대출에는 이자가 따라붙기 때문에 주의해야 한다. 이자를 제때 갚지 못하면 신용불량자가 되기도 하고 경매 신청을 당하기도 한다.

레버리지 투자는 동전의 양면과 같아 상황이 좋을 때는 스노우볼처럼 이익을 가져다 주지만, 자금 흐름이 경색되면 엄청난 부담으로 작용한다. 경매 참여 시 레버리지로 인한 부정적인 결과가 생기지 않도록 신경 써야 하며 계획대로 대출이 잘 나오는지 항상 체크해야 한다. 좋은 물건을 낙찰받고도 예상대로 대출이 되지 않아 자금이 묶이는 경우가 있다. 낙찰되면 이익을 적게 남기고 바로 되팔아야 하는 경우도 있고, 기간을 늘려 부가가치를 높임으로써 수익을 극대화하는 경우도 있다. 따라서 레버리지 투자를 잘 하려면 대출이자까지 철저하게 계산해야 한다.

Case Study 02
일산 백석동 상가
- 연봉 3,000만 원 세팅하기

소재지	경기도 고양시 일산동구 백석동 1▮▮▮			도로명주소검색			
물건종별	근린상가	감정가	280,000,000원	오늘조회: 1 2주누적: 0 2주평균: 0			조회동향
				구분	입찰기일	최저매각가격	결과
대지권	50.2㎡(15.186평)	최저가	(70%) 196,000,000원	1차	2013-10-24	280,000,000원	유찰
건물면적	212.63㎡(64.321평)	보증금	(10%) 19,600,000원	2차	2013-11-28	196,000,000원	
				낙찰 : 242,500,000원 (86.61%)			
매각물건	토지·건물 일괄매각	소유자	정	(입찰7명, 낙찰:고양 / 차순위금액 238,001,023원)			
개시결정	2013-05-20	채무자	정	매각결정기일 : 2013.12.05 - 매각허가결정 대금지급기한 : 2014.01.03			
사건명	임의경매	채권자	인천수협	대금납부 2014.01.02 / 배당기일 2014.01.28 배당종결 2014.01.28			

1. 입지 분석

경매 검색 사이트로 일산 역세권 위주로 검색하던 중, 모처럼 좋은 물건이 나왔다. 백석역 3번 출구 1분 거리에 위치한 초역세권 상가다.

　당시만 해도 백석역은 일산 끄트머리에 위치해 있어 주목받지 못했지만, 일산에서 서울과는 가장 인접한 지하철역이라 출퇴근이 비교적 쉽고, 향후 GTX A노선 완공 시 대곡역에서 한 정거장 밖에 떨어져 있지 않아 교통요지로 급부상하고 있다. 또한, 인근에 코스트코·홈플러스·이마트·고양종합터미널 등 대형할인마트가 인접해 있어 주거용으로도 매우 인기가 좋은 위치다.

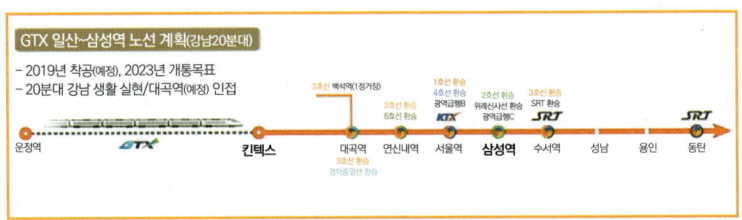

2. 물건 및 입찰가 분석

상가 경매를 하다 보면 종종 허위유치권이 신고된 경우를 보게 된다. 경험상 대부분의 상가유치권은 시설 인테리어비 명목으로 신고한 것으로, 성립하지 않는 가짜라고 보면 된다.

유치권을 신고하는 목적은 다양하나, 대부분 해당 물건을 놓치고 싶지 않은 전 주인의 비통한 마음에서 비롯된다. 현금 유동성 부족으로 자금이 고갈되어 일시적으로 경매로 들어갈 경우, 일부 건물주들은 유치권신고와 같은 꼼수(?)를 생각하게 된다. 일단 유치권이 신고되면 내부 정보를 알 수 없는 입찰자로서는 긴장하지 않을 수 없다.

일단 유치권 금액은 차치하고라도 대출에 그만큼 제한을 받게 된다. 또한, 유치권 성립이냐 아니냐를 떠나 금액이 많으면 인도명령 신청은 잘 받아들여지지 않는다. 통상적으로 집행법원에서는 경매 물건의 절차적 진행만 관여할 뿐, 유치권 등 재산권과 연관된 복잡한 분쟁은 수소법원에서 유치권 부존재소송 등 민사소송으로 다툴 것을 권한다. 그래서 일단 유치권이 성립되면 인도명령이 쉽게 받아들여지지 않을 수 있기에 명도에 상당한 시간을 소요할 가능성이 크다.

실평수 64평 정도면 소호사무실·당구장·노약자 시설 등 여러 가지 용도로 개발하기 딱 좋은 평수다. 다만 유일한 흠결이라면 유치권 3,500만 원이 신고된 사실이다.

임차인현황 (말소기준권리 : 2011.12.02 / 배당요구종기일 : 2013.09.11)						
임차인	점유부분	전입/확정/배당	보증금/차임	대항력	배당예상금액	기타
(주)	점포 전부	사업자등록: 2003.04.01 확 정 일: 미상 배당요구일: 없음	보30,000,000원 월2,300,000원 환산26,000만원	없음	배당금 없음	환산보증금초과 방송시설 부가세별도
기타사항	☞임차인 주식회사 ▨▨▨의 임차내역은 대표이사 ▨▨▨의 진술내용에 의한 것임					

등기부현황 (채권액합계 : 212,000,000원)							
No	접수	권리종류	권리자	채권금액		비고	소멸여부
1(갑3)	2011.12.02	소유권이전(매매)	정▨			거래가액:250,000,000	
2(을4)	2011.12.02	근저당	인천수협 (계산동지점)	182,000,000원		말소기준등기	소멸
3(을6)	2011.12.21	근저당	한▨	30,000,000원			소멸
4(갑4)	2012.01.10	소유권이전 청구권가등기	황▨			매매예약	소멸
5(갑5)	2012.06.01	압류	영등포세무서				소멸
6(갑6)	2013.03.05	압류	국민건강보험공단				소멸
7(갑7)	2013.04.29	압류	고양시일산동구				소멸
8(갑8)	2013.05.20	임의경매	인천수협	청구금액: 142,796,163원		2013타경20▨	소멸
주의사항	☞유치권신고 있음-▨▨▨으로부터 2013.11.25.유치권신고(기둥 및 인테리어공사비 **3500 만원**)						

유치권 금액이 많지는 않지만, 명도 과정에서 다소 시끄러울 수 있다. 초역세권 상가인데 감정가가 다소 박하다. 이 정도 입지면 최근 인근 건물 낙찰가로 봐서는 최소 3억 3,000만 정도가 적정 감정가로 판단되는데, 2억 8,000만으로 다소 적게 평가되었다.

필자는 법원 감정가를 100% 신뢰하지 않는다. 감정평가사마다 물건을 보는 시각이 모두 같지 않고, 유사사례법 등 비교적 과학적 방법을 동원한다고 하지만 항상 정확할 수는 없다. 오히려 건물을 활용하려는 투자자의 시각이 더 정확할 수도 있다. 얼마를 쓸까 고민하다 감정가가 다소 싸게 잡혀 있다는 점을 감안해 당시 낙찰가로는 파격적인 86% 정도로 입찰했고, 2등과는 400만 원 정도로 낙찰받았다. 경매 입찰자가 열 명 내외면 승산이 있다. 필자의 경험상 입찰자가 스무 명 이상이 들어오면 낙찰받을 가능성은 희박하다. 항상 무리수를 두는 투자자들이 있기에 스무 명 이상 입찰자가 들어올 물건이라면 경매보다는 역으로 NPL 투자를 고민해봐야 한다.

3. 명도 과정

사실 이 물건은 S방송이 임차해 있어 사전에 관리비 미납 여부를 제대로 확인하지 않았다. 케이블 채널도 있는 방송사인데 설마 관리비를 미납할까 싶었다. 그러나 막상 낙찰 후 미납관리비를 확인해보니 2,000여만 원 이상이 밀려 있었다. 이 정도 금액이라면 최근 3년 치를 한 번도 납부하지 않았다는 이야기다. 매월 수익을 내고 있는 법인이 임차해 있는데 3년 치를 전부 미납했다는 게 애초에 이해가 되지 않았다.

낙찰받고 보름쯤 경과한 후에 K선배와 사무실에 찾아갔다. 일단 자초지종을 알아봐야겠기에 사무실을 방문해 탐문조사에 들어갔다.

임차해 있는 방송사 사장과 면담해 몇 마디 물어보니, 왠지 임차인이 건물주와 연관이 깊다는 느낌이 들었다. 임차 법인은 이

건물 분양 당시부터 10년 이상 입주해왔기에 이 건물의 사정을
속속들이 알고 있다. 유치권자 이야기를 슬쩍 꺼내보니 모른다
고 한다. 느낌상 임차인인 이 사장이 걸었다는 느낌이 들었다.
지인을 통해 유치권을 신고한 후, 이 건물을 싸게 낙찰받으려는
느낌이 왔다. K선배가 녹취하고 있는 사이에 하나씩 유도신문을
하기 시작한다. 그러나 도통 사장이 속내를 잘 비추지 않는다.
녹취하고 있는 것을 알고 있다는 듯 쓸데없는 말로 빙빙 돌리며
핵심은 계속 비껴갔다. 명도가 쉽지 않을 것 같았다. 자리에서
일어나기 전 두 가지 요지로 경고성 멘트를 날렸다.

첫째, 누가 유치권신고를 했는지 모르겠으나, 법인이 임차해
사용 중인 건물이니 유치권은 성립하지 않을 것이며, 그래도 계
속 주장한다면 형사고소를 진행할 수밖에 없다.

둘째, 잔금 이후부터 월세가 부과되니 최대한 빨리 이사를 가
주셔야 하며, 낙찰 잔금과 동시에 일단 인도명령을 신청할 것
이다.

잔금 후 이 사장과 대면해 다시 이야기해보니, 유치권 이야기
는 쏙 들어갔다. 허위유치권일 경우, 경매 방해죄로 처벌됨을 들
었는지 일절 거론하지 않는다. 관리소장에게 물어봐도 유치권
자를 모른다고 한다. 법원에 가서 사건열람기록에 나와 있는 유
치권자의 연락처로 전화해본다. 도무지 통화가 되지 않는다. 아

부동산 인도명령 신청

사건번호 20○○ 타경 ○○○○○

신청인(매수인) ○○○
　　　　　　　　경기도 고양시 ○○○

피신청인(임차인) ○○○
　　　　　　　　경기도 고양시 ○○○

위 사건에 관해 매수인은 2017. ○○. ○○.에 낙찰대금을 완납한 후 부동산을 점유 중인 임차인에게 별지 매수 부동산의 인도를 청구했으나 임차인이 불응하고 있으므로, 귀원 소속 집행관으로 하여금 임차인의 위 부동산에 대한 점유를 풀고 이를 매수인에게 인도하도록 하는 명령을 발령해주시기 바랍니다.

　　　　　　　　2017년　　월　　일

　　　　　　　매수인　　　　　　(인)
　　　　　　　연락처(☎) 010-○○○○-○○○○

의정부 지방법원 고양지원 경매 ○계 귀중

마 임차인인 사장이 지인을 통해 신고했을 확률이 높은 것 같다.

결국, S방송은 두 달 후 이사를 했다. 미납관리비가 너무 많아 관리비 정산까지 이사비를 줄 수 없다고 했더니 두 달이나 시간을 끌었다. 필자는 상가 경매 낙찰 시 법인이 임차인인 경우 명도비를 주기보다 오히려 받는 편이다. 왜냐하면, 경매 기간에 월세를 내지 않고 무료 혜택을 받았고 관리비도 연체해둔 경우가 다반사이기 때문이다.

미납관리비를 낼 의사가 없는 법인이 이사하자 관리소와 갈등에 처하게 되었다. 단전 조치를 했기에 건물을 사용하려면 관리소 측과 관리비 협상을 해야 하는데 3년 치 공유분을 주장해도 도대체 씨알이 먹히지 않는다. 결국, 명도 시점을 기준으로 이후는 필자가 납부하기로 하고 이전 관리비는 소송으로 다투기로 했다.

소송은 1심에서 져서 결국 항소심까지 갔다. 항소심에서는 관리회사가 선임한 변호사와의 치열한 공방 끝에 필자의 의견이 받아들여져 조정이 성립되었다! 2심까지 가는 동안 무려 1년 반의 시간이 경과했다. 누구나 그러하겠지만 필자는 지는 것을 무척 싫어한다. 최근에 근 2년간을 끌었던 배당이의소송에서도 변호사와 붙어 1심·2심·3심까지 가서 결국에 승소했다. 법리상 자신이 맞다는 확신이 든다면, 그 누구라도 끝까지 싸워서 쟁취해야 한다는 게 필자의 원칙이다!

4. 상가 개발 과정

이 건물은 명도가 끝나자마자 사무실 칸막이들을 모두 철거했다. 다행히 사무실 칸막이가 많이 않았고, 천장까지는 손을 대지 않아서 철거비는 많이 나오지 않았다. 경매 학원과 소호사무실을 염두에 두고 필자가 그린 배치도를 토대로 인테리어업체를 불러 일일이 점검하며 공사를 시켰다. 철거비와 인테리어 비용은 2,000여만 원 정도 들었던 것 같다.

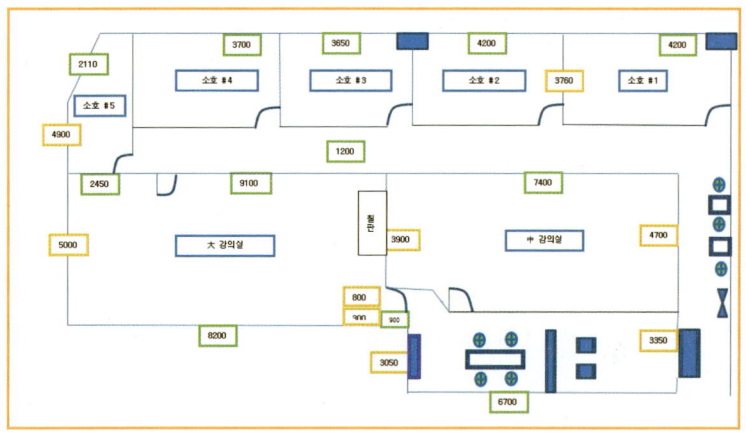

MS워드를 이용해 건물도면을 그려보았다. 스케치업(Sketch-Up)을 활용하면 더 정교하게 만들 수 있다.

1) 창문이 있는 북향 방면은 다섯 평짜리 소호사무실 다섯 개로 분할한다.

경매 학원이 잘 안될 경우, 소호사무실만으로도 먹고살 수 있도록 한다.

2) 입구 쪽부터 20평·15평 강의실 두 개를 만든다.

두 개의 강의실을 활용, 경매 학원·교육장 대관업을 병행해 효율을 높인다.

60평 사무실로 소호사무실 다섯 개, 경매 학원, 강의장 대관 등 세 가지 사업을 했다. 필자는 늘 최소 공간으로 최대 효과를 고민한다!

1) 5평형 소호사무실

보증금 300만 원/월세 40만 원으로 임대를 주었더니 6개월 안에 사무실 다섯 개가 다 찼기에 기본 월세 200만 원이 확보되었다!

2) 경매 학원과 강의실 대관

경매 학원 수업이 일주일 내내 있지 않기 때문에 강의실이 비어 있을 때는 시간제로 대여하는 강의실 대관을 통해 효율을 높인다.

필자가 경매 학원을 오픈한 후 3년쯤 지났을 때 뜻하지 않은 사고가 발생해 학원을 접어야 했다. 하지만 소호사무실을 다섯 개로 분할해 임차가 나간 상태이기에 부동산 중개사무소에 내놓자마자 바로 매도가 되었다. 2억 4,000만 원 정도에 낙찰받아 4억 원 약간 못 미치게 매도했으니, 취·등록세 등 각종 비용을 빼고서라도 1억 원 이상 차익은 발생한 것 같다.

만약 필자가 낙찰을 받은 후 이 건물을 소호사무실 다섯 개로 분할하지 않고 통으로 경매 학원으로만 운영했더라면 이렇게 쉽게 매도되지 않았을 것이다. 상가 매수자 입장에서도 200만 원 월세가 들어오는 구조로 안정적으로 임차료가 확보되어 있었기에 부담 없이 매수한 것으로 보인다. 건물 매도 후에 들러 보니 매수자는 학원 강의장 두 개도 사무실로 임차를 주어 월 300만 원 이상 나오는 구조로 만들어놓았다.

'상가 경매로 월세 연봉 1억 원 만들기' 그리 어렵지 않다. 누구나 할 수 있다!

Case Study 03
상동 역세권 상가
- 연봉 4,000만 원 세팅하기

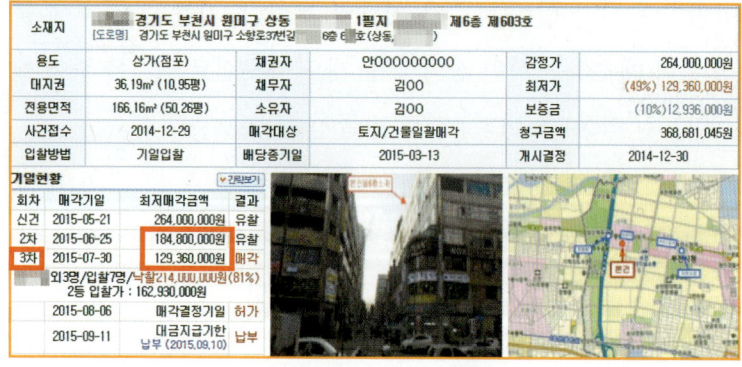

　7년 전, 필자가 경매 학원을 운영하면서 수강생들과 같이 낙찰받은 상가다. 602호는 법인 명의로, 603호는 네 명이 함께 낙찰받았다.

1. 입지 분석

지하철 7호선 상동역 앞 도보로 3분 거리로, 비록 대로변 전면상가는 아니지만, 대로변 후면의 상가 중에 첫머리 부분에 위치해 있어 임대사무실로 개발할 경우, 짭짤한 임대수익을 기대할 수 있다.

2. 건물 구조 분석

상가 모양도 필자가 제일 선호하는 남향 쪽 창문이 많은 가로형으로, 602·603의 두 개 호수를 모두 낙찰받으면 A급 임대상가가 될 수 있다.

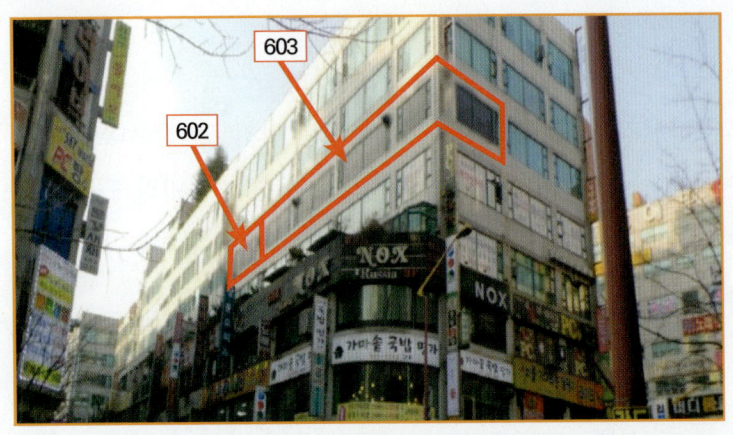

상가는 아파트 등 주거용 건물과 달리 남향·북향·서향 등 향은 별로 중요하지 않고 대로변에 접한 창문이 많아야 한다. 창문이 없어 빛이 안 들어오는 답답한 사무실을 누가 임차하겠는가? 명도만 잘된다면 고시원·사무실 등 여러 용도로 개발할 수 있는 좋은 상가다.

3. 입찰가 분석 및 입찰 결과

602호는 실평수 17평에 감정가 8,700만 원, 603호는 실평수 50평에 감정가 2억 6,400만 원이니 두 개 호수 합쳐서 낙찰받으면 근 70평대 상가를 3억 원 안쪽으로 매입 가능하다. 602호는 7,880만 원, 603호는 2억 1,400만 원에 입찰했다. 두 개 합해서 2억 9,300만 원 정도니 낙찰만 받으면 괜찮은 가격이라 생각했는데 막상 입찰장에서 낙찰받고 보니 2등과 5,000만 원이나 차이가 나서 속이 좀 쓰렸다. 좋은 상가를 적정 가격에 샀다며 내심 위안으로 삼았지만, 함께 낙찰받았던 수강생들 반응이 심상치 않다. 향후 경매 학원 운영에 심각한 애로가 예상된다!

4. 명도 과정

이 상가의 최대 단점은 일반적으로 경매 투자자들이 가장 명도를 어렵게 생각하는 위락시설이라는 점이다. 경기가 좋을 때 상동 먹자골목에서 인기 업종이었던 룸살롱 건물이 경매로 나온 것이다. 사전 임장 시 수강생들과 같이 가 보니 출입문이 두 개 다 닫혀 있어서 내부 상황을 잘 알 수가 없었다. 당시는 유흥업종이 불경기였던 때라 업자가 망해서 도망갔을 것으로 추정되니 아마도 수년간 공실로 방치되어 미납관리비도 잔뜩 연체되어 있었을 것이다.

법원에 가서 사건기록 열람을 통해 자료를 샅샅이 뒤져보니, 주인은 의외로 전라도 시골에 사는 80대 노인이다. 추측건대, '아들이 룸살롱을 차명으로 운영하다 경영난에 처하자 아버지 명의로 이전해둔 것이 아니었나' 하는 생각이 든다. 룸살롱 등 퇴폐형 위락시설들은 영업이 잘 안 될 경우, 실제 오너가 바지 사장을 앉혀놓고 단위수협 등 2금융권에서 대출을 최대한 받아둔 후에 부가세·주류세 등 각종 세금과 관리비를 대거 연체해둔 채 경매로 날린다. 위락시설 경매에서 흔히 발견되는 수법이다.

아마도 아들이 룸살롱을 시골 아버지 이름으로 운영한 듯싶은데 시골 아버지가 무슨 재산이 있겠는가? 가압류할 물건도 없으려니와 나중에 명의상 주인을 상대로 미납관리비 등 구상권을 청구해봤자 건질 건 별로 없을 것이다. 법원에서 사건기록 열람자료를 아무리 뒤져보아도 전 주인의 연락처나 이름은 없다. 출입문은 굳건히 닫혀 있고, 미납관리비를 내줄 점유자는 찾기 힘드니 참으로 난감했다.

그러나 궁즉통(窮卽通, 몹시 어려운 처지에 이르게 되면 도리어 해결 길이 생긴다)이라고 했던가? 관리소장을 면담해보니 해결의 실마리가 나왔다. 먼저 602·603호실에 연체된 관리비가 3,000만 원이며, 룸살롱은 망해서 사장이 야반도주한 지 오래라고 한다. 잔금과 동시에 인도명령을 신청했기에 차분히 기다리면 될 일이나, 문제는 하염없이 흘러가는 시간과 아까운 대출 이자였다.

이럴 때는 정황적 판단을 잘해야 한다. 관리소장 이야기로는 영업이 중단된 지 오래되었고 3,000만 원 관리비 미납 이후 룸살롱 사장은 더 이상 나타나지 않고 있다. 아니 절대로 나타날 수 없을 것이다.

정석 수순을 밟는다면, 인도명령 후에 점유이전금지가처분 신청을 진행하고, 이후 집행관실에 강제집행 신청을 해야만 한다. 절차대로 갈 경우, 시간과 비용이 굉장히 많이 들어갈 것이다.

건물 관리소장의 이야기로 추론해보니 전 주인이 비싼 짐들은 이미 다 가져가고 쓰레기들만 남아 있을 것으로 보인다. 이럴 때는 바로 단호하게 결단을 내려야 한다! 정황상 사적 집행(?)이 최선이다. 결국, 관리소장님과 수강생 4인 입회하에 사적 집행 절차를 밟기로 했다.

명도 당일 ① 열쇠업자를 불러 개문 실시, ② 현장 사진 촬영, ③ 물건 목록 작성, ④ 현관문 앞에 일주일 정도 "유체동산을 별도 보관 중이니 일주일 안에 찾아가라"는 요지의 고지문을 붙여 두는 수순으로 진행할 예정이었다. 혹시라도 후에 물건을 찾으려는 이가 나타나면 대환영이다! 거액의 미납관리비부터 정산해달라고 요청하면 될 것이다.

이러한 시나리오를 염두에 두고 잔금을 치르자마자 수강생들과 같이 현장에 갔다. 인근에서 열쇠공을 수소문한 후 관리소장님 입회하에 바로 개문했다.

관리소장님 입회하에 개문 실시

그나저나 열쇠공이 약 30분간이나 문고리를 쑤셔보았지만, 도무지 열리지 않는다. 다른 열쇠공 한 명을 더 불렀다. 내시경 장비를 이용해 가만히 안쪽을 들여다본 열쇠공이 현관문 안쪽을 봉해둔 것 같다고 한다. 고민 끝에 연장을 이용해 현관문을 부숴버리라고 했다. 개문해보니 나무 널빤지를 대놓고 대못질을 해놓았다. 실내에는 폐자재들과 쓰레기들만 가득했다. 폐휘발유 통이 잔뜩 널브러져 있고 쓸 만한 물건들은 없다. 사업에 망해서 다 불 지르려고 했나 보다.

예상대로 노래방 기기 등 값나가는 비싼 건 모조리 가져간 상태였고 건축폐자재와 휘발유 통 등 돈 안 되는 물건들만 잔뜩

 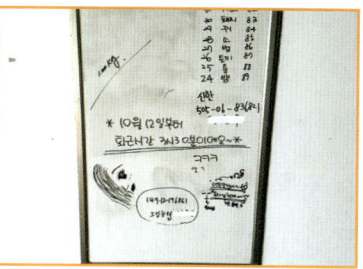

쌓여 있었다. 작은 방에 설치된 서랍장 뒤에는 샤워실로 연결되는 비밀의 문이 있다. 룸살롱 특유의 비밀공간이다. 경찰 단속 시 대피할 용도인가? 칠판에는 룸살롱 언니들의 낙서 흔적만 가득하다.

혹시라도 나중에 진짜 주인이 나타날 경우에 대비해 남아 있던 물건에 대한 물건목록을 일일이 작성하고, 관리소장의 사인까지 잘 받아두었다. 행여 주인이 나타나면, 물건목록과 첨부된 사진 자료를 제시하고 연체관리비 3,000만 원을 요구하면 될 것이다. 사장님! 부디 이른 시일 내에 재림하셔서 미납관리비를 몽땅 다 갚아주세요!

속앓이할 것으로 예상했던 명도 문제가 의외로 빨리 끝났다. 이제 상가관리단과 산더미같이 연체된 관리비 해결 문제를 놓고 드잡이해야 할 시간이다. 위락시설 내 잔존물 철거와 개발 문제도 남아 있다.

룸살롱은 사무실로 임차 놓을 경우 재활용하기 어렵기에 천장·벽체·바닥순으로 단계적 철거를 한 후에 약 10평짜리 여섯 개의 사무실로 다시 리모델링했다. 몽땅 다 철거하려다 보니 룸살롱 특유의 밀폐형 구조로 방음 소재들이 많아 1,000만 원에 달했다. 전기도 다 끊어져 있어 건물 EPS실에서 다시 끌어왔다. 전문철거업체를 불러 일주일간 천장부터 바닥까지 깡그리 철거를 시켰다. 룸살롱 흔적이 조금이라도 보이지 않게 천장 텍스를 새것으로 전부 바꾸고 바닥도 반짝반짝 빛나는 폴리싱 타일로 깔고 최신형 에어컨을 설치했더니 A급 사무실로 거듭났다.

〈철거 직후 전경〉　　　〈인테리어 완료 후 전경〉

3,000만 원가량 밀려 있던 체납관리비 문제도 건물 관리단과 협상 끝에 체납관리비 중 3년 치 공용분을 내는 것으로 타협을 보았다. 대납한 관리비는 관리소로부터 602·603호 관리비 대납 영수증까지 받아두었다. 양도세 절감과 추후 관리비 구상권 소송용이다. 미납관리비 구상권 소송 후 확정판결까지 받아두면 더욱 좋을 것이다.

관리비 납부 영수증

제목 : ○○○프라자 미납관리비 납부 영수증

영수금액 : 일금 일천만 원(₩10,000,000)

○○○씨가 경기도 부천시 원미구 상동 ○○○-○○○번지 ○○○프라자 ○○호에 연체된 관리비 중에 낙찰자 부담분인 일천만 원 전부를 납부했음을 정히 영수합니다.

확인자 : ○○○○○○○ 관리소장

2000년   월   일

○○○○ 프라자 상가관리단 [관인]

602·603호 두 개 호수 다 합해 3억 원 못 미치는 가격에 낙찰받아 룸살롱을 완전 철거 후 10평짜리 A급 사무실 여섯 개 실로 인테리어하는 데 총 4,000만 원가량 투입되었으니 총매입 비용은 취·등록세, 대납관리비까지 3억 6,000만 원 정도다. 1금융권에서 월 3.5% 금리로 경락잔금 대출을 80% 정도 받으니 투입비용은 생각보다 많이 들지 않았다.

보증금 500만 원에 월세 50만 원 조건으로 동네 부동산 중개사무소에 임차를 내놓았더니 6개월 만에 여섯 개실 전부 만실이 되어 보증금과 1년 치 월세만으로도 투입원금이 대부분 회수되었다. 매월 임차료가 300만 원 정도에 대출이자 빼고도 240만 원씩 들어오는 구조니, 연봉 3,000여만 원의 연금형 월세를 받는 파이프라인을 만든 것이다.

602, 603호 Floor Plan(6개안)

호수	1호	2호	3호	4호	5호	6호	합계
평수	10평	7평	10평	15평	15평	10평	
보증금	500	500	500	1000	500	500	3500만원
월세	500000	450000	500000	550000	500000	500000	300만원

간단한 도면은 워드나 엑셀을 활용해 만들고, 복잡한 건 스케치업을 이용해 만든다!

7년간 세를 잘 받아오다가 최근 얼마 전 인근 부동산 중개사무소에 5억 5,000만 원에 내놓았더니 단박에 어떤 분이 매수하겠다고 해서 바로 계약서를 썼다. 3억 5,000만 원 낙찰가 대비해 2억 원 정도 올랐으니 세전 수익이 2억 원이다! 투입된 원금은 매년 받은 월세로 회수된 지 오래다. 상가 경매는 잘만 하면 자본소득과 임대소득을 모두 거둘 수 있는 비밀무기다!

| Tip | 위락 시설 낙찰 시 유의사항

유흥주점·단란주점·노래연습장 등 고급오락장용 시설은 사치성 재산에 포함되며, 영업장 바닥면적이 100㎡ 이상일 경우 세금이 중과된다. 영업허가증을 다시 받으려면 소방시설·위생교육 등 부대비용이 많이 들기에 낙찰 후 위락 시설로 임대할지, 다른 용도로 전환할지 신중하게 판단해야 한다. 재임대를 택한다면 이전 주인에게 이사비 명목으로 돈을 주고 영업허가권을 인수해야 하고, 다른 용도로 개발할 경우에는 영업 허가를 말소해야 한다.

【 고급오락장용 건물의 중과 세금 】

1. 취득세 4.5배 중과
   고급오락장용 건물은 취득세가 12%, 보통 상가는 취득세가 4%
2. 재산세 16배 중과
   일반상가 : 재산세는 건물분이 0.25%이고, 토지분이 0.2~0.45%
   고급오락장용 건축물 : 건물분이 4%이고, 토지분이 4%
   * 즉 일반상가와 비교해 고급오락장용 건물은 약 16배의 재산세를 납부
3. 공동시설세 2배 중과
   일반상가가 0.5~1.3%지만 고급오락상용 건물은 1~2.6%

【위락시설에 대한 영업 허가 취소 절차】

1. 부동산 인도집행 조서를 발급받아 세무서에 가서 사업자등록을 말소신청
2. 관할구청에 가서 영업증 직권말소를 신청
   → 직권말소 기간은 통상 2~3개월 정도 소요됨
   〈직권말소 신청 → 영업자 통지 → 심사 → 담당공무원 현장 확인 → 영업증 취소〉
   → 말소기간 중 이전 점유자들이 영업을 할 수가 없기에 압박효과가 있다!

Case Study 04
2억 원 유치권 깨고 섹션오피스 개발하기

　30여 년 전 일이다. 추석 명절날 고속버스터미널에서 버스를 타고 시골로 향하던 중, 휴게소에서 웬 이상한 머리띠를 두른 험상궂은 인상의 아저씨가 탔다. 이마에 '바르게 살자'라는 머리띠를 두르고서 일장 연설을 개시한다. "출소한 지 일주일밖에 안 되었고, 이제부터 정말로 바르게 살고자 하니 도와주는 셈 치고 1만 원씩 적선해달라"는 요지다. 이윽고 모나미 볼펜 한 다스나 싸구려 빗 등을 손님들에게 강제로 안겨주고 수금하러 다닌다. 만약 물건을 안 살 것 같으면 눈을 부라리기에 그 험악한 분위기에 겁을 먹게 되어 도저히 안 사줄 수가 없다. 절대로 바르게 살 것 같지 않은 인간들이 바르게 살자고 외쳐대는 이 아이러니를 어떻게 바라보아야 할까?

"유치권 세 건이 인생을 바꾼다"라는 말이 있을 정도로 어느 정도 실전 경매 투자를 해본 사람이라면, 한 번쯤은 유치권에 관심을 갖게 된다. 그러나 "유치권의 90%는 가짜"라는 속설만 믿고 덜컥 거액의 유치권이 있는 건물을 낙찰받아보고도 싶지만, 턱없이 높은 유치권 가격과 마치 진짜인 것처럼 교묘하게 만들어둔 각종 서류를 보면 '단 한 건에 오히려 내 인생이 망가지지는 않을까' 하는 두려움에 선뜻 나서기가 쉽지만은 않다.

마치 소설《초한지》에 나오는 유방과 항우 간의 건곤일척(乾坤一擲) 운명을 건 피 튀기는 한판 대결처럼, 유치권자도 점유와 공사비 채권이라는 강력한 창들을 갖고 투자자를 맞이할 준비를 하고 있기에 저렴한 낙찰가만 보고 달려드는 설익은 투자자라면 온몸에 깊은 내상을 입기 쉽다.

다음의 물건은 몇 년 전 부천에 나온 유치권 물건이다. 필자가 좋아하는 중동·상동 신도시 안에 있는 상가 건물이라 절대로 놓칠 수 없었다. 메마른 초원에 막 나온 톰슨가젤을 발견한 사자의 기분이라고 할까? 이 정도 가격의 상가를 보면 신장이 절로 뛸 수밖에 없다. 실전 투자자라면 맹수의 본능을 가져야 한다.

소재지	경기도 부천시 원미구 ▓▓▓▓ ▓▓▓	도로명주소검색			
물건종별	근린상가	감정가	430,000,000원	오늘조회: 1 2주누적: 1 2주평균: 0 조회동향	
대지권	65.24㎡(19.735평)	최저가	(49%) 210,700,000원	구분	입찰기일	최저매각가격	결과
건물면적	210.44㎡(63.658평)	보증금	(10%) 21,070,000원	1차	2013-05-14	430,000,000원	유찰
매각물건	토지·건물 일괄매각	소유자	▓▓▓ 외 1명	2차	2013-06-25	301,000,000원	유찰
개시결정	2012-09-07	채무자	▓▓▓ 외 1명	3차	2013-07-30	210,700,000원	
사건명	강제경매	채권자	▓▓보증보험(주) 외 1	낙찰: 288,250,000원 (67.03%) (입찰4명, 낙찰: ▓▓▓ 차순위금액 281,450,000원)			
				매각결정기일 : 2013.08.06 - 매각허가결정			
				대금지급기한 : 2013.09.13			
				대금납부 2013.09.13 / 배당기일 2013.10.16			
				배당종결 2013.10.16			

1. 입지 분석

이 물건은 7호선 신중동역과 부천시청역 가운데 있었다. 도보로 10분 거리 내에 위치한 역세권 물건이다. 좌측으로 부천시청이 들어서 있고, 경매 입찰 당시만 해도 왼쪽의 공터에 대규모 복합쇼핑몰이 들어온다는 소문도 파다했다. 지금은 P아파트가 들어올 예정이다. 건물 아래쪽에는 중앙공원이 있고 옆으로 중소형 아파트 단지들이 병풍처럼 둘러싸고 있어 상권으로는 A급이다.

더구나 당시는 부천시가 원미구청이나 오정구청을 없애고 모든 기능을 부천시청으로 통폐합하는 작업을 하고 있었기에 부천시청의 기능 강화로 주변 상권이 더욱 커질 가능성이 컸다.

2. 건물 모양 분석

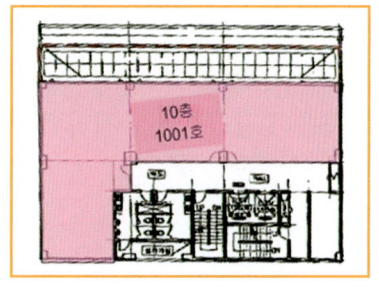

건물 실평수는 63평이지만, 도면을 살펴보면 30평쯤 되는 베란다가 덤으로 있고 10층 전체를 통으로 쓸 수 있다. 공용 구간까지 사실상 100평의 효율이 있는 상가다. 상가 모양도 필자가 가장 좋아하는 길쭉한 가로형 건물이다. 이런 모양은 여러 개로 분할해 임대놓기도 매우 좋고, 중견기업 사무실 본사로 쓰기도 좋다.

3. 권리분석

낙찰받기만 하면 임대나 매매 모두 수월할 것으로 보이나 문제는 유치권이다. 만약 유치권 2억 원이 성립하기만 하면 낙찰받아봤자 말짱 도루묵이다. 설사 유치권이 성립되었더라도 필자에게는 물어줄 2억 원의 현금도 없었다. 대출 레버리지로 투자하는 입장에서 만약 정말로 유치권이 성립할 경우, 입찰보증금을 포기할 수밖에 없다.

더 물러설 여지는 없었다. 냉철하게 경매 정보지와 매각명세서에 나와 있는 몇 가지 단서들을 조금씩 조합해가며 분석하기 시작했다. 유치권이 성립하지 않을 것이라는 실낱같은 부푼 희망을 안고 며칠간의 고민 끝에 유치권 격파에 나서기로 했다.

차분히 권리분석을 시작했다.

• 등기부현황 (채권액합계 : 559,965,018원)

No	접수	권리종류	권리자	채권금액	비고	소멸여부
1	2007.01.12	소유권이전(매매)				
2	2007.06.14	근저당	■■새마을금고	462,000,000원	말소기준등기	소멸
3	2010.02.02	가압류	서울보증보험(주)	97,965,018원		소멸
4	2010.11.16	압류	부천시원미구			소멸
5	2011.03.29	압류	부천시			소멸
6	2012.09.07	강제경매	서울보증보험(주) (■■신용지원단)	청구금액: 100,725,370원	2012타경21■■ 서울보증보험주식회사 가압류의 본 압류로의 이행	소멸
7	2012.11.01	임의경매	■■새마을금고	청구금액: 340,779,800원	2012타경25697	

주의사항: ☞유치권신고 있음-2012.11.16.자 주식회사 ■■■로부터 공사대금채권 200,000,000원의 유치권신고가 있으나 그 성립여부 불분명. 2013.05.20 채권자 서울보증보험주식회사 유치권배제신청 제출

2억 원의 공사대금채권에 기한 유치권이 신고되어 있으나, 2순위인 가압류권자 서울보증보험으로부터 유치권배제 신청이 제출되었다.

1순위 새마을금고가 아니라 왜 서울보증보험이 배제 신청을 했

을까? 그 이유는 배당에 있다. 1순위 새마을금고의 청구액은 3억 4,000만 원 정도다. 유치권이 있더라도 워낙 좋은 입지라 9층·10층 공동담보로 걸린 1순위 근저당까지 피해가 가지 않는다.

문제는 2순위 가압류 서울보증보험의 1억 원 채권 중에 손실을 볼 가능성이 있다. 그렇다면 사건 해결의 키는 서울보증보험이 가지고 있다. 유치권배제 신청을 한 충분한 사유가 있을 것이다.

입찰 전에 최악의 사태를 대비해 서울보증보험 본사를 방문해 탐문에 들어갔다. 물건 담당자를 찾아가 유치권배제 신청서 내용을 대강 살펴보니 서류상으로 허위 유치권일 확률이 높다는 확신이 마구마구(?) 들었다!

물건분석을 좀 더 해보았다. 굿옥션 사이트에서 과거 입찰자료를 뽑아 검색해보니, 8년 전쯤에도 같은 건물의 9·10층이 경매로 나왔고, 당시에도 유치권 4억 3,500만 원이 신고되어 있었다. 누군가 매우 저렴하게 가져갔다. 여러 가지 정황상 건물주가 유치권자와 짜고 거액의 유치권을 신고한 후, 낙찰받은 게 틀림이 없었다.

임차인 분석을 해보았다.

임차인현황 (말소기준권리 : 2007.06.14 / 배당요구종기일 : 2013.04.18)						
임차인	점유부분	전입/확정/배당	보증금/차임	대항력	배당예상금액	기타
박▮▮	점포 약 40㎡	사업자등록: 미상 확 정 일: 미상 배당요구일: 2012.11.16	보10,000,000원 월150,000원 환산2,500만원		배당금 없음	점유:2011.1.15~
이▮▮	점포 약 60㎡	사업자등록: 미상 확 정 일: 미상 배당요구일: 2012.11.16	보30,000,000원		배당금 없음	현황서상:2012.8.16, 점유:2012.5.1~
	점포 약 18.4㎡	사업자등록: 2012.01.20 확 정 일: 2013.04.18 배당요구일: 2012.11.16	보30,000,000원	없음	배당순위있음	
	점포 약 53.6㎡	사업자등록: 미상 확 정 일: 미상 배당요구일: 2012.11.16	보25,000,000원 월200,000원 환산4,500만원		배당금 없음	현황서상:2012.1.20, 점유:2011.1.15~
기타사항	임차인수: 4명 , 임차보증금합계: 95,000,000원, 월세합계: 350,000원 ☞ 박▮▮: 임대차계약서 사본만 우편으로 접수함. ☞ 이▮▮: 임대차계약서 사본만 우편으로 접수. ☞ : 임대차계약서 사본만 우편으로 접수하고 2013.4.24.자 신청서 보완. ☞ : 임대차계약서 사본만 우편으로 접수.					

법원 서류에 네 명의 임차인이 신고되어 있고, 임차보증금 합계만 근 1억 원에 육박한다. 사업자등록은 보증금 3,000만 원 한명만 되어 있다. 대항력은 없으나 환산보증금 3,000만 원이니 과밀억제권역에서 최우선 소액임차보증금을 받을 수 있는 소액임차인에 해당한다. 낙찰자의 명도확인서가 있어야 배당에서 소액임차보증금을 받을 수 있다.

나머지 세 명은 대항력은 없으나 사무실마다 칸칸이 들어 있는 임차인들을 모두 명도시키려면 수고로움이 만만하지 않아 보였다. 한 명당 이사비 200만 원씩만 잡아도 800만 원이다. 다른 임차인이 들어와 있으면 강제집행하기도 쉽지 않다. 점유이전금지가처분 신청을 해야 한다.

2억 원 유치권 문제를 단칼에 해결해야 하고, 임차인 네 명을 모두 명도시켜야 한다. 경매 내공이 쌓이지 않으면 해결하기 쉽지 않은 물건이다.

낙찰가를 얼마에 써야 할까? 정상 물건이라면 70%대를 훨씬 넘겨야 하나 유치권 2억 원이 있으니 다른 이들도 무리하지 않을 것이다. 고민 끝에 60% 후반대에 썼더니 낙찰되었다. 네 명만 들어왔다.

4. 2억 원 유치권 깨고 명도하기

잔금을 치르자마자 유치권 격파에 나섰다. 행여 유치권이 성립하기라도 하면 입찰보증금 10%를 포기해야 하기에 지체할 여유가 없다.

일단 현장을 찾아가 하나씩 단서를 파악해나갔다. 현장에는 잘 아는 선배와 함께 갔다. 유치권자와 협상하기에는 아무래도 혼자보다는 두 명이 훨씬 낫다. 선배에게는 미리 휴대전화로 녹취를 부탁해두었다.

건물 입구에 들어서니 유치권자의 현수막이 보인다. 일단 유치권 표시의 형식은 잘 갖추어져 있다. 많이 해 본 솜씨다.

부도난 건설사라 회장실과 직원 사무실 내 소파와 책상들 캐비닛 하며 각종 쓰레기가 방마다 가득하다. 강제집행까지 갈 경우, 비용이 장난 아닐 것 같았다.

베란다 근처로 가 보니 사나운 도사견과 진돗개를 풀어놓았다. 명도 현장에 사람은 없고 사냥개 다섯 마리가 친절하게(?) 반겨준다. 유치권자 성격이 보통이 아닌 듯하다. 최악의 경우, 개들을 풀어 자폭하려나….

유치권 2억 원도 해결해야 하고 네 명의 임차인들도 모두 명도시켜야 하고 미납관리비도 산더미같이 연체해두었을 테니, 피 같은 돈과 시간이 장난 아니게 들 것 같은 예감이 들었다.

건물 몇 바퀴를 휘 돌아본 후, 다시 현장에 가니 풍채 좋은 유치권자가 있었다. 가만히 문을 열고 K선배와 눈인사를 맞춘 후, 유치권자와 대면에 나선다. 미리 준비한 예상 질의자료를 토대로 유치권자에게 몇 가지 답변을 건넸다. 마치 유치권 대금 2억 원을 곧 바칠 듯 말듯 유도하니, 유치권자가 서서히 유도신문에 걸려든다. "혹시 공사를 언제부터 하셨죠?", "어디 부분을 누가 하셨는지요?", "사무실에 명패가 걸려 있는 법인들도 모두 임차인인가요?" 아차, 질문의 수위가 조금씩 높아지니 유치권자가 경계하기 시작한다. 20여 분간 대화를 나눈 후, 다음에 또 뵙겠다며 짤막한 인사를 나누고 현장을 빠져나왔다.

K선배에게 녹취가 잘되었는지를 확인하니 OK 사인을 보낸다. 일단 집에 돌아가 몇 차례 더 서류를 확인해본 후 시나리오를 짰다.

첫째, 1순위 근저당권자인 S새마을 금고를 찾아가 본다. 예상대로 대부계 담당자가 유치권 관련 정보를 잘 주려고 하지 않는다. 이럴 때는 유도신문 기법이 좋다. "근저당이 4억 원 이상이나 설정되어 있는데 거액의 유치권이 있으면 당연히 은행에서 대출이 나가지 않겠죠?" 담당자는 "다 아시면서 왜 묻냐?"는 식으로 응답한다. 무상각서 등 몇 가지 단서에 관해 물어보니 유치권이 없음을 간접적으로 내비친다.

둘째, 유치권 일부 신고가 되어 있는 전기설비업자를 찾아가 본다. 몇천만 원에 불과하지만, 유치권을 신고했다니, 진성이라면 이유라도 들어봐야겠지? 사무실에 들어가니 사장이 자리를 비웠단다. 이대로 물러설 수는 없다. 마침 자리에 앉아 있는 선해 보이는 남자 직원에게 슬쩍 "3~4년쯤 부천 어디 어디쯤에서 공사한 적이 있나요?" 하고 물었다. "그 당시 우리 회사는 인천에 있어 그쪽에는 일이 없었다"라는 순진한 직원의 답변을 차분히 녹취한 후 사무실을 나온다. 이후에도 몇 차례 사무실을 방문했으나 사장이 만나기를 꺼린다. 진성 유치권자라면 마땅히 낙찰자를 만나 공사 내역을 상세하게 알려줄 터인데….

이 건은 절차대로 가면 쉽게 해결이 나지 않을 것 같았다. 세무서에 제출한 각종 법인 임차계약서와 사업자등록증들, 전기설비업자와 공사업자가 서로 짜고 작성한 서류들. 유치권자가 의도하는 대로 질질 끌려다닐 수는 없었다. 대출을 많이 받은 상가라 오래 끌수록 시간은 나의 편이 아니기에 가장 강수를 두어야 했다. 유치권자와 은행관계자들과의 대화 녹취 내용을 꼼꼼하게 정리한 후, 유치권 부존재와 같은 증거 목록들을 모두 취합해 깔끔하게 한 파일로 만들었다. 담당 경찰이 자료수집을 할 필요가 없을 정도로 바인더로 만든 후 담당 경찰서에 고소장을 접수했다.

여러 갈래로 얽혀 있는 복잡한 사건일수록 가장 핵심을 공격해야 한다. 인도명령 신청이 기각되어 유치권 부존재 소송 등 민사로 갈 경우, 잘못하면 지루한 공방 속에 아까운 내 대출금 이자만 들어갈 것이다.

일단 유치권 관련 서류의 조작 여부를 조목조목 정리한 후에 형법상 사문서위조죄와 경매 입찰 방해죄 등 죄목으로 담당경찰에게 자세히 설명하고 파일을 제출했다. 둘 중의 하나는 크게 다칠 것이다.

며칠 후 유치권자에게 전화가 왔다. 유치권을 전부 포기할 테니 고소 취하를 요청한다. 결국, 유치권 포기각서를 받고 그 대신 소정의 이사비를 주고 모든 것을 끝냈다. 산더미같이 쌓여 있는 짐들과 네 명의 임차인도 유치권자가 알아서 이사시키는 조건으로 했다. 원체 집중해서인지 낙찰 잔금을 치른 지 보름 안에 모든 게 깔끔하게 끝났다!

별지 제1호

고 소 장

1. 고소인*

성명 (상호·대표자)		주민등록번호 (법인등록번호)	
주소 (주사무소 소재지)			
직업	주부	사무실 주소	
전화	(휴대폰)	(사무실)	
이메일			
대리인에 의한 고소	☐ 법정대리인(성명 : , 연락처 :) ☐ 고소대리인(성명 : 변호사 , 연락처 :)		

※ 고소인이 법인 또는 단체인 경우에는 상호 또는 단체명, 대표자, 법인등록번호(또는 사업자등록번호), 주된 사무소의 소재지, 전화 등 연락처를 기재해야 하며, 법인의 경우에는 법인등기부등본이 첨부되어야 합니다.

2. 피고소인*

성명		주민등록번호		
주소				
직업		사무실 주소		
전화	(휴대폰)	(자택)		(사무실)
이메일				
기타사항				

3. 고소 취지

고소인은 피고소인을 허위유치권 등 공정한 경매 진행을 방해한 사유로 경매 방해죄 및 사기죄로 고소하오니 처벌해주시기 바랍니다.*

4. 범죄 사실

※ 범죄 사실은 형법 등 처벌법규에 해당하는 사실에 대해 일시, 장소, 범행 방법, 결과 등을 구체적으로 특정해 기재해야 하며, 고소인이 알고 있는 지식과 경험, 증거에 의해 사실로 인정되는 내용을 기재해야 합니다.

5. 고소 이유

※ 고소 이유에는 피고소인의 범행 경위 및 정황, 고소를 하게 된 동기와 사유 등 범죄 사실을 뒷받침하는 내용을 간략, 명료하게 기재해야 합니다.

6. 기타

본 고소장에 기재한 내용은 고소인이 알고 있는 지식과 경험을 바탕으로 모두 사실대로 작성했으며, 만일 허위사실을 고소하였을 때에는 형법 제156조 무고죄로 처벌받을 것임을 서약합니다.

20○○년   월   일*

고소인 _____ (인)
제출인 _____ (인)

인천지방검찰청 부천지청장 귀중

유치권 포기각서

〈 경매사건: 20○○타경 ○○○○○ 〉
경기도 부천시 ○○○ ○○ ○○○ ○○○○○○○○

위 당사자 간 사건에 관해 신청인은 20○○.○○.○○.에 유치권 신고를 했지만, 유치권에 관한 모든 권리를 포기하고, 향후 유치권 포기와 관련해 일체의 이의제기를 하지 않겠습니다.

20○○년   월   일

유치권자 ○○○(-   )
　　경기도 ○○○
낙찰자 ○○○(-   )
　　경기도 ○○○

유치권자는 아마도 필자가 유치권 부존재 소송 등 민사적인 방법들과 일정 수준의 유치권 금액을 협상하러 올 것으로 예상했을 것이다.

이후 낙찰자의 내공을 최대한 시험해보며 시간을 최대한 끌어

애를 태운 후에 유치권 금액을 조금 내려 받아내거나 임차인 이사비를 받아낸다는 목표를 세웠을 것이다.

"적이 원하는 시간을 피한다.
적에게 낯익은 장소를 멀리한다.
적이 익숙한 방법으로 싸우지 않는다."

프랑스군과 싸웠던 베트남 지압(Giap) 장군의 명언처럼 때로는 유치권도 정공을 기본으로 하되 모공을 병행해야 한다. 중심을 공격해야 주변을 한꺼번에 제압할 수 있다.

만약 유치권자가 필자에게 유치권 포기각서를 써주지 않고 계속 버텼다면, 이후 어떤 수순으로 진행되었을까?

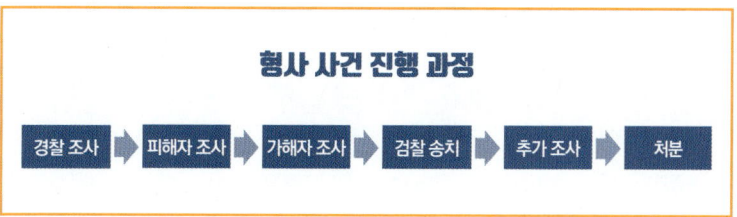

위의 과정과 같이 경찰서에서 1차로 가해자 소환조사를 진행할 것이며, 허위유치권 조작 혐의가 입증된다면 검찰로 송치되어 추가조사 끝에 경매방해죄·사기죄 혐의 등으로 처분될 것이다.

또한, 유치권자의 고의적인 명도방해가 지속됨에 따라 건물을 사용·수익을 얻지 못할 경우, 필자는 민사적으로도 손해배상소송을 진행해 그 피해를 최소화할 수 있을 것이다.

이 물건은 명도 후에 회사 사무실을 약간 더 분할해 임차를 주었더니 월세가 가장 안정적으로 들어왔다. 가장 큰 사무실은 월 65만 원씩 작은 사무실은 45만 원씩 임차를 주었더니 매월 말 월급처럼 월세가 안정적으로 들어온다. 상가 1층 부동산 중개사무소에 전속으로 주었더니 월세 임차인을 알아서 잘 맞춰준다. 상가 매도 목표 가격은 유치권 가액을 포함한 가격이다. 5년이 지난 시점에 그 시세는 넘은 것 같으나, 너무나 힘들게 받은 물건이라 그런지 선뜻 매도할 마음이 없다.

10층 Floor Plan(8개실)

호수	1호	2호	3호	4호	5호	6호	7호	8호	합계
평수	8평	6평	10평	6평	6평	6평	12평	6평	
보증금	500	300	500	300	300	300	500	300	3,000만 원
월세	550,000	450,000	650,000	450,000	450,000	450,000	650,000	350,000	400만 원

| Tip | 유치권 깨는 노하우

■ **유치권의 성립을 저지하는 사유를 주장, 입증하는 방법**
  - 목적 부동산이 타인 소유가 아닌 유치권자 자기 소유라는 점을 밝힌다.
  - 피담보채권이 부존재하거나, 변제기가 도래하지 않은 점을 밝힌다.
  - 피담보채권과 목적 부동산 간에 견련관계가 없음을 밝힌다.
  - 점유가 부적법하고, 계속되지 않으며, 대항력이 없는 점을 밝힌다.
  - 당사자 간 유치권 성립을 배제하는 특약이 존재하는 점을 밝힌다.

■ **이미 성립한 유치권을 소멸시키는 사유를 주장, 입증하는 방법**
  - 일반적 소멸 사유 중 혼동, 피담보채권의 변제나 소멸시효 등
  - 유치권 특유의 소멸 사유인 채무자나 소유자의 소멸 청구, 점유의 상실

■ **유치권을 깨트리는 절차적인 방법**
  - 민사 소송
  - 형사 소송

■ **기타 방법**
  - 장기간 무대응 전략(배짱 전략)
  - 적극적인 협상과 설득 전략

■ **유치권 깨는 시나리오**
  1. 사전정보를 입수한다.
     - 유치권 관련 법원의 공부(현황조사서, 매각 물건명세서 등)를 분석한다.
     - 유치권 신고서류를 분석(이해관계인의 도움)한다.
     - 현장을 확인(점유, 플래카드 부착, 시정 장치 유무 등)한다.
  2. 민사소송과 형사소송을 병행한다.
     (1) 민사소송
       - 인도명령 : 유치권자의 주장이 근거 없음이 명백한 경우
       - 명도소송 : 유치권 성립 여부가 불확실할 경우 인도명령과 동시에 제기한다.
       - 유치권 부존재확인소송 : 채권자가 경매 신청을 한 후 유치권 신청이 들어올 때 매수가격 저감을 방지 등을 위해 통상 경매 신청 전에 많이 한다.

- 점유방해금지가처분 : 매수인이 잔금을 완납하고 점유를 확보한 뒤 유치권자가 점유를 침탈하려고 할 때 점유방해금지가처분을 신청할 필요가 있다.
- 손해배상청구소송 : 소송결과 유치권이 인정되지 않을 때는 불법점유에 따른 손해배상 책임(임료 상당)이 있다.

(2) 형사고소
- 허위유치권의 외관을 보임으로써 입찰가 저감 등 공정한 경매를 방해할 경우 위계에 의한 경매입찰방해죄(형법 315조), 공사도급계약서를 위조해 법원에 제출했다면 사문서 위조 및 동행사죄(형법 제231조) 등 죄목으로 형사고소 한다.
- 유치권자가 매수인의 점유를 침탈하려고 시도할 경우 주거침입죄, 재물손괴죄, 업무방해죄, 폭행·협박·상해죄 등 죄목으로 형사고소 한다.

유치권 관련 민법 조문

제320조(유치권의 내용)
① 타인의 물건 또는 유가증권을 점유한 자는 그 물건이나 유가증권에 관하여 생긴 채권이 변제기에 있는 경우에는 변제를 받을 때까지 그 물건 또는 유가증권을 유치할 권리가 있다.
② 전항의 규정은 그 점유가 불법행위로 인한 경우에 적용하지 아니한다.

제321조(유치권의 불가분성)
유치권자는 채권전부의 변제를 받을 때까지 유치물 전부에 대하여 그 권리를 행사할 수 있다.

제322조(경매, 간이변제충당)
① 유치권자는 채권의 변제를 받기 위하여 유치물을 경매할 수 있다.
② 정당한 이유 있는 때에는 유치권자는 감정인의 평가에 의하여 유치물로 직접 변제에 충당할 것을 법원에 청구할 수 있다. 이 경우에는 유치권자는 미리 채무자에게 통지하여야 한다.

제323조(과실수취권)
① 유치권자는 유치물의 과실을 수취하여 다른 채권보다 먼저 그 채권의 변제에 충당할 수 있다. 그러나 과실이 금전이 아닌 때에는 경매하여야 한다.
② 과실은 먼저 채권의 이자에 충당하고 그 잉여가 있으면 원본에 충당한다.

제324조(유치권자의 선관의무)
① 유치권자는 선량한 관리자의 주의로 유치물을 점유하여야 한다.
② 유치권자는 채무자의 승낙 없이 유치물의 사용, 대여 또는 담보 제공을 하지 못한다. 그러나 유치물의 보존에 필요한 사용은 그러하지 아니하다.
③ 유치권자가 전2항의 규정에 위반한 때에는 채무자는 유치권의 소멸을 청구할 수 있다.

제325조(유치권자의 상환청구권)
① 유치권자가 유치물에 관하여 필요비를 지출한 때에는 소유자에게 그 상환을 청구할 수 있다.
② 유치권자가 유치물에 관하여 유익비를 지출한 때에는 그 가액의 증가가 현존한 경우에 한하여 소유자의 선택에 좇아 그 지출한 금액이나 증가액의 상환을 청구할 수 있다. 그러나 법원은 소유자의 청구에 의하여 상당한 상환기간을 허여할 수 있다.

제326조(피담보채권의 소멸시효)
유치권의 행사는 채권의 소멸시효의 진행에 영향을 미치지 아니한다.

제327조(타담보제공과 유치권소멸)
채무자는 상당한 담보를 제공하고 유치권의 소멸을 청구할 수 있다.

제328조(점유상실과 유치권소멸)
유치권은 점유의 상실로 인하여 소멸한다.

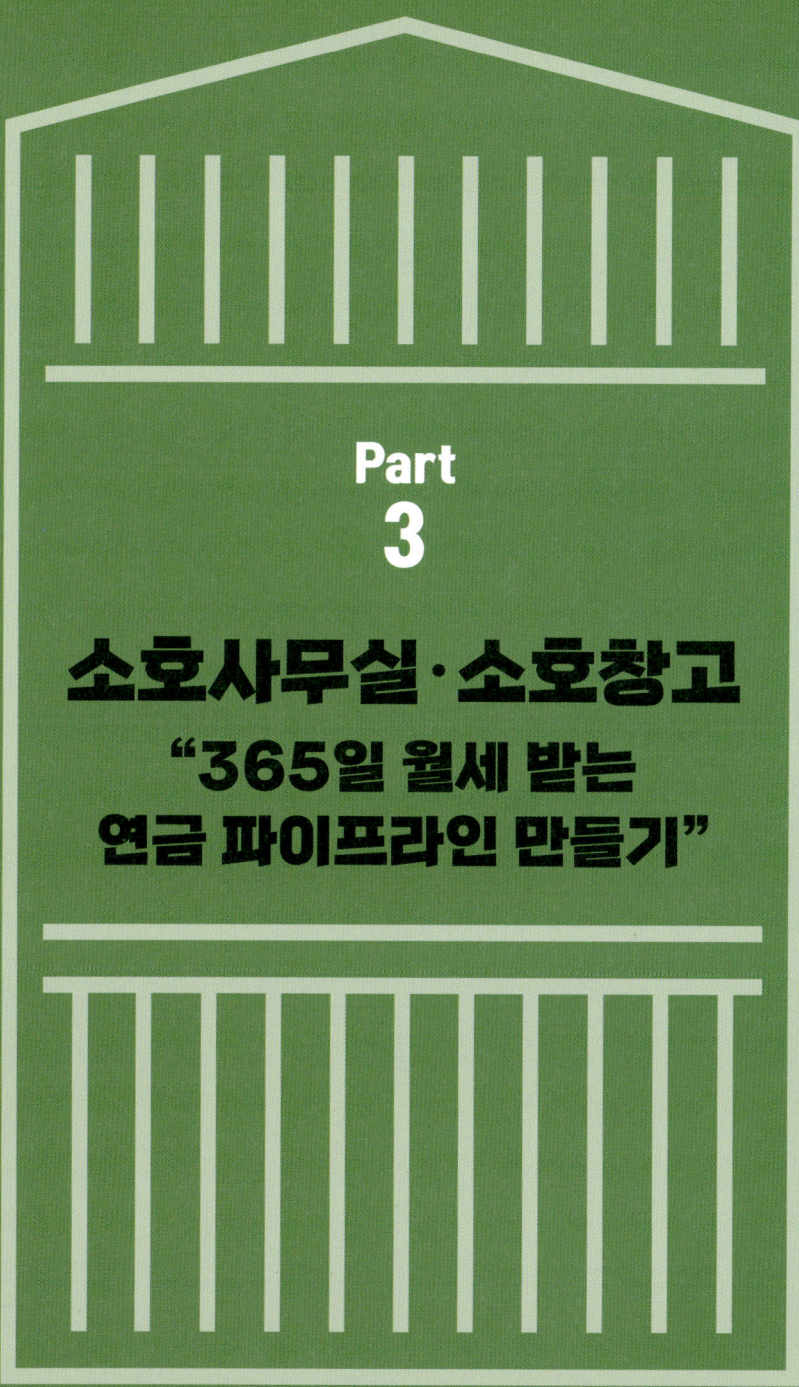

Part 3

소호사무실·소호창고
"365일 월세 받는 연금 파이프라인 만들기"

"실패 앞에는 달인(達人)이 없다. 사람은 누구나 실패 앞에는 범인(凡人)이다."

– 푸쉬킨(Aleksandr Sergeevich Pushkin)

> ## 부자가 되려면
> ## 파이프라인을
> ## 구축하라!

이탈리아에 파블로와 브루노라는 젊은이가 살고 있었다. 이들에게는 마을에서 제일가는 부자가 되겠다는 꿈이 있었는데, 그러다 어느 날, 정말 기회가 찾아왔다.

마을 사람들이 강에서 물을 길어다가 광장에 있는 물탱크를 채울 사람을 구했는데, 그 둘은 그 일을 지원해서 맡게 된다.

둘은 어깨에 물통을 들고 강으로 가서 마을까지 열심히 물을 날랐다. 매일매일 품삯을 받을 수 있었지만, 몸은 성한 곳이 없었다. 파블로는 고민 끝에 아이디어를 냈다. "강에서부터 마을까지 자동으로 물이 갈 수 있는 파이프라인을 설치하자." 하지만 브루노는 이렇게 좋은 일거리가 어디 있냐며, 그 계획에 반대했다.

결국 파블로는 혼자 주말마다 강에서부터 마을로 이어지는 길의 바위투성이 길을 파며 파이프라인 설치 작업을 시작했다. 파이프라인을 설치해 수익을 얻기까지는 1~2년, 그보다 더 걸릴 수도 있지만, 반드시 될 거라는 확신이 있었다.

몇 개월 후, 파이프라인의 반을 완성하자 가속도가 붙었다. 결국 파이프라인을 완성하자 더 이상 힘들게 물을 나를 필요가 없어졌고, 파블로는 그 파이프라인으로 엄청난 돈을 벌어들였다. 반면 브루노는 하루하루 일하느라 몸이 다 망가지고 결국은 실직자 신세가 되었다.

파블로는 브루노에게 찾아가 "파이프라인을 구축하며 알게 된 여러 개의 파이프라인을 쉽게 만드는 시스템을 같이 알려보자. 그리고 그 시스템을 배운 사람들이 그 지식을 다른 사람들에게 전수할 수 있게 하자"고 제안한다. 그렇게 파이프라인이 늘어날수록 그 둘의 부는 급속도로 증가하게 되었다.

- 버크 헤지스, 《파이프라인 우화》에서

상가 경매는 경제적 자유를 안내할 지름길이다

　엠제이 드마코(MJ DeMarco)는 《부의 추월차선》에서 대부분의 사람이 인도나 서행 차선으로 다니는 현대판 노예로 살고 있다고 말했다. 열심히 공부해서 대기업에 취직하거나 공무원이 되는 삶을 보통 사람들은 좋아하지만, 그는 이러한 삶을 딱 잘라 평가절하한다. 어차피 일주일 중 5일은 노예처럼 일하는 삶이라는 것이다.

　그리고 그는 일과 돈에서 해방될 수 있는 추월차선 5계명을 제시한다. 즉 '욕구', '진입', '통제', '규모', '시간'이다. "월급쟁이가 꼬박꼬박 돈을 모은다고 부자가 되기는 힘들다"라는 그의 말은 일견 맞아 보인다. 그렇다면 드마코가 말하는 인도를 걷는 사람은 어떤 사람일까?

그는 대개 오전 6시에 일어나 붐비는 대중교통을 타고 출근한다. 집이 일터와 가까우면 좋겠지만 이는 희망사망일 뿐이다. 오랜 기간 하루 8시간씩 일할 수 있다면 언젠가는 행복해질 거라고 생각한다. 그런 일상을 언제까지 반복해야 할까? 기껏해야 손에 쥐는 건 약간의 소득과 빚이 전부다. 그들은 그렇게 인도에 서 있다. 빠듯한 급여에 다달이 갚아 나가야 하는 카드값을 보며 한숨 쉬는 게 평범한 사람들의 삶이다.

"인도와 서행 차선을 벗어나 빠르게 부와 자유를 얻고 싶다면 당장 직업을 버려야 한다"는 게 드마코의 주장이다. 직업을 가지면 부자가 되기 위해 절대적으로 필요한 영향력과 통제력이 제한된다는 것이다. 그러나 직장은 인생을 팔아서 돈을 버는 곳에 불과하다는 말은 지나친 주장일지도 모른다. 모두가 드마코처럼 살 수는 없고 그렇게 살 필요도 없다.

어쩌면 상가 경매 투자라면 인도를 걷는 사람을 구제해줄지도 모른다.

Case Study 01
폐문부재 상가 소호사무실로 개발하기

1. 물건 분석

 상기 낙찰 물건은 직장생활을 하며 아내 명의로 받았던 상가다. 지금이야 건물주니 상가 투자니 하며 소위 수익형 부동산의 인기가 높지만, 2008년 서브프라임 사태 이후 우리나라 경제에 찬바람이 돌 당시 상가의 인기는 그리 높지 않았다. 당시 필자는 최소 자본으로 최대 효율을 기둘 투지처로 상가를 주목했다. 시기상 경기가 찬바람이 불고 있지만, 정부의 부동산 규제 완화책으로 IMF 시절처럼 몇 년만 버티면 다시 경기가 살아날 것이기에 2009년 이후를 상가 경매의 최대 투자 적기로 보았다.

 당시 필자가 살던 판교 일대의 상가를 샅샅이 훑어봤지만, 필

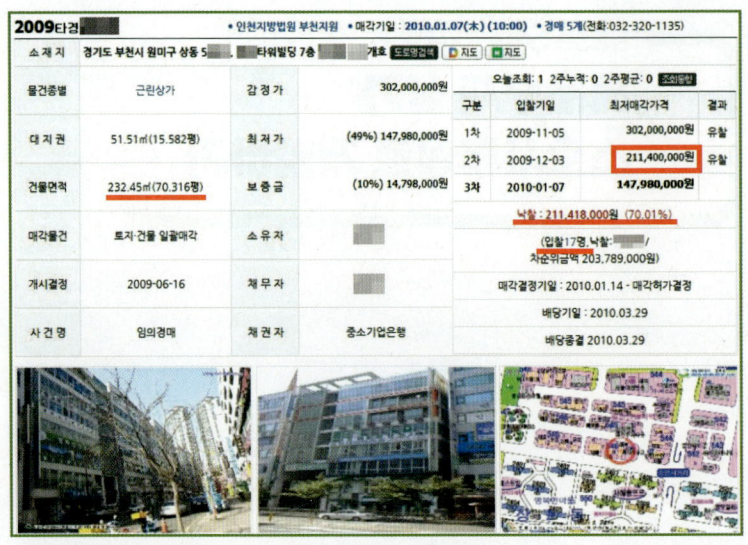

자의 자본으로는 어림도 없었다. 그러나 부천·인천·일산 일대 상가는 공급과잉이라 그런지 그리 부담되지 않는 수준이었다. 특히 비슷한 시점에 비슷한 평수의 분당 정자동 상가와 부천 상동의 상가 가격은 약 두 배 차이가 났다. 분당과 부천의 프리미엄 차이라지만, 아무래도 어느 한쪽이 저평가되어 있음이 틀림없었다. 경매 정보지를 통해 다음 물건을 검색한 순간, 도무지 싼 가격을 이해할 수가 없었다.

당시만 해도 지하철역이 없었지만 2~3년 후면 7호선 상동역이 생길 경우, 도보로 5분 거리의 역세권으로 변할 것이고 더구나 부천에서 가장 최근에 들어선 택지지구 상동이 아닌가? 당시 필자가 살던 30평대 판교 아파트는 6억 원 대를 호가했다. 당시

판교 아파트를 임차로 줄 경우 보증금 3,000만 원/월세 150만 원 선이었고, 상동 일대 70평 상가를 임차 줄 경우, 보증금 3,000만 원/월세 230만 원 선이었다.

가격은 아파트가 두 배 이상 비싸지만, 월세로 전환 시 받는 금액은 상가가 훨씬 효율성이 뛰어난 것이다. 그렇다면 아파트 공화국인 한국에서 지금이야 아파트의 인기가 좋겠지만, 미래의 어느 시점, 특히 경기 불황으로 베이비붐 세대의 은퇴가 본격화될 경우, 상가의 인기는 더욱 치솟을 것이며, 그럴 경우 상가 가격은 급등할 것이다.

이 물건은 대로변 남향을 바라보는 7층 전면 상가다. 상가는 대로변에 접한 면이 클수록 임대 놓기가 좋다. 대로변 상가는 후면 상가보다 같은 평수 대비 1억 원 이상 차이가 나기도 한다. 대로변 전면은 광고하기도 좋고 채광과 뷰가 좋기에 세가 잘 나간다.

2. 입찰가 분석

경매 정보지를 통해 당시 부천 일대 상가 평균 낙찰가를 분석해보면 60%대 후반이었다. 경매 정보지 하단에 보면 친절하게 입찰지 인근 상가들의 평균 낙찰가와 예상 낙찰가까지 분석해놓고 있다.

경매 투자자들이 많이 하는 분석 방법은 다음과 같다.
첫째, 경매 사이트에서 과거 낙찰률과 낙찰가 분석
둘째, 경매 사이트 참가 클릭 수 분석
셋째, 현 부동산 시장 분위기 분석

상기 물건은 입지, 가격 모두 흠잡을 데 없는데, 유치권이 걸려 있어 3차까지 내려간 상태다. 당시만 해도 상가 경매 시 3차까지 내려가는 경우가 비일비재했기에 이상할 정도는 아니다.

2008년부터 수도권 여기저기를 다니며 수차례 경매 입찰에 도전했으나 실패한 끝에 마침내 잡힌 물건이라 밤새 고민 끝에 2차 가를 약간 넘긴 70.1% 가격에 입찰했다. 당시 경매 정보지에서 ① 역세권 A급 입지, ② 유치권, ③ 3차까지 유찰 건 위주로 검색하던 중에 찾은 물건이었는데 남들이 2~3차 입찰가 사이에 집착하고 있을 때 아예 2차 가를 뛰어넘어 쓰자는 전략이다.

당시만 해도 경기 불황이 가시지 않은 상태라 상가 경매의 인기는 바닥을 기고 있었기에 70% 낙찰도 비싼 축에 속했다. A급지 경매 물건인지라 열일곱 명이나 달려들었다. 2차 가격을 넘기지 않았다면 낙찰받기 힘들었으리라. 경매에서 승자는 단 한 명밖에 없기에 늘 다른 입찰자들의 생각을 뛰어넘어야 한다.

3. 명도 과정

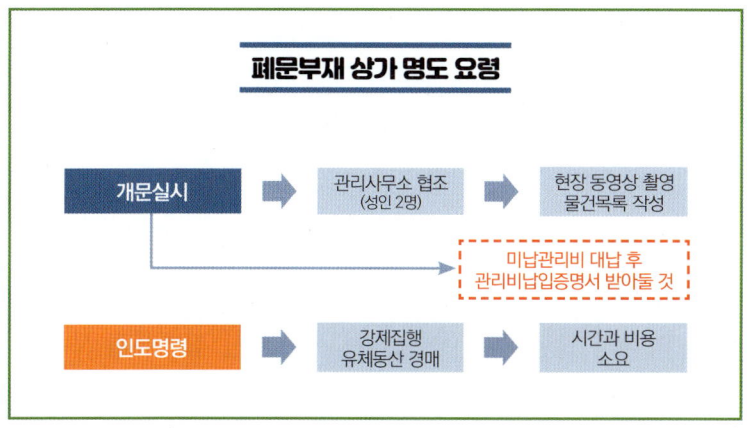

　유치권이 있어 1금융권에서는 대출을 못 받고 지방 단위수협을 통해 80% 정도 대출받았다. 그리고 공격적인 투자를 위해 당시 거주하던 판교 아파트도 전세를 주고 안양의 한 월세 아파트로 이사했다. 출퇴근 거리가 멀어져 몸은 다소 피곤했지만, 미래에 대한 기대가 컸기에 이 정도 수고는 아무것도 아니었다.

　낙찰 후에 현장에 갔더니 부도난 D건설회사의 현관문이 잠겨 있었다. 건설사 부도로 회장이 잠적하고 급하게 현관문을 봉해 둔 상태였다. 유치권은 천만 원 약간 넘어 있던 미납관리비를 이유로 건물 관리소가 걸은 것이었다. 관리비를 대납하겠다고 하고 관리소장과 함께 개문한 후에 내부로 들어가 보니 당시의 급박했던 광경들이 현장에 적나라하게 펼쳐져 있었다.

채권자들이 갑작스럽게 몰려왔는지 직원들 책상 위에 컴퓨터가 켜져 있는 상태였고, 각종 서류철이 책상 위에 그대로 내팽개쳐 있었다.

회장실 문을 열고 들어가 보니 책상 위 재떨이에 수북이 쌓인 재떨이 하며 금고들은 활짝 열려 있었다. 부도나기 직전 채권자들이 몰려오기 전에 처량한 심정으로 담배를 피우고 급하게 귀중품을 챙기고 나간 회장의 뒷모습이 선했다. 부도난 건설사였기에 회장과 연락이 되지 않았지만, 결국 회장 아들과 연락이 되었다. 약간의 협상 끝에 에어컨·책상 등 모든 집기류를 사는 조건으로 일정액의 이사비를 준다고 하니 비교적 수월하게 명도가 끝났다. 물론 나중에 엉뚱한 말을 하면 안 되니까 당시 현장 사진 채증과 물건목록 작성은 기본적으로 했다.

4. 소호사무실 개발 과정

이 건물은 고시원 개발도 염두에 두었으나 위층에 이미 고시원이 들어왔기에 소호사무실로 개발했다. 도면을 보고 직접 16개로 분할한 후에 잘 아는 사장님에게 인테리어를 맡겼다. 직장인이 매월 받는 월급 개념으로 개발을 한 상가인데, 투자한 지 10년이 경과한 시점에 5억 원에 매도했다.

2억 1,140만 원에 낙찰받아 소호사무실 인테리어 비용으로

5,000만 원 정도 들었고, 지방 단위수협에서 대출 80%까지 최대한 받았기에 투입자금 대비 수익률은 상당했다. 매달 400여만 원 이상이 월세로 들어왔고, 인테리어 비용도 보증금으로 상당 부분 회수되었기에 실제 투입 자금은 그리 많지 않았다. 시드머니 5,000만 원을 투입해 이자 빼고서도 10년간 매년 월세 5,000만 원 정도가 들어왔고 매도차익도 2억 5,000만 원 이상 되니 단순히 원금 대비 수익률은 1,000%가 넘는다.

　필자는 상가 경매 시 레버리지를 최대한 활용한다. 그 이유는 ① 투입원금을 최소화해야 다음 물건에 또 투자할 수 있고, ② 세금 신고 시 대출 이자를 비용으로 털 수 있기 때문이다. 상가 경매에 대한 확신만 있으면, 대출을 활용해 엄청난 수익률을 거둘 수 있다. 최소 비용으로 최대의 효율을 거두는 데 상가 경매의 매력이 있다.

소호사무실 7층 외관

소호사무실 호실 – 10년 전에 인테리어했지만 여전히 새것 같다.

소호사무실 공용 공간

2인용 사무실

4인용 사무실

| Key Point |
폐문부재 상가 명도 요령

원칙적으로 우리나라 법에서는 국가기관에 의한 강제집행이 아닌 개인의 사적 실행, 즉 자력구제는 금하고 있다. 최악의 경우 상대방이 주거침입죄나 재물손괴죄로 형사 고소할 수도 있어 항상 주의해야 한다.

그러나 상가 경매에서 폐문부재한 공실 상가는 비일비재하기에 무작정 강제집행에만 의존하기보다 상황에 따른 정황적 판단이 무엇보다 중요하다.

필자는 폐문부재 상가 경매 시 대처로 다음 절차에 따라 진행한다.

1. 아무런 짐이 없으면 별다른 문제가 안 된다. 관리소장의 협조를 구한 후, 성인 2인 입회하에 개문을 실시한다.

2. 약간의 짐이 있을 때는 어떻게 해야 할까? 소량이라도 함부로 짐을 옮겨서는 안 된다.
   - 관리사무소의 협조를 얻어 관리소장 및 성인 두 명 동행하에 문을 열고, 물건들을 확인한 후에 사진과 동영상을 찍어둔다.
   - 집기류에 대해 물건목록을 작성한 후 관리소장님 사인을 받아둔다.
   - 집기류를 상가 내 한 모퉁이나 보관 창고에 1~2개월 정도 보관해둔 후에 현관 입구에 며칠까지 찾아가라는 내용의 A4 크기 공지문을 붙여둔다.

3. 공실 상가는 대부분 연체관리비가 많으니, 관리사무소에 공유분 관리비를 대납한 후 반드시 관리비 납입 영수증을 받아둔다. 만약 나중에 이전 주인이 나타나 비품을 요구할 경우 체납관리비를 대신 갚아줄 것을 요구한다.

Case Study 02
망한 미용실, 소호사무실로 개발하기

상가 경매는 아파트 경매와 다르다. 아파트나 빌라 등 주거용 건물의 매수 목적은 시세차익이다. 싸게 낙찰받은 후 약간의 인테리어를 거쳐 감정가 근처에 매도하면 수익이 발생하게 된다. 싸게만 낙찰받으면 누구나 할 수 있는 방식이다. 문제는 싸게 낙찰받기 힘들다는 점이다. 입찰장에 가면 30~40명은 기본이다. 인기가 높아 100% 이상의 고가 낙찰도 속출한다. 경매 고수나 하수나 차이가 없다. 낙찰가를 높게 쓴 사람이 임자다. 아파트 경매는 마치 주식의 옵션 투자와 비슷하다. 싸게 산 후 차익이 발생하는 일정 시점까지 기다린 후 파는 것이다. 차익이 없으면 오를 때까지 홀딩하면 된다.

따라서 경기 전반을 분석하는 눈이 필요하다. 정부가 부동산

소재지	경기도 부천시 원미구 상동			도로명주소검색			
물건종별	근린상가	감정가	501,800,000원	오늘조회: 1 2주누적: 2 2주평균: 0 조회동향			
				구분	입찰기일	최저매각가격	결과
대지권	61.856㎡(18.711평)	최저가	(70%) 351,260,000원	1차	2012-04-19	501,800,000원	유찰
건물면적	264.15㎡(79.905평)	보증금	(10%) 35,130,000원	2차	2012-05-24	351,260,000원	
				낙찰: 373,510,000원 (74.43%)			
				(입찰1명,낙찰:)			
매각물건	토지·건물 일괄매각	소유자	김	매각결정기일 : 2012.05.31 - 매각허가결정			
				대금지급기한 : 2012.06.29			
개시결정	2011-11-08	채무자	김	대금지급기한 : 2012.06.29 - 기한후납부			
사건명	임의경매	채권자	국민은행	배당기일 : 2012.07.31			
				배당종결 2012.07.31			

규제책을 펴고 있는가? 부동산 완화책을 펴고 있는가? 대출금리는? 정부의 대출 규제가 심한가? 등등. IMF 사태 등 급격한 환경 변화만 없으면 대체로 수익이 발생한다. 하지만 요즘처럼 고가 낙찰이 난무할 때는 대안을 모색해야 한다. 필자가 받은 물건들은 거의 70%대다. 평균 낙찰률이 85%를 넘어서면 경매 입찰을 포기한다. 입찰장에 가봤자 시간만 낭비한다. 상가나 토지 경매로 눈을 돌릴 수밖에 없다.

상가 경매는 임차수익과 차익거래를 동시에 할 수 있기에 잘만 하면 아파트 경매보다 낫다. 아파트 경매가 차익거래로 수익을 내는 자본수익형(Capital Gain) 투자법이라고 한다면, 상가 경매는 고정 월세로 수익을 내는 임대수익형(Income Gain) 투자법이다. 따라서 상가는 '어떻게 임대수익을 높일 것인가?'가 늘 화두다. 임대수익을 높게 만들어두면 매도할 때도 쉽다. 상가 경매는 잘만 하면 자본수익과 임대수익을 동시에 잡을 수 있는 두 마리 토끼다.

퇴직 직전에 부천 상동 인근에 대형 상가 하나를 낙찰받았다. 실평수 80평, 분양평수 150평. 사실 당시 빨리 퇴직하려는 마음이 앞서서 입찰가를 세게 썼더니 단독낙찰이다. 전 주인이 미용실을 운영하다 망해 한동안 공실 상태였던 건물이다.

이 건물을 낙찰받은 이유는 두 가지다.
첫째, 삼면이 창이라 분할 개발해 임대 놓기가 좋다.
둘째, 전용 80평 외에 오른쪽에 발코니 30평이 추가로 있다. 잘만 개발하면 110평의 효과가 있다.

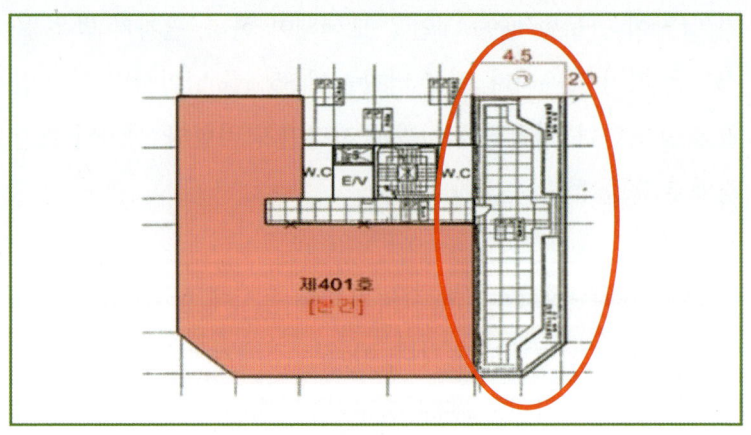

오른쪽 여분의 30평 발코니를 잘만 활용하면 임차인들이 좋아할 근사한 휴식공간으로 만들 수 있다!

1층 전체를 쓸 수 있는 상가를 받게 되면 이점이 많다. 발코니 등 공용 구간과 복도까지 잘 활용하게 되면 여분의 공간을 더 쓸 수 있다. 특히 건물 한 층을 통째로 매입할 경우 장점이 많다.

　이 건물은 고시원 개발도 염두에 두었으나 8층에 이미 고시원이 들어 있기에 명도하자마자 소호사무실로 개발했다. 30평의 엑스트라 공간이 있기에 잘만 활용한다면 임대 놓기 좋을 것 같았다. 직접 20개 분할도면을 그린 후, 잘 아는 인테리어 사장님에게 맡겼다.

　약 2개월의 인테리어 공사 후 임대를 놓았더니 한 달 안에 대부분이 찼다. 직장인처럼 매월 나오는 월급 개념으로 개발한 상가인데, 5년 동안 꾸준히 월급을 받다(?)가 팔았다.
　상동 인근에 건물마다 소호사무실이 하나씩 들어오면서 임차인을 맞추기도 힘들었고, 관리도 어려웠다. 5년이 경과해 양도세 부담이 덜한 시점이라 부동산 중개사무소에 내놓자 50대 은퇴자가 단박에 가져갔다.

낙찰가 대비 자본수익과 임대수익을 동시에 거둔 물건이기에 후회는 없다. 새 술은 새 부대에 담아야 한다. 아직 받은 상가가 있기에 위워크(Wework)와 같은 공유오피스나 셰어하우스 등등 할 만한 사업이 많다. 자본이 확보되는 대로 또 다른 구상에 나설 것이다!

Case Study 03
지하헬스장 소호창고로 만들기

　상가 경매에 대한 인기가 급증하면서 갈수록 먹거리(?)가 줄어들고 있다. 경매 정보지에서 점찍어 둔 상가들이 2차로 내려오기도 전에 대부분 100% 이상 대에서 고가 낙찰되고 있다.

　예전 같으면 전혀 거들떠보지도 않던 지하층 상가도 다시 보게 된다. 경매 정보지에서 공매 물건을 검색하던 중, 상동역 인근의 지하상가 물건 하나를 발견했다. 전용면적 45평의 지하 1층 상가다.

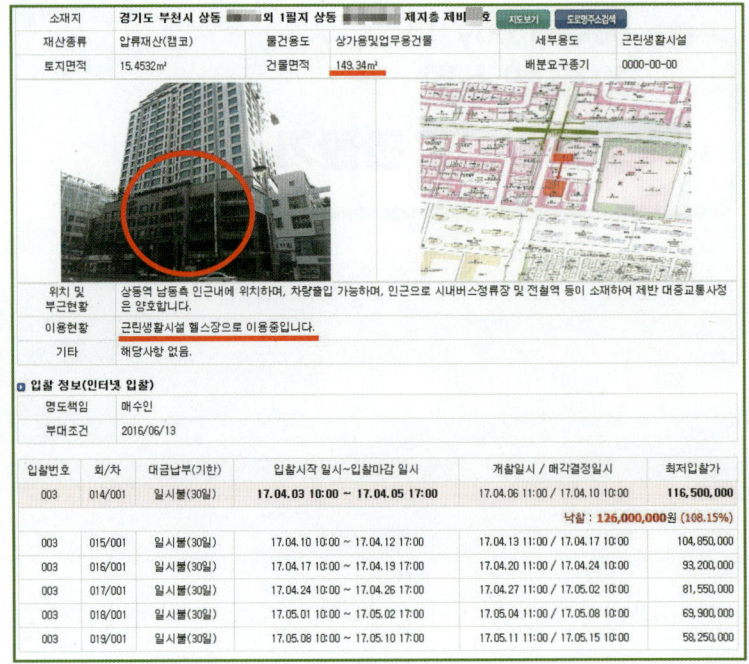

1. 물건 분석

　주상복합 입주자들이 무료로 이용하는 공용헬스장인데 시행사에서 몇 년 동안 운영하다가 세금 체납으로 결국 공매에 나온 건이다.

　도면을 가만히 들여다보면 지하 주차장 1층과 연결된 곳이다. 차들이 지하 주차장 차단기를 통과하며 지나는 곳과 바로 붙어 있기에 실내 공기 질은 썩 좋은 편은 아니었다.

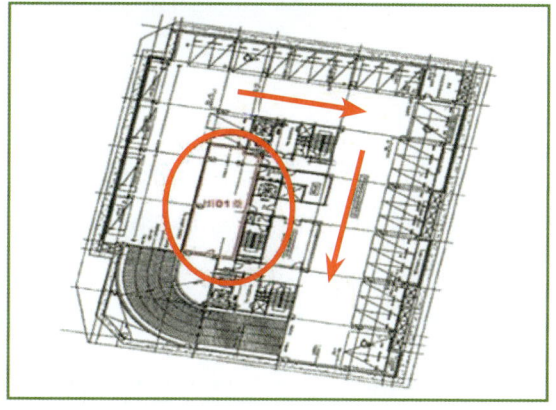

화살표 삼면이 모두 주차장이다.
주차장이 본 물건과 붙어 있어 사무실 용도로 적합하지 않다.

 주차장과 연결된 지하 상가라 별로 인기기 없을 듯한데, 과연 어떤 식으로 개발해야 할까?

 이 물건의 포인트는 네 가지다.
 첫째, 공매라는 점이다.
 경매는 인도명령 하나로 간단히 해결되고 대부분 2개월 내 명도가 끝난다. 반면 공매는 임차인이 안 나가고 버틸 경우 명도소송을 진행해야만 한다. 다소 피곤해질 여지가 많다.

둘째, 미납관리비가 1,700만 원 가까이 밀려 있다.
관리단과 미납관리비 협상이 불가피하다. 입주자 공용시설인 헬스장으로 사용하고 있기에 소송으로 가도 유리하겠지만, 나중에 입주 후 관리단 및 상가 입주자들과 계속 불화를 빚을 가능성이 있다.

셋째, 명도가 힘든 헬스장이다.
임차인이 문제가 아니라 그 무거운 헬스기구들을 모두 다 명도해야 한다. 강제집행할 경우, 보관 비용까지 비용이 만만하지 않게 들어간다. 한 방에 해결할 방법이 없을까?

넷째, 주차장과 붙어 있는 지하층인데 만약 부동산 중개사무소에 내놓아도 임대가 잘 나가지 않는다면 어떤 식으로 개발해야 할까?

2. 명도 과정

낙찰 후 미납관리비와 헬스장 명도는 동시에 단칼에 해결했다.

"싸울지 말지를 아는 것이 완전한 승리의 지름길이다"라는 손자(孫子)의 명언처럼 이 물건의 경우 관리단과 계속 불협화음을 빚을 필요는 없다. 지하층이라 임대가 잘 안 나갈 확률이 높기에 상가를 개발해 운영해야 하는데, 이 경우 관리사무소와 계속 불협화음을 빚을 경우, 입주 후 계속 피곤해질 것이다.

이러한 판단하에 일단 상가관리단 회장을 만났다. 체납관리비에 대해 자초지종을 들어보니 입주자대표회의에서 공용시설인 헬스장으로 운용해왔기에 소송으로 가도 이길 확률이 높을 것으로 판단되었다. 다만 문제는 '무거운 헬스기구들을 어떻게 명도할 것인가'였다.

결론은 입주자 대표회와 미납관리비를 서로 나누어서 내되, 헬스장 기구들은 입주자 대표회 측에서 자진 철거해줄 것을 요구했다. 원래 입주자 대표회의에서 계속 사용해왔기에 승소 확률은 높으나 입주 후 방해행위가 염려되었고, 엄청난 양의 헬스장 기구들에 대한 명도가 쉽지 않았기에 관리비를 분납하는 선에서 타협을 보았다.

3. 상가 개발 과정

개발 포인트
1) 300세대 규모의 오피스텔 건물이기에 전출입 시 이삿짐 보관 수요가 있음.
2) 바로 옆에 홈플러스나 세이브존 등 대규모 쇼핑몰이 몰려 있어 여기에 장사하는 상인들의 미니창고 수요가 있음.
3) 상동역 지하철과 인접해 있어 소규모 보관물을 이용하려는 수요가 있음.

명도는 생각보다 빨리 끝났으나, 건물 활용 문제가 남아 있다. 지하주차장과 바로 붙어 있는 상가를 과연 어떻게 개발할 것인가?

결국, 이 물건지는 총 40개의 짐 보관 창고로 개발되었다.

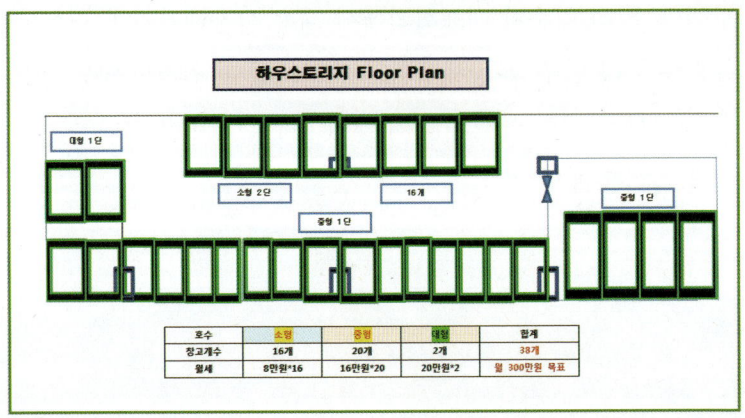

필자는 간단한 도면은 엑셀을 활용해 미리 그린다. 이것을 기준으로 직접 인테리어했다.

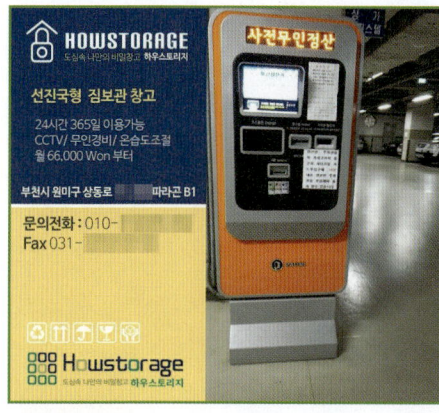

개발 Point 1

무인정산기가 있는 주차장의 약점을 오히려 고객이 보관물품을 차량을 이용해 가져온 후, 손쉽게 주차해 정산까지 가능함을 부각해 홍보하는 등 장점으로 활용

개발 Point 2

역세권에 위치한 상가임을 감안해 소량의 보관물품도 이용 가능하도록 다양한 크기의 창고를 설계

개발 Point 3

24시간 무인보관창고인 만큼 고객들이 무섭지 않도록 기존 헬스장에 있던 전면 유리들을 철거하지 않고 그대로 재활용

Part 4

공유오피스·고시원
"상가 경매로 노후 대책 마련하기"

"인생은 폭풍이 지나가기를 기다리는 것이 아니고,
빗속에서 춤추는 법을 배우는 것이다."

– 비비안 그린(Vivian Greene)

> **커피가 아닌
> 문화와 공간을
> 팔아라**

원래 스타벅스는 1971년 시애틀의 한적한 동네에서 영어 교사 제리 볼드윈(Gerald Jerry Baldwin), 역사 교사 지브 시글(Zev Siegl), 프리랜서 작가 고든 보커(Gordon Bowker) 등 동업자 세 명이 모여 창업한 조그만 원두커피 판매점이었다. 1년 내내 부슬비가 많이 내리는 날씨 탓에 그 동네마다 그 나름의 특색을 갖춘 카페들이 발달한 시애틀에서 스타벅스의 원조 창업자들은 아라비카 원두를 로스팅해 판매하며 고객들에게 원두커피를 시음하게 하는 독특한 서비스를 선보였다.

당시 미국의 대부분 커피 매장에서는 강하고 쓴쓸한 맛이 나는 '로부스타' 커피 원두를 살짝 볶아 팔고 있었다. 당시 네덜란드 커피 가문에서 태어나 커피 엘리트로 자부하던 알프레드 피트(Alfred Peet)는 조금만 오래 볶으면 타버리는 품질 낮은 로부스타 생두를 외면하고는 가격이 비싸지만, 커피 역사가 오래된 질 좋은 '아라비카'를 팔고 있었다. 당시 스타벅스 창업자 3명은 시애틀 매장을 오픈하기 전에 샌프란시스코에서 피츠 커피를 운영하던 알프레드 피트를 직접 찾아가 인턴으로 일하며 커피를 배웠다. 이후 피츠 커피로부터 아라비카 원두를 공급받아 시애틀에서 스타벅스 매장을 오픈한 것이다.

이러한 스타벅스를 세계 최대의 커피 프랜차이즈로 탈바꿈시킨 사람은 다름 아닌 유대인 출신의 '하워드 슐츠(Howard Schultz)'다. 슐츠는 1953년 뉴욕 브루클린의 빈민가에서 태어나 운동특기자로 대학교에 진학한 자수성가형의 평범한 직장인이었다. 뉴욕의 한 드립 커피메이커 수입을 전문으로 하는 회사에서 탁월한 영업맨으로 활동하고 있었던 슐츠는 1980년 시애틀의 한 작은 가게가 여러 대의 값비싼 드립 커피 기계를 주문하는 것이 궁금해 직접 시애틀 매장을 방문한다. 아라비카 원두커피를 처음 마셔본 그는 이곳에서 원두커피에 대한 커피전문점의 비전을 확인하고 스타벅스에 자원한다. 이후 뉴욕의 스타벅스 마케팅 담당자로 채용된 슐츠는 스타벅스 창업주들에게 여러 가지 혁신적인 제안을 제시하지만, 번번이 무시당한다.

그러던 어느 날 슐츠는 우연히 이탈리아에 출장갔다가 거리의 수많은 카페에서 조그만 에스프레소 한 잔을 놓고 여러 시간 동안 자유롭게 떠들고 있는 사람들의 모습들을 보고 커피 산업의 성장 가능성을 확인한다. 그리고 미국으로 돌아와서 스타벅스 창업주들에게 자신이 느끼고 경험한 것들을 전달했으나 아무도 그의 꿈에 동조해주지 않았다. 결국 슐츠는 1986년 지역 투자자들로부터 일정 자금을 지원받아 이탈리아 스타일의 에스프레소 카페인 '일 지오날레'를 오픈한다. 당시 하워드 슐츠는 무려 242명의 투자자를 만나 자금 지원을 요청했는데 217명으로부터 거절당한 끝에 지원금을 확보했다고 한다.

'일 지오날레' 카페 창업으로 바쁜 나날을 보내고 있던 슐츠에게 어느 날 인생을 뒤바꿀 절호의 기회가 찾아온다. 1987년 스타벅스의 창업주들이 그들의 커피 스승인 알프레드 피트가 운영했던 피츠 카페를 인수하려다 자금이 부족하자 스타벅스 매장을 매물로 내놓은 것이다. 스타벅스에 일하며 창업주들을 익히 잘 알고 있었던 슐츠는 뒤도 돌아보지 않고 또다시 지역 투자자들로부터 거액의 자금을 빌려 인수한다. 스타벅스 CEO로 취임한 그는 제2의 창업을 위해 스타벅스 전 매장을 일제히 닫은 후 전 직원들에게 에스프레소 제조법과 고객서비스 응대에 관한 노하우부터 재교육한다.

이후 하워드 슐츠가 이끌던 스타벅스는 미국의 커피 문화를 변화시켜왔다. 드립 방식의 커피가 에스프레소 방식으로 바뀌었고, 주로 집에서 커피를 마시던 미국인들이 '제3의 공간'인 스타벅스 매장에서 함께 떠들며 마시는 카페 문화로 뒤바뀐 것이다.

스타벅스는 도시민들에게 독특한 라이프 스타일을 제시했다. 스타벅스가 추구했던 라이프 스타일은 아침 일찍 테이크아웃 커피 한잔을 들고 걸어서 출근하는 트렌디한 뉴욕 직장인들이다.

스타벅스가 주목한 또 다른 가치는 커뮤니티다. 지역사회에 뿌리를 내리고 지역 내의 고객기반을 강화하기 위해 지역별로 저마다의 특색을 드러내는 인테리어로 매장을 디자인했다. 어떤 매장에서는 동네 행사 게시판을 설치했고, 일본의 한 스타벅스 매장에서는 일부 공간을 공유오피스로 바꾸어 카페이자 일자리로서의 기능까지 하고 있다. 젊은이들이 스타벅스를 단순한 카페가 아니라 업무 공간으로 활용함으로써 스타벅스는 자연스럽게 지역 주민이 함께 일하고 작업하는 '코워킹 스페이스'로 진화한 것이다.

온라인 커뮤니티에서도 스타벅스는 혁신을 시도한다. 현재 미국에서 현재 가장 많이 쓰는 모바일 결제 앱은 구글이나 애플페이가 아닌 스타벅스 앱이다. 전체 결제의 40%가 앱을 통해 이뤄지는 스타벅스 앱의 사용자 수는 이미 2,000만 명을 넘어섰고 선불카드에 충전도 가능해, 이미 스타벅스 앱의 현금보유량은 1조 원을 넘어섰다. 수많은 전문가들이 디지털 혁신을 주도하는 스타벅스가 앞으로 막대한 금융 자산과 고객 베이스를 기반으로 새로운 플랫폼 기업으로 도약할 것으로 전망한다.

하워드 슐츠가 꿈꿔온 스타벅스 제국은 단순한 아메리카노 제조 카페가 아닌 커피를 매개로 한 복합문화공간으로 진화하고 있는 것이다!

모리 회장에게 배우다

어느 도시나 그 도시 나름의 정체성을 대변하는 랜드마크가 있다. 뉴욕의 타임스퀘어 빌딩, 시애틀의 스페이스 니들, 서울의 롯데빌딩 등. 일본 도쿄의 대표적인 랜드마크라면 롯폰기 복합센터 개발을 주도한 모리 미노루(森稔) 회장의 모리 빌딩이 유명하다.

모리 미노루는 도쿄 미나토구 등 일등 지역에 잇달아 고층빌딩을 짓는 소위 부동산 디벨로퍼였다. 모리 미노루가 창업한 모리 회사는 도쿄 중심부에만 110여 개의 빌딩을 소유하고, 그 자산액도 엔화로 1조 3,000억 엔(한화 약 13조 원)을 넘어선 지 오래다. 모리 회사가 매년 임대로 얻는 영업이익만 2조 원 이상이라고 한다.

일본의 대표적인 부동산 재벌로 소위 일본판 '트럼프'로 불리는 모리 미노루는 과연 어떻게 천문학적인 돈을 벌었던 것일까?

그가 일본인의 존경을 한 몸에 받는 것은 비단 돈 때문만은 아니었다. 많은 사람들은 그에게서 돈 버는 기술이 아닌, 도시를 재창조하려는 능력을 배우려고 했다.

그는 임원 회의에서 "과연 무엇이 돈이 될까?", "돈을 벌기 위해 무엇을 할 수 있을까?"라는 주제로 토의한 적이 단 한 번도 없다고 한다. 그 대신 "수요를 부르고 경쟁력 있는 도심을 재창조하려면 때로는 회사가 비용을 지불할 수 있다"라는 철학을 가지고 회사를 경영해왔다고 한다. 또한 "미지의 영역에 대한 도전이야말로 모리 빌딩이 존재하는 이유"라며 생의 대부분을 도전의 연속 속에서 살아왔다고 한다.

원래 모리는 젊은 시절 학자가 본업이었으며, 부동산은 부업이었다. 모리는 경제학자로 갖추고 있는 식견을 활용해 모리 빌딩을 세계에서도 손꼽히는 자산을 갖춘 기업으로 성장시켰다.

어릴 적 모리의 아버지는 쌀가게로 사업을 시작해 니시신바시를 중심으로 소규모 주택임대업을 했다고 한다. 자산가로 불릴 정도는 아니었고 평범한 집주인이었다. 게다가 남의 일을 잘 돌봐주는 인정 많은 사람이었다.

세 들어 사는 사람의 아들이 학비가 없어 공부를 못 한다는 소리를 들으면 주저 없이 도와주었고 반대로 낭비가 심하면 잔소리를 마다하지 않아 셋집 사람들이 거북해했을 정도였다고 한다. 모리의 아버지는 그야말로 지역공동체의 얼굴로서 주택임대업을 한 것이다. 서민적 공동체의 대부 같은 이러한 아버지 밑에서 자란 경험이 훗날 모리의 큰 정신적 자산이 된다.

경제학자였던 모리는 태평양전쟁 전후 고도성장과 도시집중 현상이 일어날 것을 예견했다. 나중에 아버지에게서 얼마 안 되는 토지를 물려받은 후 전통적인 주택임대업에서 탈피해 도라노몬 일대에 잇달아 오피스빌딩을 건설했다. 그러다 보니 어느새 빌딩 경영이 본업이 되어 학자로 사는 삶을 그만두고 사업체를 법인화시킨 것이 현재의 모리 빌딩이다.

젊은 시절, 모리는 학자 출신답게 철저하게 논리적이고 계획적으로 일을 해나갔다. 빌딩을 건설하기 위해서는 큰돈이 필요한데, 영세주택업자일 뿐이었던 모리에게는 그만큼의 큰돈이 없었다. 그는 머리를 쥐어짠 끝에 큰돈을 단숨에 손에 넣는다.

전후 일본에 발생한 하이퍼 인플레이션을 활용해 일종의 투기를 한 것이다. 당시 일본 정부는 태평양전쟁으로 국가 예산의 280배에 이르는 엄청난 금액을 전비로 소비하고 있었기에 당연히 경제는 곤두박질치고 있었다. 게다가 전쟁자금 전부를 일본의 은행에서 조달했기에 전쟁이 끝나자 일본 내 경제는 준하이퍼 인플레이션 상황에 놓이고 말았다. 이 강렬한 인플레이션 때문에 예금을 갖고 있던 자산가는 거의 빈털터리가 될 수밖에 없었다. 이런 상황에서 가치를 잃지 않는 것은 외화나 금, 산업용 재료, 그리고 토지 등이었다.

모리는 자신의 경제 지식을 바탕으로 이 상황을 냉철하게 분석해 산업용 재료의 값이 치솟으리라 판단했다. 레이온 직물 공거래에 참여해서 레이온 직물을 대량으로 사들였다. 모리가 공거래에 참여하자마자 일본 정부의 예금봉쇄정책이 실시되더니 곧 레이온 시세가 폭등하기 시작했다. 그 덕분에 모리의 재산은 단숨에 수십 배로 늘었고, 그는 이 자금을 밑천으로 신바시 일대에 근대적인 빌딩을 짓기 시작했다.

모리는 경제학자답게 일본에 조만간 빌딩 건설 붐이 일어날 것을 치밀하게 예측하고 있었다. 고도성장으로 기업 활동이 활발해지고 오피스빌딩의 수요가 급격하게 늘어난다는 나름대로 명확한 시나리오를 가지고 있었다. 모리의 예측은 정확히 적중했고, 그는 천문학적인 자산가로 변신했다.

모리가 개발한 롯폰기 힐스는 일본의 부동산 개발업체인 모리 개발이 만든 건물이다. 원래는 동경의 낙후된 지역이었으나 모리 회장이 근 17년 동안 주민들을 설득해 동의를 받아 개발한 35만 평 규모의 거대 수직 도시다. 롯폰기 힐스는 구상부터 완공까지 17년이 걸렸다고 한다. 제2차 세계대전 후 가장 큰 규모의 민간 재개발인 이 사업은 1986년 도쿄도가 롯폰기 6초메(丁目) 지역을 재개발 유도지구로 지정하면서 시작되었다. 일본 최대의 부동산 개발 회사인 모리 개발이 주도하면서 그는 사업비용과 설계·시공을 모두 책임지기로 하고, 주민들과 재개발조합을 만드는 논의에 들어갔다.

그러나 시작부터 조합 결성은 그리 녹록지 않았다. 지역 주민 400여 가구 중에 90% 이상이 반대했고, 이들을 설득해 재개발조합을 출범시킨 것은 12년이나 지난 1998년이었다. 모리는 성급하게 사업을 추진하며 주민들에게 땅을 팔라고 일방적으로 요구하지 않고, 아파트 입주와 일정한 토지 지분을 보장해 재개발 이익을 공유하기로 했다.

2000년에 공사를 시작한 뒤에도 일본 내에서는 여기저기서 무모한 도박이라는 비난이 끊임없이 들려왔다. 일본의 부동산 경기가 나락을 벗어나지 못한 상황에서, 엄청난 사업비를 회수하기 위해 임대료를 주변보다 높게 책정할 수밖에 없었기 때문이다. 그러나 결과는 대성공이었다. 특히 사무 공간이 외국계 기업들에 인기가 높아 골드만 삭스와 리먼 브러더스, 야후 재팬이 들어온 것이다.

　54층짜리 모리 타워와 21층 특급 호텔, 최고 43층의 고급 맨션을 주축으로 TV 방송국과 야외 스튜디오, 아홉 개의 대형 스크린을 갖춘 영화관, 120개 점포의 고급 쇼핑몰과 젊은이의 광장인 할리우드 뷰티 플라자가 자리 잡았다. 아트센터와 전망대를 비롯해서 미술관, 회원제 도서관 등 문화공간도 많아 그 자체가 하나의 도시를 구축했다.

　롯폰기는 아카사카(赤坂)·아오야마(青山)와 함께 도쿄 도심의 트라이앵글을 이루는 지역이다. 외국인과 젊은이들이 즐겨 찾는 유흥가로도 유명하다. 롯폰기 힐스의 대지 넓이는 3만 4,000평, 건축 연면적은 22만 평이다. 54층 오피스 빌딩인 모리 타워와 21층 특급 호텔 그랜드 하얏트 도쿄, 최고 43층의 고급 아파트 4개 동(840가구)이 주축이다.

작은 연못이 있는 17세기 일본풍 정원도 꾸몄으며, 7만여 그루의 나무가 단지 전체를 초록으로 감싸고 있다. 단지에는 시민들이 여가를 즐길 수 있는 문화 공간이 많다.

모리 타워 꼭대기(49~54층)의 아트센터가 그런 곳이다. 다양한 장르의 작품들을 감상하는 미술관, 회원제 도서관, 도쿄 타워 전망대보다 높은 해발 250m의 전망대, 그리고 각종 사교 모임을 위한 클럽 등이 있다. 모두 새벽까지 문을 열고 도서관은 24시간 운영한다. 하루 평균 10~15만 명의 인파가 몰린다고 한다.

필자가 주목한 부동산은 모리 타워의 '아카데미 힐즈'다. 롯폰기 힐스 내 정점에 잇는 모리 타워의 최상층인 49층에 자리 잡은 '아카데미 힐즈'는 라이브러리형 카페다. 49층에 있으니 도쿄 전체를 바라볼 수 있는 조망이 압도적이다. 모리 타워의 최상층에 있는 '아카데미 힐즈' 역시 모리 회장의 철학대로 사람의 중요성을 간과하지 않는다.

롯폰기라는 지역, 쾌적한 공간구성을 더 의미 있게 하는 것은 결국 사람이다. 지식과 정보는 사람들에게서 나오고 사람들이 서로 교류할 때 힘이 커진다. 그래서 직장인들을 위한 '아카데미 힐즈 스쿨'을 운영한 것이다.

대기업 사장, 베스트셀러 저자, 스타 마케터 등의 강연을 기획하거나 매월 도움이 될 만한 책을 선별해 추천하기도 한다. 강연이든, 활자로 생각을 전달하는 책이든 사람과의 교류를 통해 지성의 완성을 추구하는 것이 모리 회장이 설파한 '수직도시론'의 궁극적 목표다.

'힐즈 아카데미'의 사업 모델은 크게 세 가지다. 첫째, 책을 보는 1,200평 규모의 라이브러리 공간, 둘째, 회의할 수 있는 공간, 셋째, 소호사무실처럼 소규모 사업을 할 수 있는 비즈니스 공간, 이 세 가지가 결합된 복합라이프센터다.

회의 공간은 단순히 강의실 대관만 하는 곳이 아니라 입주자들이 재교육받을 수 있는 여러 가지 세미나 등의 프로그램이 있다. 비즈니스를 하면서도 틈틈이 책을 보면서 개인적 소양을 증대시키고 나아가 각종 재능교육까지 받을 수 있으니 이보다 더 좋은 인생 재교육센터는 없을 것이다.

다음 장에서는 모리 회장의 사업아이디어를 발판 삼아 200평 대형 룸살롱을 공매로 낙찰받아 세 가지 모델, ① 스터디 카페, ② 회의실 공간, ③ 공유오피스로 탈바꿈시킨 실전 사례를 담았다.

Case Study 01
룸살롱 낙찰받아 공유오피스 만들기

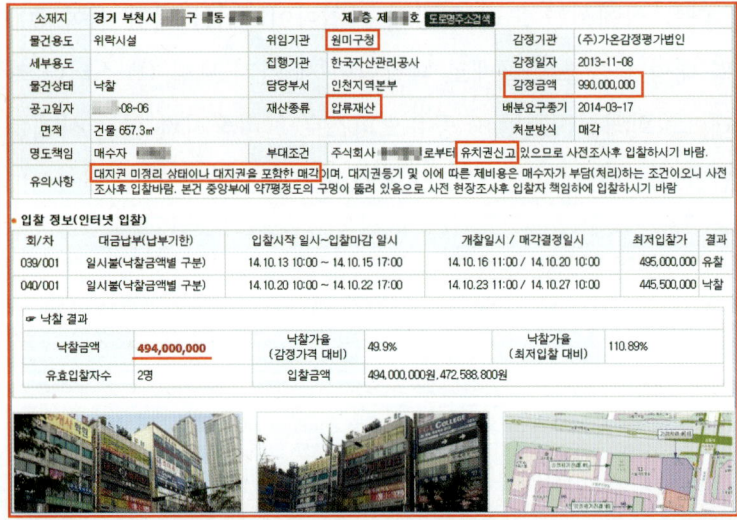

입찰 포인트

1) 부천 상동역 앞 도보 1분 거리에 위치한 초역세권 상가다.
2) 실평수 200평(분양평수 300평)으로 한 층 전체가 나와 있기에 소호사무실·병원·헬스장·스터디카페 등 다양한 용도로 임차 및 개발이 가능하다.
3) 룸살롱과 퇴폐 유흥주점으로 이용되었기에 건물 명도가 쉽지 않다.
4) 대지권미등기 상태라 대출받기가 쉽지 않다.
5) 20억 원이나 되는 유치권 문제를 해결해야 한다.
6) 1억 원 이상 밀려 있는 체납관리비를 해결해야 한다.

Step 1 20억 유치권 걸린 룸살롱 명도하기

1. 물건 분석

늘 보아오던 상동 요지에 기막힌 물건이 나왔다. 7호선 상동역 3번 출구 앞 실평수 200평대의 초역세권 상가다. 너무나 좋은 물건이지만 5층, 6층 모두 같은 사장이 운영하는 부천 최대 규모의 룸살롱이다. 경매로 나온 것이 아니라 공매로 나왔기에 명도 소송으로 해결해야 한다. 거기다 대지권미등기까지, 산 넘어 산이다.

투자 법인 멤버들과 이 물건을 검색한 후, 들어가야 할지 말지 난상토론을 벌였다. 너무나 좋은 물건이긴 한데 유치권을 해결하지 못할 경우, 마치 금단의 열매를 먹은 에덴동산의 아담처럼 재테크의 세계에서 영원히 떠나야 할지도 몰랐기 때문이었다.

유치권 외에도 미납관리비만 1억 원 이상 밀려 있어 넉넉한 시드머니가 있어야 하나, 사실 자본도 충분하지 않았다(당시 필자의 계좌에는 1억 원 정도 있었던 것 같다. 그런데도 낙찰받아야 한다. 대출이 안 될지도 모르기에 잘못될 경우 입찰보증금을 몽땅 다 날릴 수도 있다).

입찰 당일까지 밤새 고민하다가 손정의 회장의 '정정략칠투(頂情略七鬪)' 베팅이론에 따라 과감히 저질렀다. 정정략칠투는

"어떤 사업 아이템을 놓고 고민할 때 너무 완벽을 추구하려다가 타이밍을 놓치기 쉽고, 그렇다고 승산이 낮음에도 무턱대고 들어갈 수 없기에 70%의 승산이 있으면 무조건 도전하라"라는 의미다.

온비드의 공매지에 나와 있는 매각 물건 명세서를 찬찬히 검토해보았다.
1) 포인트는 20억 원의 유치권이다. 비록 20억 원의 유치권이지만 최근까지 운영한 퇴폐 룸살롱임을 감안하면 성립 여지는 적을 것으로 보인다. 추측건대 설립 당시 시설비 명목으로 든 비용을 토대로 유치권을 걸었을 것이다.
2) 대지권미등기 물건이라 대출이 거의 나오지 않는다. 자금이 많이 들어간다. 어떻게 해결해야 할까?
3) 부천 최대 룸살롱이라 뒤에 봐주는 사람들이 있을 텐데 어떻게 처리해야 할까?

마치 소설《삼국지》에서 유비가 죽고 난 후 어린 황제 유선을 두고 사방팔방으로 쳐들어오고 있는 위나라의 강적들로 둘러싸인 풍전등화와 같은 상황에서 하나씩 각개격파시켜 나가는 제갈공명의 지혜를 발휘해야만 할 때였다.

수많은 고민을 거듭한 끝에 일단 낙찰받기로 했다. 공매 물건이기에 예상되는 소송은 명도 소송 외에 유치권 부존재 소송,

대지권미등기 소송이다. 소송이 길어질 경우, 1년 이상 걸리기에 함께 공투한 멤버들의 의지가 중요했다. 도중에 이탈자가 생기면 서로가 힘들어진다. 다만 워낙 고난도 물건인지라 입찰가가 5억 원 이하로 저감되어 있었다. 낙찰만 된다면 한번 붙어볼 만한 물건이다.

2. 입찰 결과

입찰 결과를 보니 예상외로 많이 들어왔다. 2등과 1,000만 원 정도 차이로 낙찰되었다. 당시 좋은 상가가 보이는 족족 낙찰받았더니 계좌에 보유한 현금이 넉넉지 않아(1억 원 정도) 수강생들 세 명과 함께 들어갔다.

돈이 없어도 좋은 물건은 일단 영끌을 해서라도 잡고 보는 것이 지금까지 필자의 투자 철칙이다. 메마른 저 황량한 초원 위에서 며칠 동안 굶주린 끝에 발견한 싱싱한 임팔라를 본 맹수의 본능이랄까? 절대 놓칠 수 없다.

대출을 알아보니 대부분의 은행들이 난색을 보인다. 대지권미등기 상가라 대출해주기 힘들다는 입장이다. 그러다 자주 거래해온 모 은행 대출상담사를 통해 몇 가지 옵션을 걸고 많지는 않지만 50% 정도 대출을 받았다.

명도를 위해서는 상대방을 탐색해야 한다. 그런데 대부분 바지사장을 앞세우고 있는 룸살롱의 특성상 상대방이 누군지 도무지 알 수가 없다. 등기부등본을 확인해보니 채무자가 40대 중반의 여자로 되어 있으나 바지사장임에 틀림이 없다. 아마 사장의 친인척이나 운영 마담 중 한 명일 것이다. 느낌상 신용불량자를 채무자로 세워놓았을 것이라는 느낌이 왔다. 아마 재산도 별로 없어 구상권 소송을 걸어봤자 나올 게 없을 것이다.

온비드 인천지사에 가서 사건기록물을 꼼꼼히 뒤져보았다. 유치권자를 비롯해 몇 명의 전화번호가 있어 걸어보니 웬 남자가 일단 만나자고 한다.

아래 사진은 룸살롱 사장으로 보이는 남자와 협상 당시 만나서 찍었던 사진이다. 건물 곳곳을 둘러보니 초A급 룸살롱이다. 화려한 샹들리에와 빨간색 소파가 이채롭다. 저쪽은 두 명, 우리 쪽은 세 명이 나왔다.

저쪽의 요지는 이러했다.

"잘 몰라서 들어온 것 같은데 이쪽은 보통내기들이 아니다. 감방에 간 형님도 있다. 좋은 말로 할 때 공매에 들어간 비용은 줄 테니 우리 쪽에 다시 넘겨라."

도무지 말이 통하지 않는다. 5분 만에 협상은 결렬되었다. 이제는 전쟁이다.

일단 철수한 후 네 가지 절차를 단계적으로 제기했다.

1) **점유이전금지가처분**

물건 특성상 전자소송으로 점유이전금지가처분 신청을 해서 상대방의 장난질을 막아놓는다. 공매지에 나와 있지 않은 제3자가 들어와 있으면 강제집행이 힘들어진다. 집행관이 계고장을 붙임으로써 상대방을 압박하는 효과도 있다.

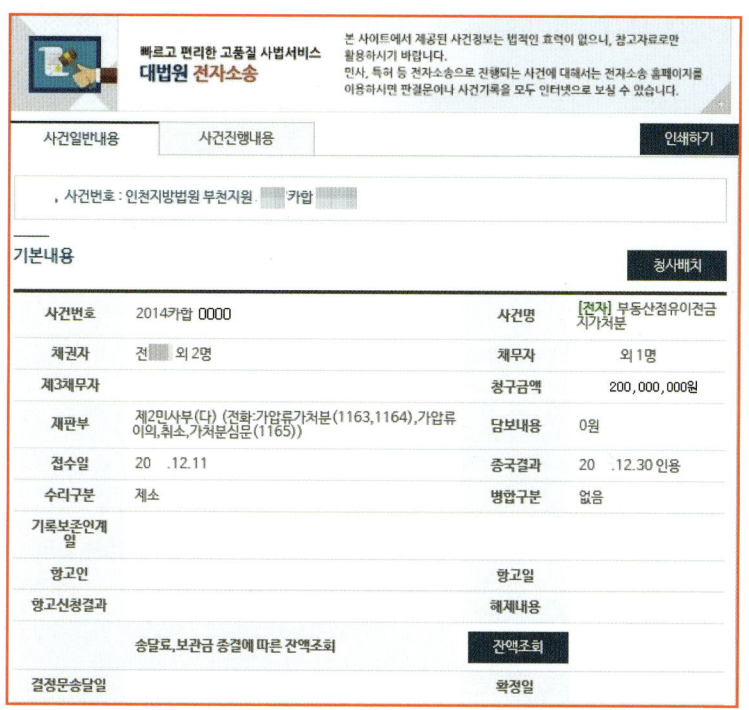

2) 유치권 부존재 소송 & 명도 소송

유치권자는 아무리 전화를 걸어도 받지 않는다. 사무실을 찾아가 보아도 굳게 잠겨 있다. 진성 유치권자라면 낙찰자를 만나 적극적으로 주장할 터인데, 이러한 정황만 봐도 허위임이 틀림없다.

사실 필자는 입찰을 들어가기 전에 20억 원의 유치권이 신고되었지만, 99.9% 허위일 거라는 확신이 들었다. 왜냐하면, 사전 물건분석을 통해 최근 10여 년간 이 건물에서 진행되었던 경·공매 기록을 쭉 살펴보니 채무자가 5층, 6층을 돌아가며 유치권을 신고한 후 지인을 통해 저가에 낙찰받은 정황을 이미 확인했기 때문이다. 이번에도 같은 수법으로 시도하려다 필자가 낙찰받은 것이다.

· 2005년 룸살롱 5층 : 유치권 10억 9,540만 원 신고 후
　　　　　　　　　　지인 명의로 39% 저가 낙찰
· 2007년 룸살롱 6층 : 유치권 10억 9,540만 원 신고 후
　　　　　　　　　　지인 명의로 47% 저가 낙찰

(근)저당 2002-10-02 　　　은행 910,000,000원		소멸기준 집합
(근)저당 2002-10-22 　　　저축은행 420,000,000원		소멸 집합
압류 2003-02-25 부천시 (징수13410-390)		소멸 집합
(근)저당 2003-04-07 　　　저축은행 450,000,000원		소멸 집합

룸살롱 주인의 유치권 경매로 돈 버는 비법

1단계 : 1순위 근저당 9.1억 원(○○은행)+2순위 근저당(○○저축은행) 4.2억 원+3순위 근저당(○○저축은행) 4.5억 원=17.8억 원 등 최대한 대출받는다.
2단계 : 부가가치세 등 각종 세금을 다 체납한다(압류).
3단계 : 제3자를 통해 거액의 유치권을 신고한다.
4단계 : 룸살롱 마담이나 친인척 명의로 낙찰받는다.

참고로, 이전의 중동상가도 수년 전 있었던 경매 사건에서 누군가가 유치권 신고 후에 제3자 이름으로 저가에 낙찰받았던 이력을 경매 정보지를 통해 확인하고, 필자는 '100% 뻥카'라는 확신하에 입찰에 참여한 경험이 있었다.

《손자병법》에 '지피지기백전불태(知彼知己百戰不殆)'라는 유명한 말도 있듯이, 필자는 수억 원대 유치권이 걸린 경매 사건일 경우, 가능하면 최대한 상대방에 대한 정보를 파악한 후에 조금씩 공략해 들어간다.

3) 대지권미등기 소송

일반적으로 상가건물의 대지권미등기는 여러 사유가 있으나, 이 물건지의 경우 약 80%의 소유주들이 대지권을 등기했기에 나머지 호수는 소송을 통해서 찾으면 된다. 훨씬 쉬운 방법은 동 상가를 분양한 회사를 찾아가 약간의 돈을 주고 대지권등기 서류를 찾아오면 되나, 아무리 찾아도 연락이 잘 되지 않는다. 빨리 대지권미등기를 해소해야 대출이 나오는데, 소송으로 하려니 시간이 정처 없이 흘러간다. 결국, 근 7개월 만에 대지권 승소 판결을 받았다.

토지(대지권) 소유권이전등기절차이행청구의 소

원　고 (이름)　　　(　-　)
　　　(주소)　　　(연락처)

피　고 (이름)　　　(　-　)
　　　(주소)　　　(연락처)

청구취지

1. 피고는 원고에게 별지목록기재 부동산에 대해 20○○년 ○○월 ○○일 공매를 원인으로 취득한 토지 대지권의 이전등기 절차를 대지권 비율에 따라서 ○○○에게 이행하라.
2. 소송비용은 피고 부담한다.
라는 판결을 구함.

청구원인

1. 원고는 피고소유 별지목록기재 토지를 20○○년 ○○월 ○○일 공매로 취득했습니다.
2. 별지목록기재의 부동산은 대지권 미등기이나 최초 분양자인 ○○○, 이전 소유자인 ○○○, 원고 모두 토지대금을 완납했습니다.
3. 피고를 수소문해 대지권등기를 하려 했으나 분양 이후 오랜 세월이 지나, 연락이 되지 않아서 청구취지와 같은 판결을 구하고자 본소 청구에 이른 것입니다.

입증방법

1. 갑제1호증 등기부등본(집합건물, 토지)

첨부서류

1. 위 입증서류 각 ○부

20○○년 ○○월 ○○일

위 원고 전병수　(서명 또는 날인)

인천 지방법원 부천지원 귀중

| Tip | 대지권미등기 해결 방법

1. 대지사용권이란 무엇인가?

대지사용권이란, 아파트 등 집합건물의 구분 소유자가 전유 부분을 소유하기 위해 건물의 대지에 가지는 권리를 말한다. 집합건물에서 전유 부분의 소유자는 전체 면적 중 일정 면적에 대한 대지사용권을 가지는데, 이 대지 사용권 중에 전유 부분과 분리해서 처분할 수 없는 권리를 대지권이라 한다.

경매나 공매에서 대지권미등기 상태의 건물을 낙찰받은 경우, 일반적으로 낙찰자는 대지사용권에 대해서도 유효하게 권리를 취득할 수 있다. 대지권이 전유 부분 표시 란에 등기되면 '대지권에 등기되었다'라고 말하며, 대지권이 미등기된 상가에 대해서는 대부분의 은행이 대출을 기피하기에 대지권 소송(대지권 소유권이전등기절차이행청구의 소) 등을 통해 빨리 찾아와야 한다.

2. 어떤 경우에 집합건물 대지권은 미등기될까?

① 국유지나 사유지 토지에 건축된 집합건물로 전유 부분의 소유자가 대지에 대한 권리를 가지지 못해 실제 대지권이 없는 경우로 감정평가서상의 평가액은 전유 부분의 건물만 평가되는 경우
② 신규 집합건물을 분양하는 경우 실제 대지권까지 분양받았으나 필지가 너무 많아 대지의 합필 및 환지 절차가 지연되는 경우
③ 재건축 또는 재개발의 경우 내부분쟁 등 사유로 등기부상 대지권등기가 되지 않는 경우
④ 다른 수분양자가 분양대금의 납부를 지연한 경우
⑤ 집합건물의 분양 시 전유 부분만 등기 분양하고 대지권은 분양하지 않고 대지 사용료를 받는 경우

4) 고소장 제출

어느 정도 자료가 확보된 후 부천경찰서에 고소장을 제출했다. 그러나 유치권자의 적극적인 경매 입찰 방해행위가 없어 고소장 접수가 되지 않았다. 차라리 유치권자나 룸살롱 사장에게 몇 대 맞는 게 사건 진행은 훨씬 빠를 듯싶은데 상대방도 이를 잘 아는지, 말로만 위협하고 실제 액션은 잘 취하지 않았다.

3. 유치권 소송

필자는 당초에 유치권소송이 1심에서 쉽게 끝날 것으로 예상했다. 그런데 재판기일에 법정에 가 보니 상대방에서 변호사를 선임했다. 사건 해결이 쉽지 않겠다 싶어 부랴부랴 잘 아는 후배 변호사를 선임해 대응해나갔다.

소송 와중에도 유치권 문제를 풀기 위해 룸살롱 실제 사장과 몇 달간 만나서 협상해보았으나 서로 간에 생각하는 가격이 너무 차이가 커 지지부진한 상태였고, 결론은 유치권 부존재 소송으로 끝내야만 했다. 하지만 유치권 소송도 상대방 변호사가 요리조리 생각지도 못한 기상천외한 논리를 대면서 재판기일을 계속 연장하면서 근 10개월간이나 결말을 내지 않은 채 끌었다. 유치권자도 쉽게 물러서지는 않겠다는 속셈이었다.

유치권 20억 원을 주장하는 유치권자의 사무실을 찾아가 보니 문이 굳게 닫힌 채 연락도 되지 않는 상황이었다. 20년 전에 룸살롱 인테리어 시설비 명목으로 유치권 20억 원을 신고한 것으로 보이기에 100% 유치권은 없는 것으로 판단되는데, 어떻게 하면 단칼에 없앨 것인가?

상가 경매의 특성상 시간이 흘러가면 갈수록 대출 이자와 거액의 미납관리비로 인해 낙찰자에게 부담만 가는 상황이었다. 200평 상가의 경우, 공실 상태일지라도 매월 200만 원 이상 관리비가 나가니 1년 정도면 근 3,000만 원 정도의 미납관리비가 발생하며 잔금 이후부터는 모두 낙찰자 부담이다.

과연 이 상황을 어떻게 타개할 수 있을까? 유치권자의 논리를 쾌도난마(快刀亂麻)로 무찔러 재판을 조기에 종국시켜야 하는데, 과연 어떻게 해야 할까. 이때 소송을 진행한 변호사가 좋은 아이디어를 냈다. 법원에 증인 출석 요구서를 제출해서 유치권자의 답변을 기다려보자는 것이다.

증인신청서

1. 사건 : 20○○ 가단

2. 증인의 표시

성명		직업	
주민등록번호	-		
주소			
전화번호	자택 ( ) -	사무실 ( ) -	휴대폰 ( ) -
원·피고와의 관계			

3. 증인이 이 사건에 관여하거나 그 내용을 알게 된 경위

4. 신문할 사항의 개요
  ①
  ②
  ③

5. 기타 참고사항

20○○년 월 일

원고 ○○○ (인)

○○지방법원 제○부 귀중

> ※ 증인출석 방식
> - 증인 '**소환**' : 법원이 증인에게 출석요구서를 보내어 소환하는 것(증인여비 납부해야 함)
> - 증인 '**대동**' : 신청 당사자가 증인을 직접 데리고 법정에 출석하는 것

이 경우, 시나리오는 두 가지다.

첫째, 만약 유치권자가 출석해 '이런저런' 사유로 유치권을 주장한다고 하면, 바로 그 내용을 토대로 위증죄 및 허위유치권 행사를 명목으로 경찰서에 고소하는 것이다. 유치권자가 법원에 출두해 답변했기에 만약 그의 진술에 거짓이 있을 경우, 허위유치권을 주장한 근거를 명목으로 고소할 명분이 생긴다.

* 위증죄에는 형법 152조, 154조상 단순위증죄, 모해위증죄 등이 있다. 모해위증죄란 선서한 증인이 형사사건 또는 징계사건에 관해 피고인 또는 징계혐의자를 모해할 목적으로 허위 진술하는 것을 말한다.

> **형법 제152조(위증, 모해위증)**
> ① 법률에 의하여 선서한 증인이 허위의 진술을 한 때에는 5년 이하의 징역 또는 1,000만 원 이하의 벌금에 처한다.
> ② 형사사건 또는 징계사건에 관하여 피고인, 피의자 또는 징계혐의자를 모해할 목적으로 전항의 죄를 범한 때에는 10년 이하의 징역에 처한다.

> **형법 제154조(허위의 감정, 통역, 번역)**
> 법률에 의하여 선서한 감정인, 통역인 또는 번역인이 허위의 감정, 통역 또는 번역을 한 때에는 전2조의 예에 의한다.

둘째, 만약 유치권자가 출석하지 않을 경우 법원에 불출석 사유서를 제출해야만 한다.

우리 쪽 변호사가 증인 출석을 요구한 날, 예상대로 유치권자는 법원에 출두하지 않았고, 대신 불출석 사유서를 제출했다.

그 내용은 "과거에 공사를 해서 유치권이 성립하기는 하나, 지금은 다른 사람에게 이전해서 없는 것 같다"라는 다소 두리뭉실한 요지다. 이 불출석 사유서 하나로 유치권 부존재 소송의 결말은 단판에 끝이 나버렸다.

"아무도 유치권을 주장하지 않는다", "그 누구도 현재 건물 입주를 방해하지 않고 있다"라는 매우 이상한 방향으로 재판이 흘러갔다.

결국 소송은 기각되었으나 이러한 내용의 판결문을 근거로 바로 집행에 들어갔다. 점유이전금지가처분 신청으로 그 누구도 점유하지 않고 있고, 아무도 유치권을 주장하지 않기에 물론 소송 중간중간에 상대측과 카페에서 만나 1,000만 원 정도 이사비를 주겠다고 협상을 해보았지만, 씨알도 먹히지 않았다.

증인불출석사유서

사 건 :
피고인 :

위 사건에 대해 채택된 증인은 아래와 같은 사유로 증인불출석 사유서를 제출합니다.

- 아래 -

1.
2.

20 년 월 일

증 인 :   (인)
생년월일 :
휴대전화 : 010 -   -
전 화 : ( )   -
e-mail :   @

서울중앙지방법원 형사 제___(단독, 부) 귀중

건물 내 소파를 모두 분해하니 5톤 트럭으로만 다섯 대 이상의 물량이 나왔다. 이사비와 보관료만 1,000만 원이 들었다. 건물 관리비도 1억 2,000만 원 정도 미납되어 있었으나 60% 선까지 끊었다. 12월에 잔금을 치른 후 다음 해 12월에 명도했으니 근 1년을 끌었다.

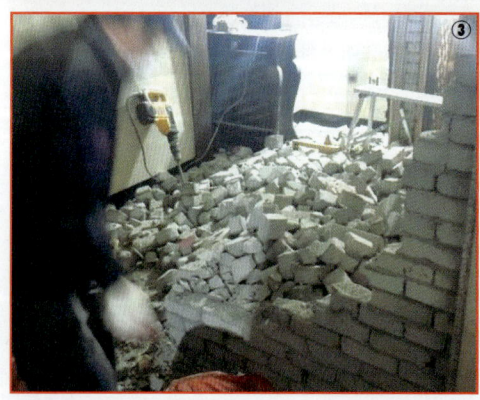

① 명도
② 소파 분해
③ 전면철거 과정을 통해 상가 개발이 진행되었다. 룸살롱은 철거할 물량이 많아, 철거비만 수천만 원이 나온다. 벽돌 철거에 미니 포크레인을 투입하려다 포기하고, 인부들에게 일일이 해머드릴로 철거를 시켰는데 인건비가 장난 아니게 많이 들었다.

Step 2 룸살롱 철거 후 만화카페 개발

4년 전, 낙찰받았던 이 상가는 당시 어려운 명도가 끝나고 투자 멤버들과 충분한 논의를 거쳐 대략 두 가지 방향으로 추진되었다.

> **1안** : 프랜차이즈 고급 부페나 안마시술소에 임대 주기
> **2안** : 당구장, 고시원, 만화카페, 소호사무실 등으로 개발하기

1안을 시도하기 위해 약 한 달 동안 부동산 중개사무소에 내놓았지만, 기존 룸살롱 시설에 겁을 먹었는지 좀처럼 반응이 없다. 주변에 안마시술소를 운영할 업자들을 수소문해보았으나 같은 건물에 태국마사지가 있다는 것이 맹점이었다. 업자들끼리는 동종업체가 있는 건물에는 들어가지 않는 것이 불문율이란다.

결국, 고민 끝에 200평 중 100평은 만화카페로, 나머지 100평은 회의실로 개발하기로 했다. 두 가지 모델로 개발한 이유는 건물 규모가 워낙 큰지라 한 번에 전부 인테리어하기에 부담스러웠기 때문이다. 만화카페는 당시 이 인근 상동역세권에 대규모 만화방이 없었기에 충분한 유효수요가 있다고 판단했기 때문이고, 회의실 임대사업은 기존 시설물을 최대한 살릴 수 있다는 장점이 있었다. 대략 2~3개월간의 인테리어 공사를 거쳐 강남 스타일의 만화카페로 인테리어했다.

초창기 만화카페는 처음 한 사업치고는 대박이었다. 인근에 이 정도 규모의 만화카페가 없었기에 히트를 쳤다. 첫해 여름방학이 되자 손님들이 미어터지기 시작해 아르바이트생이 너무 바빠서 그만둘 정도였다. 그러나 1년 정도 지나자 인근에 대규모 만화카페가 하나둘씩 들어오기 시작했다. 잘된다는 소문이 돌자 반경 2km 안에 프랜차이즈 만화카페를 비롯해 대규모 만화카페가 다섯 개나 생긴 것이다.

월세를 내는 임차인이 아니기에 버티는 데는 그나마 문제가 없으나 투자금 대비 수익률이 형편없이 떨어지니 다른 모델을 세워야만 했다. 더구나 최저임금이 3년 만에 30%나 인상된 점은 예상치 못한 변수였다. 결국, 3년 만에 과감히 만화카페를 정리하고 공유오피스로 리모델링했다.

Step 3 공유오피스 개발기

공유오피스는 코워킹 스페이스(Co-working Space)다. 한 건물 안에 다양한 분야의 사람들이 모여 일하는 협업 개념의 사무 공간을 말하는데 최근 위워크(Wework), 스페이시즈(Spaces) 등 외국계 기업과 패스트파이브 등 국내 기업들이 대규모 공유 오피스를 강남 일대에 운용하고 있다. 최근에는 LG나 현대카드 등 대기업들도 성장성을 믿고 앞다투어 진출하고 있다.

미국의 경우 최근 수년 사이에 400% 이상의 성장세를 기록했고, 영국과 독일, 일본, 중국 등지에서도 새로운 오피스 문화로 확실히 자리 잡고 있는 모습이다. 미국에서 시작된 최초의 코워킹 스페이스는 2005년 샌프란시스코에서 시작된 Hat Factory 란 곳인데, 실리콘 밸리가 바로 옆에 있어서인지 주로 IT 개발자들을 위한 공간임대사업으로 시작했으나 점차 디자이너, 작가, 뮤지션, 비즈니스 리더 등 다양한 분야의 사람들이 찾으면서 성황을 이루고 있다.

우리나라의 경우, 과거 우중충했던 성수동 공장지대에 다양한 분야의 사람들이 모여 사회협업을 하는 공간으로 재탄생하고 있다. 예를 들어 카우앤독, 헤이그라운드, 인생 공간 등의 공유오피스와 서울숲 인근에 100여 개의 중고 컨테이너로 지은 '언더스탠드 에비뉴(UNDER STAND AVENUE)' 등 참신한 소셜벤처기업들이 점차 늘고 있다.

하지만 내가 낙찰받은 상가가 있는 부천에는 아직 대규모 공유오피스가 없는 상태라 충분히 사업성이 있다고 보고 공유오피스를 만들기에 나섰다. 사실 그간 수십 건의 상가 낙찰을 받았고, 그중 대형상가들은 소호사무실로 개발해 운영 중이거나 매도해왔기 때문에 충분히 자체 브랜드로 공유오피스를 만들 자신은 있었다.

필자는 소호사무실을 인테리어할 때 대부분 직접 도면을 그린 후 외주를 준다. 10년 전에 회사에 다니면서도 퇴근한 이후, 사무실 도면을 직접 그려 인테리어업자에게 시공을 부탁했다. 소호사무실을 운영해본 경험이 있기에 이후 상가에 입찰할 경우, 건물도면부터 보는 습관이 생겼다.

'유리창에 접한 면이 많은가?', '기존 시설 철거 물량은 어느 정도 될까?' 등등을 충분히 검토한 후에 경매 입찰에 참가하기에 그만큼 낙찰 확률도 높다. 남이 보지 못하는 가치(예상 임대수익률)를 볼 수 있기 때문이다.

그러나 이 물건의 경우 룸살롱 시설이었다는 것이 최대 애로 사항이었다. 대형평수의 룸살롱은 인테리어할 때 소음 차단을 위한 설비가 많이 들어간다. 이 물건도 천장까지 전부 철거를 진행해보니 쓰레기 처리비를 포함한 철거비만 3,000만 원 이상 소요되었다. 일단 철거한 후에 다시 건물 실측을 하고 도면도를 그렸다.

먼저 엑셀을 이용해 공유오피스 1차로 가도면을 만들어보았

1차로 엑셀로 평면도를 그려 가설계를 뜬 후 2차로 스케치업을 활용해 전체 구조를 잡는다.

다. 지금까지 두 차례의 소호사무실을 직접 인테리어할 때는 단순히 엑셀로 그린 다음에 인테리어 사장에게 전달해 공사하게 했는데, 필자의 구상이 제대로 전달이 되지 않아 인테리어 과정에서 애로가 많았다. 평면도의 한계라고나 할까?

고민 끝에 3D 도면을 직접 그리기로 했다. 구글이 제공하는 스케치업(Sketch Up) 프로그램을 한 달 무료 한정판을 이용해 그렸다. 스케치업 프로그램은 좋은 교재도 많이 있지만, 유튜브 동영상으로 익히는 게 가장 수월했다. 일주일 정도 유튜브를 보고 실습해보니, 간단한 3D 스케치 정도는 할 실력이 되었다. 스케치업 프로그램을 잘 다룰 줄 알면 여러 가지 인테리어 안을 직접 3D 화면으로 교정하며 자신의 아이디어대로 이리저리 반복해가며 검증할 수 있다는 장점이 있다.

단순히 100평 정도의 공간을 25개 정도의 소호사무실로 분할하는 인테리어는 그리 어렵지 않다. 하지만 요즘 뜨는 위워크나 패스트파이브 같은 프랜차이즈 공유오피스의 경우, 공유 공간이 매우 잘되어 있기에 세밀하게 인테리어하려면 설계가 잘되어야 한다. 필자는 건물 철거 후 실측 끝에 대략 두 가지 형태로 스케치업 프로그램을 통해 3D 도면도를 만들어본 후, 건물 구조에 가장 적합한 형태로 인테리어를 할 수 있었다. 그리고 인테리어 공정 중간중간마다 제대로 인테리어가 안 된 부분은 바로바로 일하는 목수나 인부들을 직접 노트북 앞으로 불러서 3D 화면을 띄운 후에 설명하니 훨씬 쉽게 커뮤니케이션이 되었다.

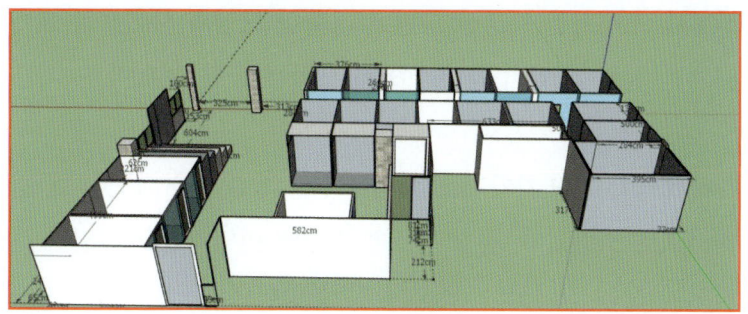

1번 설계안 : 2층 계단형 구조물을 일부분만 만들고 스터디카페 스타일로 공간 배치

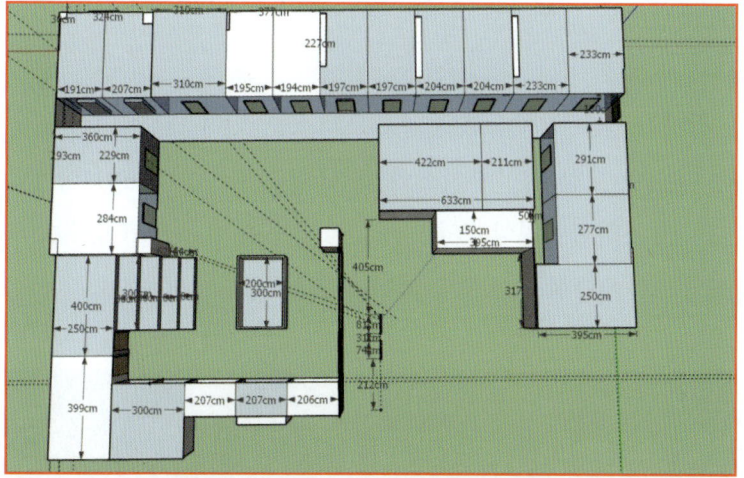

2번 설계안 : 스터디 공간보다 사무실 공간을 많이 할당해 계단 구조물이 정면에서 보이도록 설계

스케치업 프로그램을 활용해 직접 건물도면을 그릴 경우, 장점은 다음과 같다.

첫째, 건물 형태에 따라 여러 가지 배치안을 그릴 수 있다.

둘째, 소방, 공조, 천장 공사 등 공정별로 업자에게 시공을 부탁할 때 정확하게 설명하기가 쉽다.

셋째, 스케치업 특성상 도면에 정확한 모양과 사이즈를 표기할 수가 있어 인테리어 시 오차를 줄일 수 있다.

이번 공사는 필자가 스케치업을 활용해 도면을 그린 후에 단계적으로 소방업자, 천장 텍스업자, 칸막이업자들을 일일이 불러서 공정을 진행했다. 단순히 턴키 방식으로 인테리어업자에게 외주를 주면 일은 쉬운데, 인테리어 비용이 약간 더 많이 나오고 필자의 구상대로 나오지 않는다.

필자가 당초에 구상했던 공유오피스는 20여 년 전 미국 연수 중 다녔던 포틀랜드 루이스 앤드 클락(Lewis & Clark) 대학의 도서관 스타일이었다. 또한 구글 검색을 통해 위워크 공유오피스의 2층 계단형 구조물도 많이 참조했다.

루이스 앤드 클락 대학 도서관 : 건물 층고가 높으면 개방감이 좋고, 시원한 느낌이 든다.

낙찰상가의 건물 층고가 높은 점을 고려해, 천정까지 몽땅 철거해 개방감을 높였다.

루이스 앤드 클락 대학 도서관 : 2층 구조물인데 1층은 컴퓨터 검색이 가능한 스터디 공간이다.

개인 칸막이 대신에 대형 원목 테이블을 직접 제작해 회의 & 스터디 공간으로 꾸며보았다.

해외 위워크 공유오피스 : 칸막이 구조물은 손님 접대와 노트북 검색 등 다용도 공간으로 활용 가능하다.

입구 쪽 공간 활용도가 떨어지기에 3칸 칸막이 구조물을 만들어보았다. 손님 접견용 공간이다.

이번 공유사무실 설계 시 가장 주안점을 둔 부분은,

첫째, 고시원 타입의 소호사무실처럼 건물을 단순히 칸막이 형태로 분할한 것이 아니라 1/3 이상을 공유 공간에 할애했다.

둘째, 공유 공간에는 회의할 수 있는 12인 테이블과 사무실 이용자들이 편안하게 쉴 수 있는 라운지 소파, 원두커피 등 무료 음료를 즐길 수 있는 캔틴과 택배실, 공용회의실, 책을 읽을 수 있는 스터디 공간, 고객미팅공간 등을 구비했다.

셋째, 기존 소호사무실에서는 시도해보지 않은 계단형 공간이 있다. 계단형 구조물은 빔프로젝트가 설치되어 있어 강연, 영화감상, 메이저리그 시청 등 다목적으로 활용될 수 있다.

공용 공간 : 손님 접대, 휴게실, 스터디 공간

사무실 공간 : 1~4인실까지 이용자 규모에 따라 공간 세팅

캔틴 공간 : 간단한 다과와 음료 정수기, 싱크대

상가 경매에서 필자의 주요 사업 방향 중 하나는 남들이 어렵다고 하는 특수 경매, 즉 룸살롱·안마시술소 등 퇴폐업소를 낙찰받아 청년 창업가를 위한 창업센터 등으로 개발, 사회에 유용한 방향으로 바꾸는 것이다.

어떤 책에서 참 인상 깊게 읽었던 이야기다.

"내가 정원에 고사리와 대나무 씨를 같이 심었는데 고사리는 금세 자라 풍성해졌지만, 대나무는 아무리 물을 주어도 그대로였다. 그러나 나는 대나무를 포기하지 않았다. 1년, 2년, 3년 여전히 변화가 없었지만, 나는 포기하지 않고 물을 주었는데 4년이 되어도 아무 변화가 없었다. 5년째 되던 해에 비로소 아주 작은 싹이 났다. 고사리에 비하면 아주 작고 하찮아 보였지만, 그 후 6개월이 더 지나자 대나무의 키는 30m가 넘게 훌쩍 자란다. 대나무의 뿌리가 자라는 데 4년이 넘게 걸린 것이다."

고사리처럼 단기간에 엄청난 수익률을 쑥쑥 맛보며 커가는 것도 좋겠지만, 오랜 시간 뿌리를 내리며 조금씩 단단해지고 더 높게 자라는 나를 기대하면서 끊임없이 노력한다면, 우리는 어느 순간 저 높은 곳까지 솟아 있는 대나무를 발견하게 되지 않을까? 그때까지 포기하지 않는 것이 중요할 것이다. 도전이야말로 새로운 시작으로 가는 우리의 계단이기 때문이다.

참고로 이 상가는 5억 원이 안 되게 낙찰받았으나 1년 반 후에 건물 감정평가를 다시 해 1금융권에서 6억 원을 대출받았다. 대출금으로 들어간 비용까지 다 회수했으니 총투자금은 1,000만 원 정도다. 최근 인근 부동산 중개사무소에서 이 건물 200평의 시세를 물어보니 거의 20억 원에 육박한다. 불과 1,000만 원 투자로 20억 원대 건물의 주인이 된 것이다!

> **| Tip | 스케치업 실전에서 써먹기**
>
> 상가를 낙찰받으면 개·수선해야 할 곳이 많다. 이럴 때 인테리어업자에게 수리할 부분을 통으로 견적을 줄 때 낙찰자가 스케치업 프로그램을 이용할 줄 안다면 부분 개보수 주문을 하기가 좋다. 스케치업 프로그램은 구글 사이트에서 검색하면 누구나 한 달간 한정판 무료로 다운받아 쓸 수 있다. CAD 프로그램은 건축학과 전공자들이나 쓸 수 있는 프로그램인 데 반해 스케치업은 필자와 같은 초보자들도 유튜브 동영상을 보고 일주일 정도 집중하면 충분히 응용해 사용할 수 있다.
>
> 10여 년 전, 필자가 처음 소호사무실을 구상하고 인테리어를 주문할 당시에는 강남의 유명한 소호사무실 인테리어를 그대로 벤치마킹해 엑셀이나 파워포인트를 이용해 사진들을 집어넣고 부분부분 공정별로 사진과 똑같이 작업해줄 것을 인테리어 사장에게 요구하는 식으로 진행했다. 하지만 막상 인테리어가 어느 정도 진척이 되고 난 후에 찾아가 보면 필자가 구상했던 모양과 전혀 다른 식으로 인테리어가 되어 있어 전부 뜯고 다시 공사하기도 했다. 인테리어업자와 의사전달이 명확히 안 되었다. 아까운 시간과 금쪽같은 돈이 허비되었다.
>
> 그래서 2년 전부터는 스케치업 프로그램을 직접 익혀서 인테리어 사장과 목수

및 일꾼들을 아예 컴퓨터 화면 앞으로 직접 불러들인 후, 스케치업 프로그램을 보여주며 작업하니 훨씬 의사전달이 명확해졌다. 물론 스케치업 프로그램을 익히기 위해 처음에는 유튜브 강의를 통해 약 일주일 정도 시청한 후 독학으로 이리저리 버튼을 클릭해보며 조금씩 만들어나갔다. 물론 전공자보다야 멋진 화면이 나오지는 않지만, 그럭저럭 3D 형태로 모양은 나오니 훨씬 실전감이 있다.

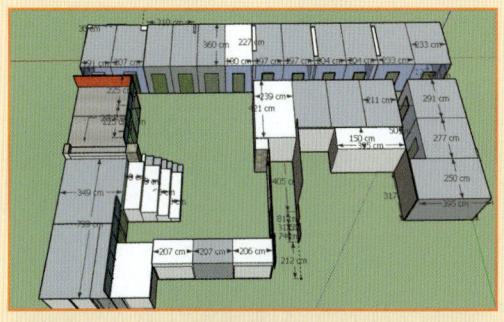

경매 실전 투자가가 되려면 영역별로 조금씩은 전문가 영역에 도전해야 한다. 때로는 변호사, 법무사, 세무사, 건축사까지 되어야 한다. 하다가 부딪히면 그때 가서 전문가에게 맡기면 된다. 하지만 완전히 문외한인 경우보다는 어느 정도 지식을 가지고 있을 때, 그 분야의 전문가들과 협업을 할 수 있다.

Case Study 02
고시원 낙찰받아 노후연금 만들기

　다음은 필자의 지인 중에 경매 내공이 출중하신 K선배님의 실전 사례다. 성남 가천대역 앞에 고시텔 건물이 통째로 나왔다. 실평수 230평의 공간에 고시텔 호실만 80개가 넘는다. K선배가 투자 멤버들과 함께 낙찰받은 물건인데, 좋은 공부 소재가 될 것 같아 올려본다.

　이 물건의 해결 포인트는 대략 세 가지다.
　첫째, 고시텔 내 숙식하고 있는 임차인 60여 명을 모두 명도시켜야 한다.
　매각 물건명세서에는 60개 호실로 나와 있지만 실제로는 86개 호실이다. 일부 임차인은 고시텔 안에 전입신고까지 했다.

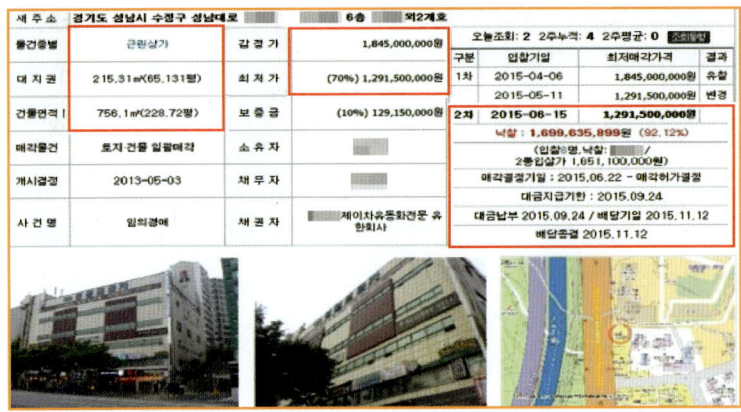

　보증금 2,000만 원 이상의 임차인이 열 명 이상이나 되는 것은 고시원 특성상 아무래도 이상하다. 이전 채무자가 경매를 매우 잘 아는 사람으로 보인다.

　경매가 개시될 것으로 예상하고 지인을 활용해 임차보증금을 2,000만 원씩이나 신고한 것 같았다. 만약 배당기일에 후순위 이해관계인들이 이의제기만 하지 않는다면 1인당 1,600만 원씩 건지게 된다. 참고로 고시원은 준주택(다중주택)에 해당되기에 상가임대차보호법이 아니라 주택임대차보호법 적용을 받는다.

성립일자	권리자	권리종류(점유부분)	권리금액		신고
전입 2012.11.15 확정 2001.07.31 배당 2013.06.19	손○○	점포임차인 603호	[보]	8000만	있음
전입 2013.04.03 확정 2013.04.05 배당 2013.06.19	조○○	주거임차인 전부(방1칸)	[보]	2500만	있음
전입 2013.04.16 확정 2013.04.16 배당 2013.06.19	윤○○	주거임차인 전부(방1칸)	[보]	2000만	있음
전입 2013.04.17 확정 2013.04.18 배당 2013.06.19	고○○	주거임차인 전부(방1칸)	[보]	2000만	있음
전입 2013.04.17 확정 2013.04.16 배당 2013.06.19	손○○	주거임차인 전부(방1칸)	[보]	2000만	있음
전입 2013.04.17 확정 2013.04.16 배당 2013.06.19	손○○	주거임차인 전부(방1칸)	[보]	2000만	있음
전입 2013.04.17 확정 2013.04.16 배당 2013.06.19	손○○	주거임차인 방1칸	[보]	2000만	있음
전입 2013.04.17 확정 2013.04.16 배당 2013.06.19	하○○	주거임차인 전부(방1칸)	[보]	2000만	있음
전입 2013.04.17 확정 2013.04.17 배당 2013.06.19	황○○	주거임차인 전부(방1칸)	[보]	2000만	있음
전입 2013.04.17 확정 2013.04.18 배당 2013.06.19	이○○	주거임차인 전부(방1칸)	[보]	2000만	있음

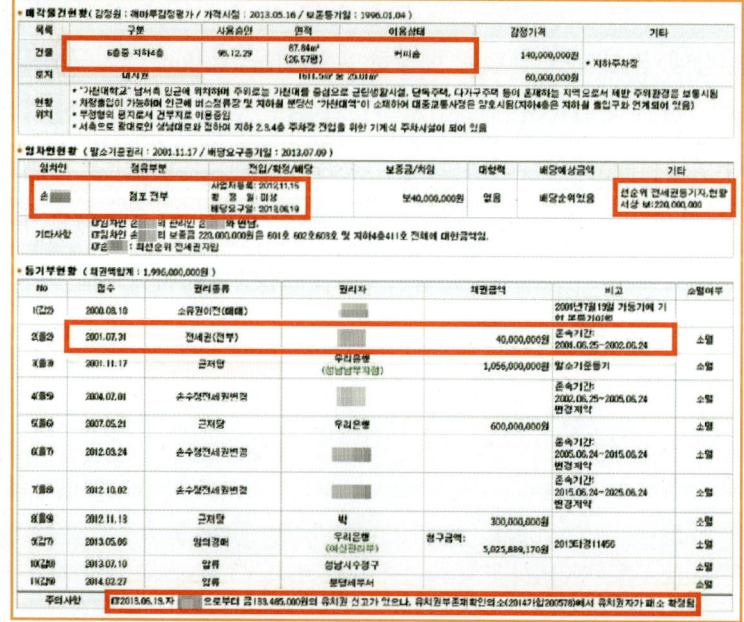

둘째, 1억 3,000만 원짜리 유치권을 해결해야 한다.

그런데 경매 정보지를 잘 살펴보니 임차인 S씨가 건 유치권이며, 유치권 부존재 확인 소송에서 유치권자가 이미 패소한 것으로 나온다. 유치권 부존재 확인 소송은 통상 채권자가 제기한다. 경매 진행 시 유치권이 있으면, 낙찰자들이 입찰을 꺼리기 때문에 사전 정지작업 차원에서 승소 판결을 받아두는 것이다.

유치권자는 고시원을 임차해 운영하는 S씨로 되어 있다. 상가임차인이 유치권신고를 한 경우, 보통 임대차 계약서상에 원상복구 조항이 있기에 영업 중인 임차인의 유치권은 잘 인정되지 않는다.

통상적으로 임차인이 건물 유지 보수가 아니라 단순히 자신의 편의와 이익을 위해 지출한 인테리어 공사 비용은 유치권으로 인정되지 않는다. 물론 임차인이 아니라 실제로 인테리어 공사를 해주고 공사비를 못 받은 업자가 유치권을 주장한다면 이야기가 달라질 것이다.

노래방이나 고시원을 운영하는 임차인들은 경매가 시작되면 자신들이 사용한 인테리어 초기 시설 비용을 근거로 법원에 자동반사적으로 유치권을 신고한다. 물론 성립되지 않는다. 이 경우는 유치권 부존재 확인 소송에서 패소 확정 판결까지 난 상태기에 유치권자가 더는 거론할 여지가 없다.

셋째, 6,000만 원 이상 밀린 거액의 미납관리비 문제를 단칼에 해결해야 한다.

상가 경매에서 미납관리비는 늘 부딪치는 문제다. 통상적으로 6,000만 원 정도 미납관리비라면 대개 60~70% 정도는 낙찰자가 내야 한다. 그러나 K선배는 단 한 푼도 내지 않았다. 단지 내용증명 한 장으로 끝냈다.

과연 어떻게 해결했을까?
답은 배당표 분석에 있었다.

해당 고시원은 S씨가 임차인으로서 보증금 2억 2,000만 원에 대해 전세권 설정을 해둔 상태였다. S씨는 경매가 진행되고 전세권 등기자로서 배당요구종기일까지 배당을 신청해두었기에 보증금 2억 2,000만 원을 경매배당기일에 전액 다 배당받는다.

바로 이 부분이 핵심이다.
K선배는 관리사무소로부터 목적 부동산에 대한 연체관리비 내역서를 받은 후 냉정하게 물건명세서를 차분히 보고 분석을 완료한 후, 내용증명 한 통을 작성해 관리사무소에 보낸다.

내용증명에는 과연 어떤 내용이 들어 있었을까? 요지는 이렇다.
"관리소는 사용자수익의 원칙에 따라 마땅히 해당 고시원을 실제 운영했던 임차인 S씨로부터 거액의 미납관리비를 징수해야 한다. 현재 임차인 S씨는 경매배당기일에 2억 2,000만 원이 되는 전세권 보증금 전부를 배당받을 예정인바, 관리사무소는 우선 임차인의 전세권 보증금에 대해 가압류를 걸어 임차인이 미납한 관리비를 전부 배당에서 공제받을 수 있다. 만약 관리사무소가 이러한 조치를 취하지 않을 경우, 관리비 독촉책임이 있는 관리사무소가 선관주의 의무를 위반한 행위로서 낙찰자에게 미납관리비 납부 책임을 물을 수 없을 것이다."

결국, 낙찰되고 한 달쯤 후 잡힌 배당기일에 관리사무소의 배당배제 신청으로 임차인은 전세권 보증금 중 일부는 받을 수 없었다. 이에 불복한 임차인 S씨는 당연히 배당이의를 제기했다. 하지만 본인이 질 것을 알았는지 공탁금을 걸지 않았고, 결국 본인이 배당받는 2억 2,000만 원에서 미납관리비 6,000만 원은 전부 공제되어 관리사무소에게 돌아갔다.

어찌 보면 관리사무소나 상가관리단은 적이 아니라 함께 가야 할 한배를 탄 입장이다. K선배와 같이 자기 손에 피 한 번 안 묻히고 해결하는 사람이 최상위 고수라고 할 수 있다!

참고로 배당배제란 이해관계인 중 한 사람이 자기보다 먼저 배당받는 자의 배당을 인정할 수 없으니 경매 법원에 배당을 배제해달라는 요청을 제기하는 것이다.

통상적으로 집행법원은 배당기일 3일 전에 배당표 원안을 작성해 법원에 비치하므로 이해관계인은 배당기일에 앞서 열람할 수 있다.

　법원에 비치된 배당표 원안을 열람한 이해관계인들은 배당표 원안에 적힌 내용에 이의가 있을 경우에는 반드시 배당기일에 참석해 이의를 제기해야 한다.
　이때 이의가 없으면 바로 배당표 원안이 확정되고 당일부터 배당이 시행된다. 그러나 누군가 이의를 제기할 경우, 배당기일로부터 일주일 안에 배당이의 소송을 제기해야 한다.

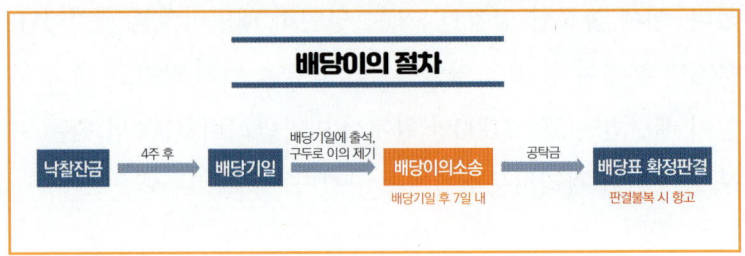

　넷째, 고시원에 입주한 임차인 60여 명의 운명은 어떻게 되었을까?
　어설픈 경매 투자자라면 다수의 임차인들에게 휘둘릴 여지가 많아 이러한 부분을 가장 꺼릴 수 있다. 그러나 곰곰이 살펴보면 고시원의 계약 관행상 임차인 대부분은 한 달 치 깔세로 계약하기에 경매 낙찰자에게 대항할 수 없다.

이들 중 일부는 고시원에 무려 2,000만 원의 보증금을 주고 입주했다고 법원에 배당신고까지 했다. 법원 관계자뿐만 아니라 그 누가 봐도 허위임을 알 수 있다. 결국, 배당기일 당일에 보증금 2,000만 원을 신고한 임차인 세 명이 출두했으나, 은행 측의 배당배제 신청으로 간단히 아웃되었다.

K선배는 낙찰받은 지 보름 안에 임차인 60여 명을 모두 명도시키고 새로운 임차인들로 싹 물갈이했다. 3~4개월 안에 86개 호실 모두를 채워 넣으니 월 임대료만 최소 2,000만 원 이상 확보했다. 대출금액 13억 원에 대한 이자와 청소비 등 각종 경비를 빼더라도 매월 1,000만 원 이상은 넉넉하게 나오는 구조로 만들었다.

이 물건 하나로 월세 연금 1억 원이 단박에 해결된 것이다!

| 심화학습 | **고시원은 주택일까?**

고시원은 원래 고시 공부나 장기 수험생들을 위한 주거 공간으로 사용되다가 지금은 일시적 주거용 공간으로 주목을 받고 있다. 그렇다면 고시원은 주택에 해당할까?

건축법 시행령상 고시원은 다중주택에 해당한다. 다만 고시원은 ① 바닥면적 합계 1,000㎡(300평) 이하의 제2종 근린생활시설(상가)에 설치되는 점, ② 장기적 주거 공간이 아닌 일시적 주거 공간이라 다주택자 적용 여부 등 주택산입에는 포함되지 않는다.

오피스텔은 말 그대로 'Office+Hotel'의 합성어이기에 숙박과 업무 기능이 동시에 있는 건물 유형이다. 따라서 양도 당시에 실제 주거용으로 사는지, 업무용으로 사용되는지에 따라 다주택자 적용 등 주택 산입 여부가 달라진다.

도시형 생활주택은 건축법상 주택에 해당한다. 크기별로 크게 기숙사형(전용 30㎡ 이하)·원룸형(50㎡ 이하)·단지형 다세대(전용 85㎡ 이하)로 구분되나 기본적으로 주택으로 간주되기에 주택 산입에 포함된다.

구분	고시원	오피스텔	도시형 생활주택
	준주택		주택
건축 기준	▶ 바닥면적 합계 1,000㎡ 이하 ▶ 제2종 근린생활시설	▶ 업무시설중 숙박과 업무가 동시에 가능한 시설을 갖춘 건물	▶ 세대당 전용면적 85㎡ 이하이면서 20~299채 미만의 건물 ▶ 기숙사형(전용 30㎡ 이하) 원룸형(전용 50㎡ 이하) 단지형 다세대(전용 85㎡ 이하)
편의 시설	▶ 세대 내 화장실, 욕실 설치 가능 ▶ 주방, 세탁실 등 공동사용	▶ 세대 내 주방, 욕실 설치 가능 ▶ 전용면적 85㎡까지 바닥난방	▶ 세대 내 화장실, 욕실, 주방 설치가능
주차 대수	▶ 연면적 134㎡당 1대 ▶ 연면적 268~1,340㎡당 1대 (역세권 500m내 상업, 준주거 지역)	▶ 세대당 0.5대(전용 30㎡ 이하) ▶ 세대당 0.8대(전용 60㎡ 이하)	▶ 원룸형 기준 · 전용면적 60㎡당 1대 · 전용면적 120㎡당 1대 (상업, 준주거 지역 내)
특징	▶ 구분등기 아닌 지분등기 분양 ▶ 별도 관리가 필요 ▶ 현실적으로 주차 불가능	▶ 각 호수별 구분등기 ▶ 무주택 Apt 청약 가능 ▶ 1세대 1주차 트렌드	▶ 각 호수별 구분등기 ▶ 주차공간 좁아 불편 ▶ 무주택 Apt 청약 불가능

심화학습 | 도시형 생활주택은 경매에서 왜 많이 유찰될까?

최근 코리아옥션·스피드옥션 등 경매 정보지를 통해 부천 지역 내 경매 물건들을 검색하다 보면 유난히 많이 유찰된 도시형 생활주택을 보게 된다.

소재지	경기도 부천시 중동 ■■■ 센트럴타워 제10층 제10■호			
	[도로명] 경기도 부천시 중동로 244, ■■■			
용도	도시형생활주택	채권자	심■■	감정가	89,000,000원
대장용도	다세대주택 도시형생활주택(승강기)	채무자	강■■	최저가	(4%) 3,592,000원
대지권	3.271㎡ (0.99평)	소유자	강■■ 外	보증금	(10%) 359,200원
전용면적	15.035㎡ (4.55평)	매각대상	토지/건물일괄매각	청구금액	80,000,000원
사건접수	2019-07-25	배당종기일	2019-10-18	개시결정	2019-07-26

기일현황

회차	매각기일	최저매각금액	결과	회차	매각기일	최저매각금액	결과
신건	2020-02-27	89,000,000원	변경	6차	2020-11-12	14,958,000원	유찰
신건	2020-04-02	89,000,000원	유찰		2020-12-24	10,471,000원	변경
2차	2020-05-14	62,300,000원	유찰	7차	2021-01-28	10,471,000원	유찰
3차	2020-06-18	43,610,000원	유찰	8차	2021-03-04	7,330,000원	유찰
4차	2020-07-23	30,527,000원	유찰	9차	2021-04-08	5,131,000원	유찰
	2020-08-27	21,369,000원	변경	10차	2021-05-13	3,592,000원	매각
5차	2020-10-08	21,369,000원	유찰	이■■/입찰2명/낙찰7,510,000원(8%)			
				2등 입찰가 : 5,236,000원			

이 물건이 최저가까지 유찰(8%)된 이유는 선순위 임차인(8,000만 원)이 있기 때문이기도 하지만, 기본적으로 도시형 생활주택들은 시장에서 인기가 없다. 지난 몇 년간 부천 중동의 한 도시형 생활주택 경매 사례를 보면 유난히 건수도 많고 저가 낙찰도 많다. 그 이유는 아마 정부의 다주택자 규제 정책 때문에 은퇴자들이 주택 산입에 포함되는 도시형 생활주택 매입보다는 똑같은 월세 수입을 받을 수 있는 고시원·오피스텔 등 대체재를 더 선호하기 때문으로 보인다.

2019-6251 경매8계	경기도 부천시 중동 ■■■ 센트럴타워 제10층 제10■호 [토지 1평][건물 4.6평] [대항력있는임차인.관련사건]	도시형생활 주택	89,000,000 3,592,000 매각 7,510,000	2021-05-13 [입찰2명] (4%) (8%)	매각	1340
2018-7127 경매1계	경기도 부천시 중동 ■■■ 센트럴타워 제10층 제10■호 [토지 0.8평][건물 3.9평] [대항력있는임차인.관련사건]	도시형생활 주택	90,000,000 15,126,000 매각 15,360,000	2020-06-30 [입찰1명] (17%) (17%)	배당종결	1164
2018-1983 경매6계	경기도 부천시 중동 ■■■ 센트럴타워 제10층 제10■호 [토지 1평][건물 4.6평] [대항력있는임차인.선순위임차권.관련사건]	도시형생활 주택	85,000,000 2,401,000 매각 3,110,000	2019-10-01 [입찰3명] 유 한회사 (3%) (4%)	배당종결	2483
2018-74950 경매3계	경기도 부천시 중동 ■■■ 센트럴타워 제8층 제8■호 [토지 0.9평][건물 4.4평] [대항력있는임차인.선순위임차권.관련사건]	도시형생활 주택	84,000,000 58,800,000 매각 74,000,000	2019-06-11 [입찰1명] (70%) (88%)	배당종결	178
2017-8109 경매7계	경기도 부천시 중동 ■■■ 센트럴타워 제8층 제8■호 [토지 0.9평][건물 4.4평] [대항력있는임차인.관련사건]	도시형생활 주택	83,000,000 19,928,000 매각 20,990,000	2018-10-18 [입찰1명] (24%) (25%)	배당종결	950

| 심화학습 | 다가구주택과 다세대주택의 차이는?

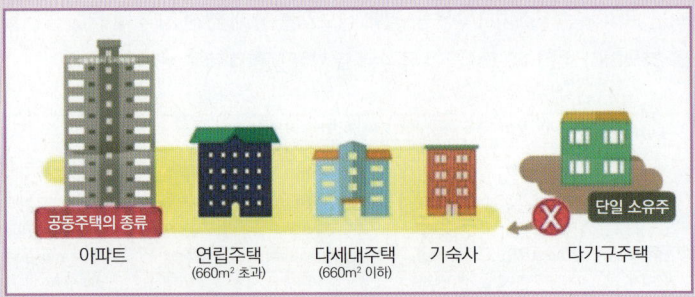

다가구주택은 한 건물 전체가 하나의 주택, 즉 단독주택으로 주인도 한 명이다. 통상 바닥면적의 합계가 660㎡ 이하 3층 이하의 주택을 말한다.

다세대주택은 하나의 건물 내에 세대마다 개별 현관을 갖추고 있고, 한 개 동의 바닥면적 합계가 660㎡ 이하 4층 이하의 주택을 말한다. 총 19세대까지 건축 가능하고, 층별·호별로 개별등기가 가능해 세대별로 매매가 가능하다.

다가구주택과 다세대주택은 세법상에서 차이가 있다. 예를 들어 다세대주택의 경우 주택 전체를 한 번에 매매할 경우, 여러 채의 주택을 양도하는 것으로 간주되기 때문에 다주택 보유자로 과세 대상이 된다.

구분	형태	특징	개별등기	요건
단독주택	단독주택			
	다중주택	고시원, 벌집주택, 도시민박(욕실 O, 취사 X)	구분등기 X	3층 이하, 바닥면적 660㎡ 이하
	다가구주택		구분등기 X	3층 이하, 바닥면적 660㎡ 이하
공동주택	아파트			5층 이상, 바닥면적 660㎡ 이상
	다세대주택(빌라)		구분등기 O	4층 이하, 바닥면적 660㎡ 이하
	연립주택		구분등기 O	4층 이하, 바닥면적 660㎡ 이상
	도시형 생활주택	원룸, 투룸, 단지형 다세대		세대당 전용면적이 85㎡ 이하이면서 20~299채 미만 건물
준주택	고시원	원룸, 투룸 (욕실 O, 취사 X)	구분등기 X	바닥면적 1,000㎡ 이하(2종 근린시설) 2009년 7월 16일 합법화됨
	오피스텔		구분등기 O	전용면적 85㎡ 이하, 바닥난방 가능시설(업무시설)
	기숙사			

심화학습 | 생활용 숙박 시설은 주택일까?

생활형 숙박 시설(레지던스)은 엄밀히 말해 공중위생관리법 적용을 받는 숙박업 시설에 속하기에 주택이 아니다. 따라서 주택 산입 여부에도 포함되지 않는다. 다만 지난해부터 아파트 등에 대한 정부의 다주택자 규제가 강화되자 시행사들이 생활형 숙박 시설을 주택의 대체상품처럼 집중적으로 홍보하면서 인기를 끌게 되고, 분양자들도 아파트처럼 임차인을 받거나 본인이 실제 거주하기도 하는 등 주거 시설처럼 활용해왔다.

이에 정부는 작년 말부터 생활형 숙박 시설을 주택으로 사용하려면 ① 건축물대장상 용도를 주택으로 변경해야 하고, ② 시행사도 생활형 숙박 시설의 분양공고 시 '주택 사용 불가 및 숙박업 신고 필요' 문구를 반드시 명시하도록 했다.

생활형 숙박시설(레지던스)·오피스텔 규제 상황

	생활형 숙박시설 (레지던스)	아파트	오피스텔
관계 법규	건축법, 공중위생관리법	주택법	건축법
숙박업 등록	가능	불가능	불가능
청약통장 사용	해당 없음	사용	해당 없음
분양권 전매	가능	전매 금지	전매 금지
세법상 주택수 포함 여부	미포함	포함	등기시 주택수 포함
아파트 청약시 무주택자 인정	무주택	유주택	무주택
대출 제한·규제	별도 규제는 없음	LTV·DTI 규제 적용	LTV·DTI 규제 적용
자금조달계획서	해당 없음	규제지역은 의무 제출	해당 없음
세금 취득세	4%	1주택 1~3%, 2주택 8%, 3주택 이상 12%	4%
세금 종합부동산세	비과세	0.5%~2%	일반임대시비과세 주택임대시 과세

| Tip | **시골 폐교를 공매로 낙찰받으면 어떨까?**

은퇴자들이 공매를 이용해서 할 수 있는 유망한 사업 중 하나가 시골 폐교를 용도 변경해 캠프장, 북카페, 미술관 등으로 변경시켜 수익모델로 바꾸는 것이다. 최근 전원생활을 동경하는 은퇴자들이 늘어나고 있는데, 이러한 시골 폐교를 뜻이 맞는 동업자들과 함께 훌륭한 아지트로 바꿀 수만 있다면 노후의 좋은 수익원으로 자리 잡을 것 같다.

그런데 시골 폐교는 어떻게 살 수 있을까?
각 시·도 교육청에서 한국자산관리공사의 온비드(www.onbid.co.kr)에 방치된 시골 폐교를 위탁해 임대 또는 매각할 경우 입찰에 참여하면 된다. 일반적으로 2~3억 원대부터 50억 원대까지 다양하게 나온다.

이러한 폐교는 공개입찰 매각이 원칙이나, 지역 주민일 경우 교육용 시설·사회복지시설·공공체육시설 등으로 재활용한다는 내용의 사용계획서를 잘 작성해서 제출하면 수의계약도 가능하다.

참고로 시골 폐교를 매수할 때 고려할 사항은,
① 캠프장, 축구장, 미술관 등 생존 가능한 사업 아이템인가?
② 개·보수 비용은 얼마나 들어갈까?
③ 사업 진행에 동참할 동업자가 있는가?
④ 수도권으로부터 교통 접근성이 뛰어난가?

등이다.

다음은 시골 폐교를 캠프장, 미술관, 북카페 등의 훌륭한 사업 모델로 탈바꿈시킨 사례들이다.

1. 김천 캠프 1950

김천에 위치한 폐교된 시골 학교를 멋있는 글램핑 장소로 변화시켜 쏠쏠한 수익도 올리면서 지역의 명소로 거듭나고 있다.

2. 김천 에제르 평생교육원

사회적 기업인 에제르 평생교육원은 폐교를 리모델링해 와이너리, 음식 시연회, 카페 등 각종 체험학습과 교육문화 활동을 벌이고 있다.

3. 당진 아미미술관

화가들 여러 명이 모여 폐교를 리모델링한 후 각종 작품 전시 등 실험적 성격의 미술관으로 꾸몄다. 신진 미술작가들의 전시회도 자주 개최해 지역사회 내 명물로 거듭나고 있다.

4. 고창 책마을해리

인천에서 서점을 운영했다는 창업자는 고창의 한 폐교를 구입해 동네 명소로 탈바꿈했다. 책을 좋아하는 창업자의 취향이 건물 곳곳에 묻어 있다. 뉴스를 보니 최근 지역 마을공방 사업으로 인정받아 정부로부터 1억 5,000만 원의 보조금까지 지원받았다고 한다.

경매꾼들이 농담 삼아 종종 하는 이야기가 있다. "돈이 없지, 물건이 없냐?" 이 말이 꼭 정답은 아니다. "돈이 없는 게 아니라, 생각이 없는 것이다!" 생각을 바꾸면 적은 자본으로 생계도 유지하고 자신만의 낙원을 만들 수 있다.

Part 5

NPL 경매
"NPL 경매로 투자 기회 엿보기"

"무엇을 할 수 있다면, 아니, 할 수 있다는 꿈을 갖고 있다면 그것을 시작하라. 대담하다는 것, 그 자체가 천재성이고 힘이며, 마력이다."

― 괴테(Johann Wolfgang von Goethe)

> ## 죽은 돈을
> ## 살아 있는 돈으로
> ## 만들기

다니엘 로빅은 세계 최대의 유조선 여섯 척을 포함해 500만 톤에 이르는 세계 최대의 선단을 보유했던 인물이다. 사실 30대 중반까지도 그는 그다지 전도유망한 인물이 아니었다. 마흔 살이 되기 직전, 로빅은 인생에서 거대한 모험을 시작했다. 남의 돈으로 자신의 돈을 버는 마법을 배운 것이다.

로빅의 성공마법에는 중요한 두 단계가 있었다.

첫 번째 단계는 낡고 평범한 선박을 사들여 이를 유조선으로 개조하면서 시작되었다. 그는 뉴욕의 은행들을 두루두루 찾아다녔다.

은행 직원은 처음에 그의 허름한 옷차림만 보고 무슨 담보물을 제공할 수 있는지 물었다. 그에게는 낡았지만 항해가 가능한 유조선 한 척만이 있을 뿐이었다.

은행 직원은 당시 이렇게 말했다.
"그가 은행에 와서는 그의 유조선이 한 석유회사에 임대되어 있고, 그 임대료가 우리 은행에서 대출받고자 하는 금액의 원금과 이자를 매달 분납하기에 충분하다고 했다. 그러면서 이 배의 명의를 은행으로 이전해놓으면 석유회사에서 임대료를 곧장 은행으로 입금하게 될 거라고 말하더군요."

많은 은행원이 처음에는 그의 이야기를 듣고 미친 셈법이라고 일축했다. 하지만 가만히 생각해보면 은행으로서도 이 정도 담보물이면 웬만한 중소기업에 해당하는 안전성을 확보하는 셈이었다. 로빅이라는 사람에 대해서는 신용을 보장할 수 없지만, 석유회사의 신용은 양호한 대출조건이었던 셈이다. 석유회사가 도산하지만 않는다면, 매달 일정한 자금을 안정적으로 회수할 수도 있기 때문이다.

결국, 한 은행이 로빅이 제시한 조건대로 자금을 대출해주었고, 로빅은 사고자 했던 낡은 선박을 유조선으로 개조한 후에 석유회사에 임대할 수 있었다. 그런 다음, 똑같은 방법으로 이 배를 담보물로 대출을 받아 또 다른 화물선을 사들여 유조선으로 개조했다.

몇 해 동안 이런 방법을 반복한 결과, 로빅은 배 한 척에 대한 대출금을 다 갚기도 전에 다른 배 한 척을 살 수 있었다. 이때, 그는 문득 기묘한 구상을 하게 되었다. 기존의 배를 자금대출용 담보로 활용할 수 있다면, 아직 건조가 완료되지 않은 선박도 담보로 제공하지 못할 이유가 없었다. 로빅의 이런 구상은 바로 남의 돈으로 자신의 돈을 버는 방법을 배우는 두 번째 단계였다.

그의 두 번째 사업 방법은 다음과 같다.

우선 특수 목적을 갖는 유조선이나 기타 선박을 설계해 건조에 들어간 다음, 용골을 장착하기 전에 임대할 고객을 찾는다. 그런 다음 이 임대계약서를 갖고 은행에 대출을 신청해서 계약된 배를 건조하는 것이다.

대출의 방식이 흔히 볼 수 없는 '상환 연기대출'이라 이런 조건하에서는 배가 진수되기 전에 은행은 아주 적은 액수만을 회수할 수 있고, 심지어 한 푼도 회수하지 못할 수도 있었다. 하지만 그간 로빅의 신용을 보아온 은행은 그 정도의 위험을 감수하기로 했고, 그 이후의 상환 방식은 이전에 하던 방식과 같았다. 결국 여러 해가 지나 대출금을 다 갚고 나서 로빅은 정식으로 배를 소유하게 되었다. 자기 돈은 단 한 푼도 들이지 않고 선주가 된 것이다.

이제 로빅은 거대한 부의 축적을 위한 장기적인 모험에 들어갔다. 물론 이것도 남의 돈을 이용하는 것이었다. 제2차 세계대전이 터졌고, 미국 정부가 가장 큰 고객이 되었다. 로빅의 소형 조선소는 폭발적인 속도로 성장을 지속했고, 그가 건조한 유조선을 전량 정부가 사준 것이다!

1945년에 전쟁이 끝나고, 사람들이 그토록 그리워하던 경제적 번영이 슬슬 싹이 보이기 시작했다. 로빅은 여전히 전방위로 자신의 사업을 확장할 방법을 모색하고 있었다. 로빅이 차분히 생각해보니 미국의 임금과 물가, 세금이 높아져 미국은 이제 조선이나 해운업을 하기에 가장 불리한 나라가 될 것 같았다. 로빅은 사업의 방향을 해외로 돌려야 할 때가 왔다는 결론을 냈다.

1950년대 초, 그는 일본을 발전 가능성이 가장 큰 나라로 보았다. 일본은 패전국이었다. 하지만 일본의 오키나와는 주력함과 항공모함, 그리고 대형 선박들의 기항지로서 이미 거대한 조선시설을 갖추고 있었다. 제2차 세계대전이 끝난 후 이 조선소는 폐쇄되었고, 수천 명의 노동자들은 실업자가 되어 흩어져버린 상태였다. 오키나와 전역이 심각한 경제 침체에 빠져버린 것이었다. 일본 정부는 이 지역에 대해 개발조치를 단행하고 싶었지만, 주일미군이 주둔하고 있어 자칫하면 오키나와가 미국의 해군기지가 되지 않을까 하는 염려로 섣불리 개발계획을 세우지 못하고 있었다.

이때 거액의 자산을 소유한 로빅이 오키나와에 나타났을 때, 일본 정부는 그를 대대적으로 환영하지 않을 수 없었다. 심지어 한 관리는 그와 합작계약을 체결하면서 너무나도 기쁜 나머지 눈물까지 흘렸다고 한다.

일본 정부는 로빅에게 일본인 노동자와 일본산 강철을 사용하는 조건으로 파격적인 임대료로 오키나와 항구를 장기간 임대해주었고 세제상으로도 막대한 혜택을 주었다.

이후 로빅은 오키나와에서 유조선과 철강운반선, 그리고 각종 선박을 건조했다. 그렇게 갈수록 규모가 커지고 새로 건조된 선박들은 저렴한 가격에 더욱 많은 화물을 수송할 수 있는 능력을 갖추게 되었다.

"남의 닭을 빌려 알을 낳는 것"
로빅과 같은 대기업가들만이 부리는 마술이다!

Case Study 01
유치권 경매라 쓰고
NPL 경매라 부른다

칭기즈칸이 몽골초원을 평정한 후, 바야흐로 중국을 정벌하러 갈 무렵이었다. 넓디넓은 중원의 비옥한 농토를 본 칭기즈칸은 말과 양들이 뛰어노는 목초지로 전부 탈바꿈시키려 했다. 칭기즈칸의 눈에는 농민들이 힘겹게 농사지어 수확하는 농산물보다는 양의 젖으로 만든 요구르트와 양고기나 말고기가 훨씬 값어치가 있는 것이었다. 쓸데없는 중원의 농토를 목초지로 바꿀 경우, 중국 농민들에 대한 대대적인 학살 또한 불가피했을 것이었다.

이때 칭기즈칸의 최측근 참모 야율초재가 말했다.
"칸이시여! 중국인들이 그냥 농사를 짓게 하시고, 대신 세금을 거두소서! 그러면 중국 농토를 초원으로 바꾸어 말과 양을

키우는 것보다 훨씬 더 칸의 주머니가 두둑해질 것입니다."

당시 몽골에서 끊임없이 돌아다니는 유목민들에게 세금을 걷는다는 것은 전혀 생각지도 못한 발상이었다. 초원에서는 약자를 대상으로 한 강자의 약탈만이 있었지, 정기적으로 무언가를 징수한다는 일은 애당초 불가능한 일이었다.

지극히 현실주의자였던 칭기즈칸은 세금을 걷는 일이 더욱 실질적이라는 점을 깨닫고, 중국 농토를 전부 갈아엎어 목초지로 만들려는 구상을 포기했다. 결국, 이러한 세금징수 정책은 칭기즈칸이 나중에 금이나 남송을 공격할 때 든든한 재원이 되었다. 야율초재 또한 현실주의자였던 칭기즈칸의 성향을 정확히 간파해 그에 걸맞은 적절한 협상 카드를 제시했고, 결국 중국에서 벌어질지도 모를 대학살극을 막을 수 있었다.

필자는 매각 물건을 검색하다가 유치권이 걸려 있거나 많이 유찰되어 가격이 저렴해진 유흥상가를 보면 모든 걸 뒤엎고 오피스로 탈바꿈시킨 후에 매월 꾸준히 월세를 받아먹는 상상을 해본다. 사실 이런 부류의 건물을 낙찰받을 경우 도저히 운영할 자신도 없고, 내 도덕관으로는 운영할 마음도 없다. 다만 유흥건물이 경매로 나오면 대개 가격이 많이 저감되어 있기에 늘 발상의 전환을 꿈꾼다.

2년 전에 검색한 물건은 인천의 한 안마시술소였다.

　연수역에서 도보로 3분 정도 거리에 위치한 안마시술소인데, 4·5층 각각 100평씩 약 200평 상가가 감정가 9.8억 원에서 많이 떨어져 3차까지 유찰된 상태였다. 건물의 입지가 그렇게 나쁘지 않은데도 이렇게까지 가격이 내려간 요인으로는 여러 가지가 있었다.

　첫째, 경매 투자자들이 꺼리는 안마시술소(퇴폐 가능성이 있다!)다.

　둘째, 유치권 1억 5,000만 원이 걸려 있다.

　셋째, 건물에 거의 창이 없어 사무실로 용도 전환이 힘들다.

　이 물건을 과연 잡아야 할까?

투자 멤버들과 여러 번 논의 끝에 결국 NPL을 이용해 투자하기로 했다. 원 근저당권자인 우리은행이 임의경매를 진행시킨 후에 유동화회사로 넘어간 상태였다. 참고로 자산유동화회사는 시중은행의 부실채권을 넘겨받아 매각하는 일을 담당하는 특수목적회사(SPC, Special Purpose company)로 이해하면 되겠다.

이 물건을 잡은 이유는 크게 세 가지였다.
첫째, 유치권 1억 5,000만 원은 성립하지 않아 보였다. ① 안마시술소가 계속 영업을 해왔다는 점, ② 자산유동화회사가 유치권 배제 신청을 해두었다는 점 등이다.

둘째, 아파트와 같은 NPL 물건들은 유동화회사들이 거의 팔려고 하지 않으나, 이런 유흥업종 물건들은 팔려 하기에 네고 가능성이 있다.

셋째, 건물 위치가 역세권이고 건물 앞에 공영주차장이 있어 임대형 오피스로 바꾸면 충분히 승산이 있을 것으로 판단되었다.
결국 자산유동화회사에 가서 담당자와 협상 끝에 NPL 채권을 다소 싸게 인수하는 데 성공했고, 부족한 돈은 저축은행에서 2억 5,000만 원 정도 질권대출을 받아 진행했기에 투입원금은 그리 크지 않았다.

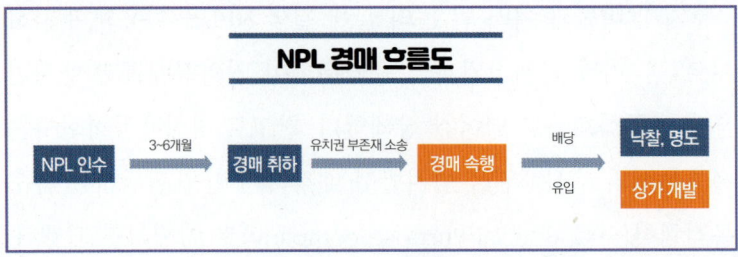

NPL 경매는 일반 경매 투자보다 몇 가지 장점이 있다.

첫째, 투자금 회수를 위한 장치가 많다. 즉 경매 절차를 통해 모르는 제3자가 낙찰받을 경우, 배당으로 조기에 자금을 회수할 수도 있고, 당사자 낙찰 시 직접 유입(낙찰)해서 개발한 후 되팔 수도 있다.

둘째, 유치권이 신고된 물건의 경우, 이전 근저당권자로부터 관련 자료를 충분히 넘겨받아 유치권 부존재 여부를 판단하기가 좋고, 채권자의 자격으로 경매를 연기 또는 취하시켜 유치권 소송을 통해 사건을 해결할 충분한 시간을 벌 수 있다는 점이다.

일반 경매 시에는 유치권 성립요건이 될지, 안 될지 낙찰자는 사전에 알 수가 없다. 이 경우, 일단 낙찰받은 후에 유치권자와 협상하거나 유치권 부존재 소송을 진행해야 하기에 대체로 시간이 오래 걸린다.

반면에 NPL 경매에서는 진행 중인 경매를 취하시킨 후에 유치권소송에서 승소 판결을 받은 이후(통상 6개월에서 1년 정도 소요), 경매를 다시 집어넣어 속행시키면 된다. 이 경우 유치권 소송 기간이 길어지더라도 NPL 경매의 특성상 채권최고액까지 연체이자가 쌓이는 시간을 벌어 오히려 이득이 날 수 있고, 충분히 확보된 자료로 일반 경매 낙찰자보다 훨씬 느긋하게 대처할 수 있기 때문이다.

셋째, NPL 법인을 이용할 경우 세제상 혜택이 있다. 참고로 법인은 1억 원 이상의 차익에 대한 세율은 10% 정도인 반면, 일반 경매 투자자는 1억 원 이상 차익이 발생하면 세율은 35~42%에 육박한다.

법인(4단계 초과누진)

과세 표준	세율	누진공제액
2억 원 이하	10%	-
2억 원 초과 200억 원 이하	20%	2,000만 원
200억 원 초과 3,000억 원 이하	22%	4.2억 원
3,000억 원 초과	25%	94.2억 원

개인(7단계 초과누진)

과세 표준	세율	누진공제액
1,200만 원 이하	6%	-
1,200만 원 초과 4,600만 원 이하	15%	108만 원
4,600만 원 초과 8,800만 원 이하	24%	522만 원
8,800만 원 초과 1.5억 원 이하	35%	1,490만 원
1.5억 원 초과 3억 원 이하	38%	1,940만 원
3억 원 초과 5억 원 이하	40%	2,540만 원
5억 원 초과	42%	3,540만 원

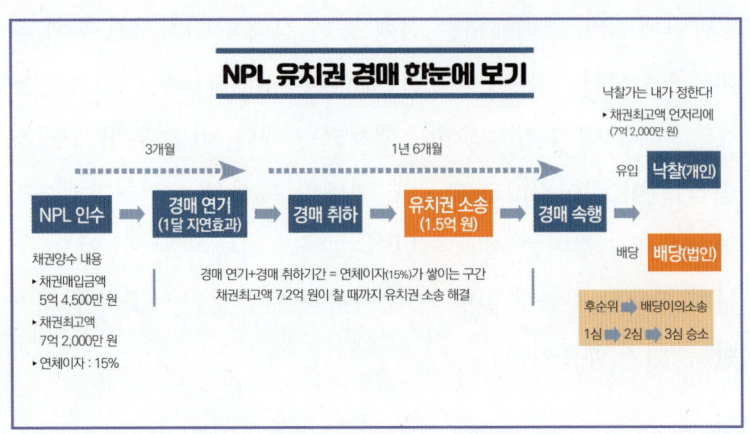

유치권 걸린 상가 NPL 경매 해결 시나리오

1) NPL 법인으로 근저당 채권 인수
2) 채권자 변경 후 경매 연기(1달) + 경매 취하(1년)
3) 경매 취하 기간 중 유치권 부존재 소송 해결(10개월 소요)
4) 유치권 승소 판결 후 경매 속행
5) 개인 명의 낙찰 + NPL 법인 배당
6) 관리소 협상 – 미납 관리비
7) 명도 – 맹인 안마사를 명도하라!
8) 상가 개발 – 전면 철거 후 섹션오피스 개발

1. NPL 법인으로 근저당 채권 인수

결국, 이 물건은 인천지방법원에 처음에는 채권자 변경 신청 후에 경매 연기를 신청했으나 잘 받아들여지지 않아, 결국 한 달 정도 후에 경매를 취하시켰다. 경매 취하 신청 과정이 약간 복잡하기는 하나 반나절 정도만 집중하면 누구나 쉽게 경매 취하 신청이 가능하다.

경매 취하를 시킨 후 바로 유치권 부존재 소송을 인천지방법원에 신청했다. 인천지방법원은 경매계가 서른 개에 육박할 정도로 경매 물건이 많기에 경매를 집어넣을 경우 약 1년 정도 소요된다. 다른 법원들보다 진행 속도가 훨씬 느리기에 이 점을 감안해서 경매 속행 시점을 잡아야 한다. 경매 속행은 경매 취하 후에 약 한 달 반쯤 경과한 시점에서 바로 해 다른 경매 사건으로 진행되었다.

2. 두 번의 소송

약 한 달 반쯤 후 유치권소송 재판이 잡혔고, 결국 유치권자와 몇 차례 공방 끝에 비교적 쉽게 승소할 수 있었다. 유치권소송에서 재미있었던 것은 유치권자와 채무자 모두 맹인 안마사였고, 함께 피고석에 앉았다는 점이다. 통상적으로 유치권은 공사

대금을 못 받은 유치권자가 건물 인테리어를 진행한 건물주로부터 받기 위해 행사하는 권리인데, 이 경우는 유치권자와 채무자가 같은 동업자였다. 이미 사전 경매 물건 분석 시부터 법률상 하자가 있다고 판단했기에 유치권 깨트리기 시나리오는 나와 있는 상태였다. 더구나 재판 진행 과정에서 피고 측에 근거자료를 요구해보니 워낙 오래된 공사 내역이라 근거 영수증조차 없었다. 참고로 공사업자의 공사대금은 소멸시효 3년이 적용된다. 이 건은 근 20여 년 전에 공사한 내역이다 보니 소멸시효에도 걸리고 증빙자료도 부족하다. 유치권자가 판사님 권고로 국선변호사를 선임하기는 했으나 워낙 법률적 하자가 많기에 승소하는 데 그리 오랜 시간이 걸리지는 않았다.

유치권소송에서 승소한 후 약 8개월쯤 경과한 끝에 경매가 진행되었다. 경매 취하 후 한 달 반 정도 후에 재경매를 집어넣었는데 경매 입찰까지는 약 1년 2개월 정도가 경과했고, 1차 유찰 후 2차 낙찰 끝에 배당까지는 약 1년 6개월 정도가 소요되었다. NPL 인수가와 채권최고액까지 차이 금액이 많았기에 경매 진행 기간이 오래되어도 전혀 불리할 일은 없었다. 오히려 시간이 경과할수록 연체이자가 쌓이니 NPL 투자자에게는 유리한 일이다.

NPL 채권 인수 후 약 1년 6개월 만에 투자자들 이름으로 낙찰받아 결국 NPL 배당 투자가 아닌 유입 방식으로 끝났다.

부동산 임의 경매 신청서

채권자 : 주식회사 라첼○○대부

채무자 겸 소유자 : ○○○

청구금액 : 금 ○○○,○○○,○○○원정

인천지방법원 귀중

부동산 임의 경매 신청

채권자 : 주식회사 라쳴○○대부
　　　　경기도 김포시 ○○○ 32, 상가동 ○○○○호(○○동, ○○마을)
　　　　대표이사 전병수
　　　　사업자등록번호

채무자 겸 소유자 :
　　　　○○○(주민등록번호 : ○○○○○○-○○○○○○○)
　　　　인천광역시 연수구 ○○○ ○○○, ○○○동 ○○○○호
　　　　(연수동, ○○○○아파트)

청구채권의 표시

청구금액 : 금 ○○○,○○○,○○○원 및 위 금원 중

대여원금 469,700,000원에 대해서는 2018년 4월 25일부터 완제일까지 연 15%의 비율에 의한 지연이자금

경매할 부동산의 표시

별지목록 기재와 같음

3. 안마사 명도

처음에는 실평수 200평 규모의 안마시술소이기에 어느 정도 재산이 있는 안마사이거나 바지사장이 뒤에 있는 케이스로 판단했다.

그런데 법원에서 사건기록 열람을 해보니 순전히 맹인 안마사 두 명이 운영하는 안마시술소로 보였다.

관리소를 찾아가 관리소장으로부터 맹인 안마사에 대한 자초지종을 들어보니 약 20여 년간 안마시술소를 운영하다 점차 망해갔고, 다른 집도 없이 건물 안에서 숙식하며 영업을 했다고 한다. 맹인 안마사와 전화로 대면 약속을 하고 찾아가 보니 앞이 잘 안 보이는 여자 맹인 안마사 두 명이 사회복지사의 도움으로 현장에 나와 있었다.

보통 건물 명도 시 민사집행법상 조문을 몇 가지 대고, 불법 점유자임을 상대방에게 강조하면 움찔하는 반응을 보이는데, 이 분들은 도무지 어떠한 위협도 통하지 않았다. 이미 사전에 안마사 두 명의 주민등록초본이나 등본 등 서류를 상세히 훑어보았으나 보유하고 있는 부동산도, 후원자도 없는 분들이었다. 여기가 아니면 갈 데가 없는 분들이고, 사회복지시설에 노인들 상대로 간간이 안마를 다니고 있어 전화 통화도 쉽지 않았다.

경매에서 비교적 명도하기 쉬운 상대는 어느 정도 경매를 아는 사람들이다. 물론 경매당한 사람들 대부분이 망한 사람들이기에 이사비를 놓고 심하게 언쟁을 벌이기는 하나 어느 선까지 이사비 절충 협상을 하면 대부분 수용하는 편이다. 그런데 이 맹인 안마사들은 사정이 달랐다.

앞이 전혀 안 보이는 맹인 안마사 두 분은 이 건물이 유일한 재산이었던 탓에 더 이상 물러날 구석이 없는 사람들이었다. 기존의 명도 방식으로는 도저히 대화의 진척이 없었다. 강제집행 할 것임을 강조해도, 허위유치권을 신고한 내용으로 형사고소를 진행할 수 있으니 빨리 이사를 하라고 독촉해도 도무지 반응이 없었다.

사전에 채무자의 전입세대열람서를 떼보고 관리소장으로부터 들었던 내용을 종합해보니 안마시술소를 운영하다가 퇴폐 영업으로 영업 정지를 받았고, 게다가 불까지 나서 내부 시설을 전혀 손쓸 수 없는 상태였고, 거처도 일정하지 않았다.

경매 명도에서 가장 어려운 건이었다. 왜냐하면, 집행관실에 가서 강제집행을 신청하더라도 거처가 불분명한 맹인 안마사이기에 집행문 송달이 제대로 안 될 터였다. 야간송달, 특수송달, 공시송달까지 갈 여지가 많아 시간이 한없이 지체될 가능성이 컸다.

결국, 몇 차례 이사비 협상 끝에 안마사가 원하는 금액을 상당히 수용한 끝에 한 달 반 만에 명도는 끝났다. 사실 돈을 준다고 하면 안 나갈 채무자는 없다. 관건은 어느 정도의 이사비를 주느냐다.

4. 관리비 협상

채무자 명도가 끝나고 나니 3년 이상 쌓여 있는 미납관리비가 남아 있었다. 관리비 협상은 워낙 많이 한 데다 건물 관리소장님을 만나 보니 관리비 판례나 관행들을 잘 알고 있었고 대화가 잘 통하는 합리적인 분이셨다. 결국, 미납관리비 중 3년 치 공용 부분(60~70% 근처)에서 타협을 보고 미납관리비 문제도 종결시켰다.

5. 상가 개발

채무자 명도와 미납관리비 문제를 해결하고 나서 건물 내부를 들어가 보니 애초 예상과는 달리 도저히 살릴 수 있는 부분이 없었다. 가장 큰 문제는 수년 전에 건물 층 전체에 불이 나서 그을음이나 연기 내음이 남아 있다는 점이었다.

결국 멤버들과 논의 끝에 일단 전면 철거 후 오피스로 재탈바꿈시키기로 했다. 각 층당 100평 정도 되니 열 개 오피스로 나눌 경우 10평형 사무실로 재임대를 줄 수 있다. 두 개 층 모두를 섹션오피스로 개발하기에는 비용부담이 있었기에 결국 한 개 층 100평은 오피스로 개발하고, 다른 한 개 층은 통임대로 부동산 중개사무소에 내놓기로 했다.

약 4개월 정도의 건물 철거와 인테리어 끝에 보증금 500만 원/월세 40~50만 원 받는 임대오피스가 완성되었다.

물건 하나에 경매 취하, 임의경매 신청, 유치권소송, 배당이의 소송, 안마사 명도, 거액의 미납관리비 협상, 건물 철거 및 인테리어 등 상가 경매의 모든 과정이 녹아 있었다. 인테리어가 끝나고 나니 코로나 사태가 터졌다. 다행히 4층 한 개 층이 통으로 임대가 되어서 마음의 부담은 덜었지만, NPL 매입부터 상가 개발과 임대까지 마치 스무고개를 넘는 느낌이다. 필자의 지금까지 경매 경험과 소송기술이 총동원된 작품이었다.

【인테리어 1단계 : 전면 철거 작업】

미니 포크레인으로 조적(벽돌), 천장, 바닥까지 몽땅 다 철거함. 쓰레기 비용이 좀 많이 나옴

엘리베이터가 작아 포크레인이 안 들어감. 계단으로 이동하는 신공 발휘!

철거 후 벽체 작업 훼손 부위는 석고로 대고 페인트칠

【인테리어 2단계 : 창문 내고 섹션사무실 만들기】

열 개 호실마다 창문을 낸 후에 벽체 작업 개시

창문을 내고 보니 조망이 끝내준다!

천장 텍스가 끝나면 도면에 따라 10평 사무실 인테리어

바닥 데코타일, 사무실 창문까지 들어서면 빤빤한 사무실 열 개가 완성된다!

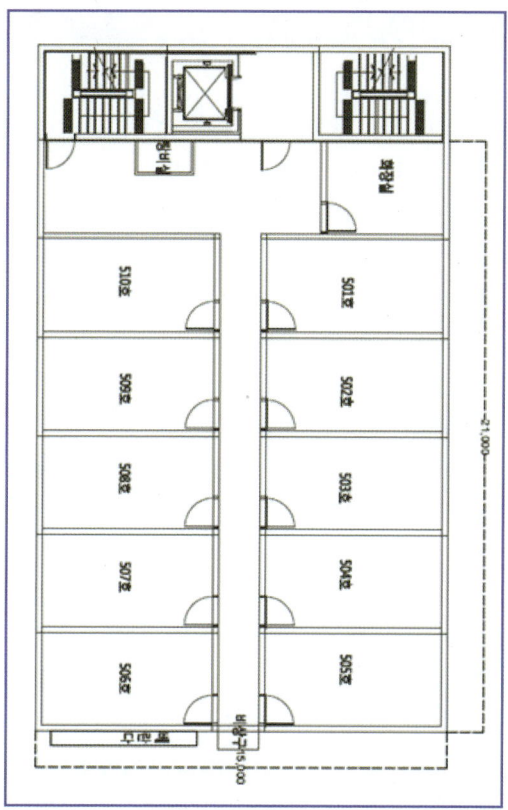

10~20평 정도가 1년 치 계약으로 보증금 받고 관리하기 좋다.

【10평형 사무실 임대가】

호실	면적	임대가격	관리비
501~504호	8~10평형	500만 원/45만 원	월 8만 원
505호, 506호	15평형	500만 원/55만 원	월 10만 원
510호	12평형	500만 원/50만 원	월 9만 원
임대가 예상치 종합		5,000만 원/475만 원	월 85만 원

| 심화학습 | **NPL 경매에 대해 알아보자!**

10여 년 이상 상가 경매를 해보니 경매 시장이 워낙 대중화되어 시간이 갈수록 경매 입찰가는 높아져만 가고, 원하던 물건들도 알맞은 가격에 낙찰받기가 쉽지 않다. 점차 사막화되어가는 경매 시장에서 어디서 나만의 샘물을 찾아야만 할까?

역세권 상가나 아파트가 경매 물건으로 나왔을 때, 어떤 투자법으로 대처해야 할까? 이럴 때는 역으로 NPL 투자도 고려해볼 만하다. NPL은 'Non Performing Loan(부실채권)'의 약자로 통상적으로 금융기관의 여신거래 과정에서 대출금과 이자 상환이 3개월 이상 연체된 부실채권을 뜻하는 용어다.

일반적으로 부동산 경매가 경매된 부동산의 '소유권'을 산다고 한다면, NPL 경매란 바로 경매된 부동산의 저당권을 사는 투자법을 말한다.

> 경매는 부동산의 '소유권'을 사는 것
> NPL 경매는 부동산의 '근저당권'을 사는 것

하지만 4~5년 이전부터 NPL 투자가 앞서간 경매 투자자들에게 황금알을 낳은 오리로 인식이 되면서 투자자가 몰려들자 대형 사고가 생기기 시작한다. NPL 방식 중 하나인 사후정산부 방식을 통한 NPL 투자에서 사기성 사고가 자주 발생하면서 개인들의 NPL 투자가 금지되기 시작한 것이다.

참고로 NPL 투자 방식은 론 세일(Loan Sale) 방식, 채무인수 방식, 사후정산부 방식 등이 있으나 현재는 론 세일과 채무인수 방식만 유효하다. 금감원은 2016년 7월 26일부터 자본금 3억 원 이상의 대부법인에게만 NPL 거래를 할 수 있도록 허용했고, 이마저 2018년 4월 30일부터는 연체이자를 기준금리+3%만 받도록 함으로써 연체이자로 수익을 내는 게 주요 전략인 NPL 경매 투자의 맥이 끊기게 되었다.

필자도 연수구 상가의 근저당채권을 2018년 2월경에 인수했는데, 후순위 채권자가 2018년 4월 30일 이후분에 대해서는 기준금리+3%만 적용해달라는 요지의 배당이의 소송을 걸어와 상당히 힘든 적이 있다. 대법원 판결까지 간 끝에 결국에는 필자가 승소했지만, 향후 배당 투자가 주목적인 NPL 경매는 사실상 투자 매력이 반감된 상태이며, 유입(낙찰)을 통한 NPL 투자나 대위변제 투자 등 변형적인 형태로 명맥이 이어지고 있다.

하지만 세상은 어떻게 될지 모르니, NPL 투자의 원리와 방식은 조금은 알아두는 편이 낫다. 후에 부동산 경기 악화로 부실채권이 쏟아지면 NPL 투자자의 역할이 커질지 어느 누가 알겠는가?

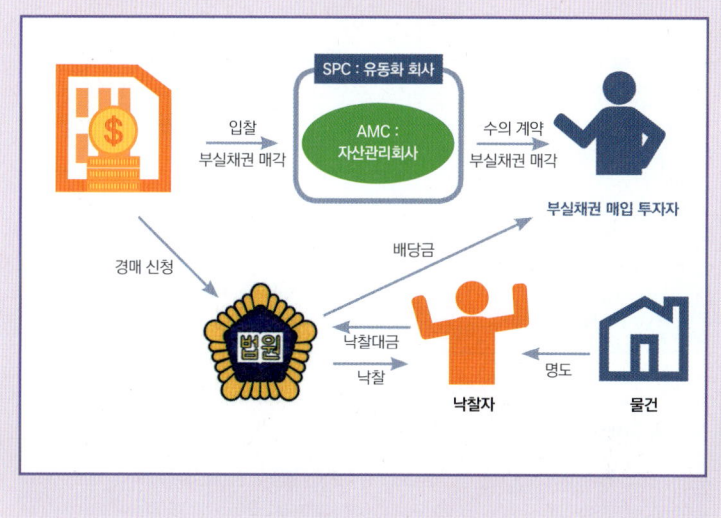

| Tip | NPL이란?

NPL(부실채권)의 정의

NPL(부실채권)이란 금융기관의 여신거래로 인해 발생한 대출원리금, 지급보증, 기타 이에 준하는 채권 중에 채무자의 변제를 기대할 수 없어 회수조치나 관리 방법을 강구할 필요가 있는 채권을 말함

NPL(부실채권)의 범위

NPL이란 자산건전성분류기준(FLC)에 따른 여신 분류 중에 고정여신 이하의 부실여신을 의미하며, 고정·회수의문·추정손실이 여기에 포함됨

정상	연체 기간이 1개월 미만으로 신용 상태 양호
요주의	연체 기간이 3개월 미만으로 신용 상태 악화 가능성
고정	연체 기간이 3개월 이상으로 채권회수에 위험 발생
회수의문	연체 기간이 3개월 이상 1년 미만으로 채권회수에 심각한 위험 발생
추정손실	연체 기간이 1년 이상으로 채무자 상환 능력 악화로 손실처리 불가피

NPL(부실채권) 투자 방식

채권자 변경(Loan Sale)	채무자 변경(채무인수)	사후 정산 조건
근저당권 매입 및 이전 후 채권자 지위로 경매 진행	채권매입금액 약정(경매 입찰 시 일정액 이상으로 약정하고 계약)	법원에 채무인수 신고하지 않고 잔금 납입, 배당 후 당사자 간 정산
경매 입찰 보증금 상계신청	차순위 차액 보전 조항 주의	차순위 차액 보전 조항 주의
계약금(20%)+질권대출(80%)	계약금(10%)+입찰보증금(10%)	계약금(10%)+입찰보증금(10%)
법원에 채권자변경 신고	법원에 채무인수 신고	사전에 NPL 매각 여부 파악이 용이하지 않음(사고 가능성)
5억 대부법인만 가능	개인도 투자 가능	금감원 불법 유권해석(사멸)

| Tip | **NPL 매각기일 연장 시 유의점**

채권최고액이 다 채워지지 않은 NPL을 론 세일의 방법으로 매입한 양수인은 양수 이후부터 배당기일까지 금융기관의 연체이자를 승계해서 수익을 얻는다. 보통 NPL 투자자는 해당 경매 건에 대한 NPL을 할인 가격으로 매입해 질권대출 금융기관(저축은행)을 물색해 질권설정 계약을 맺은 후 채권최고액이 찰 때까지 연체이자 수익을 위해 해당 경매 사건 법원에 매각기일 연장 신청을 한다.

대부분의 법원들은 NPL 채권자가 경매 연기를 신청할 경우에 2회까지는 경매 매각기일을 연장해준다. 만약 NPL 채권자의 경매 매각기일 연기신청이 2회까지 받아들여질 경우, 약 네 달간의 시간을 벌게 되며 연체이자까지 모두 받아낼 수 있다. 그러나 모든 법원들이 NPL 채권자의 매각기일 연장요청을 받아주지는 않고 있으며, 법원별로 매각기일 연장에 대한 입장이 상이함에 주의해야 한다.

수도권에서 의정부지방법원(고양지원 포함)은 경매 연기 신청을 잘 받아주는 편이다. 서울중앙지법도 원칙대로 경매 연기를 2회 정도까지는 잘 받아준다. 그러나 인천지방법원은 경매 매각기일 연기를 잘 받아주지 않는다. 경매 절차를 신속하게 진행한다는 명목하에 채무자 동의서를 받아오도록 요구하는 등 특별한 사유가 없으면 연기를 잘 안 해준다. 필자도 3년 전에 유동화회사에서 NPL 채권을 론 세일로 매입한 후에 인천지방법원에서 채권자변경을 마친 후에 매각기일 변경 신청까지 했지만, 경매계장이 잘 받아들여주지 않아 실랑이를 벌이는 등 낭패를 겪은 적이 있었다. 당시에는 담당경매계장의 성향 때문이라고 생각했으나, 후에 다른 NPL 투자자로부터 인천지방법원 전체적으로 매각기일 연장 요청이 잘 받아들여지지 않으니 유의해야 한다는 말을 들었다.

지방에서는 대전지방법원의 경우, 연체이자 청구를 포기하는 조건으로 경매 연기 신청을 받아주고 있다. 이처럼 경매 절차를 신속하게 진행시키기 위해서 경매 연기를 불허하는 법원이 점차 늘고 있으니 NPL 투자자라면 매각기일 연장 신청 거부에 신경써야 한다.

매각기일 연기(변경) 신청서

사건번호 : ○○○○ 타경 ○○○○ 부동산 강제(임의)경매
채권자 : ○○○
채무자 : ○○○
소유자 : ○○○

　위 사건에 관해 매각기일이 2018.○○.○○.로 잡혀 있으나 아래와 같은 사유로 위 매각기일의 연기(변경) 신청을 하오니 허락해주시기 바랍니다.

- 아 래 -

연기(변경)사유 : '○○○○타경 ○○○호' 부동산 임의경매 신청사건과 관련해서 채무자의 허위유치권 신고로 해당 경매 건이 계속 유찰되고 있어 근저당채권의 손실이 발생되고 있으므로 본건의 매각기일을 추후 지정해주시기를 신청합니다.

첨부자료 : 유치권자 권리신고서

2018년　월　일

위 신청인　　　　(날인 서명)
주소 :
연락처 :

Case Study 02
필자는 아파트 경매에도 NPL을 활용한다

5년 전에 받았던 아파트를 다시 한번 낙찰받았다. 아내 명의로 3억 7,300만 원 정도에 낙찰받았다가 형편이 여의치 않아 2년 정도 전세를 주고 4억 3,000만 원에 팔았던 아파트다. 그러다가 이번에 같은 단지 로열층이 또 나왔기에 다시 잡았다. 이번에는 단순히 경매 낙찰이 아닌 사전에 NPL 경매를 활용해보았다.

1차에 단독으로 들어가 용감하게 101%(4.96억 원)에 쓰고 낙찰받았다. 1차이기는 하지만 아파트 시장이 워낙 활황기라 사실 한두 명 정도 더 들어올 것으로 예상했으나 의외로 아무도 없었다. 하지만 좋은 아파트를 낙찰받았기에 후회는 없다.

　사람들은 아파트 경매보다 상가 경매가 더 어렵지 않냐고 묻는 사람이 많지만, 필자는 아파트 경매가 가장 어렵다. 왜냐하면, 그만큼 많은 사람의 관심을 받고 있고 실제 인기 평수 아파트는 30~40명씩 들어오기 때문이다. 아파트 경매에서는 하수나 고수나 별반 차이가 없다. 높게 써서 가져가는 사람이 임자이기 때문이다. 낙찰받지 못하는 아파트 경매라면 고수니, 하수니 무슨 의미가 있겠는가?

　다만, 필자는 다른 이들보다 낙찰 확률을 높일 방법을 약간 더 고민하고 있다. 아파트 경매에 정답은 없지만, 낙찰률 높이는 비법과 물건 찾는 비법을 약간만 소개해보자면 다음과 같다.

　첫째, 물건 선정 시 해당 지역에서 가장 센 아파트를 공략한다. 경매에 처음 입문하시는 분들을 보면 대부분 빌라부터 시작한다. 하지만 필자는 이런 생각에 반대한다. 부동산 투자를 하기 위해서는 사람들의 심리부터 이해해야 한다. 빌라에 사는 이들의 최대 목표는 아파트로 이사 가는 것이다. 그럼 아파트에 사는 이들의 최대 목표는? 이왕이면 큰 평수, 이왕이면 학군 좋은 동네로 이사하는 것이다. 그렇기에 비인기 지역의 빌라를 낙찰받아도 매도할 때 되면 의외로 수익률이 높지 않을 수 있다. 하지만 해당 지역 내 중심지 아파트를 매수하면 나중에 손해 보는 일은 별로 없다.

상동에 주 사무실이 있기에 인근 아파트 중 50평대 아파트(지하철 인근)를 검색해보니 상동 쪽은 경매로 나온 아파트가 별로 없었다. 그래서 사무실에서 가까운 부개동 쪽 아파트를 알아보니 부개동 P아파트와 S아파트가 눈에 들어왔다. 부개동 쪽에 눈길이 쏠린 또 다른 이유는 이 근방에 호재가 많기 때문이다.

가까이는 부천영상단지 일대에 GS그룹에서 개발하는 대단위 주복합단지 분양이 예정되어 있다. 1~2년 이내에 대규모 주상복합타운이 형성되면 중동IC 인근의 스카이라인이 달라질 것이다. 또한, 부평구 위로 계양구 일대에는 계양신도시도 들어설 예정이다. 물론 이런 개발 호재가 없더라도 외곽순환도로 인근이라 서울 접근성이 좋다. 일산에 살 때보다 오히려 강남에 가기가 훨씬 더 수월한 느낌이다. 경인고속도로를 타면 목동까지 20~30분 남짓, 7호선 지하철로도 1시간이면 서울 중심 지역에

도착한다. 어차피 출퇴근과 상관이 없는 몸이나 편리한 교통은 아파트 경매에서 무시할 수 없는 일이다.

사실 부개동 아파트를 낙찰받기 한 달쯤 전에 부개역 P아파트로 경매에 입찰했다가 아깝게 패찰한 경험이 있다.

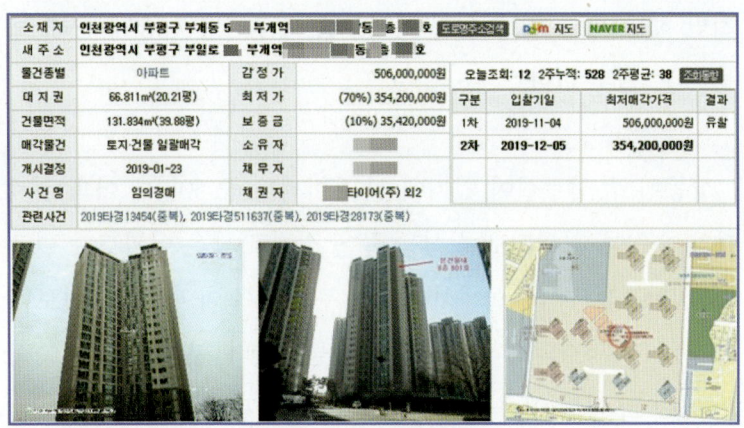

부개역 P아파트 인근 부동산을 들러 입찰 2주 전부터 가격 조사에 들어갔더니 49평 기준으로 5억 원대 초반 물건들이 있다. 5억 2,000대부터 향에 따라 6억 5,000까지 호가했다. 그런데 일주일 전부터 부동산 중개사무소에서 문자로 들어오는 로열층 물건들을 살펴보니 매물이 급격히 소진되고 있었다. 인근에 코오롱하늘채 신규분양이 있어서 그런 것 같다. 코오롱하늘채 분양권 가격이 어느새 1억 원에 육박하니 인근에 위치한 부개역 P아파트에도 영향을 미치는 것 같다. 입찰일에 고민하다가 1차

100% 가격을 약간 넘겨서 썼는데도 예상외로 훨씬 높게 쓴 사람이 있다. 5억 2,000만 원대! 첫 시도부터 2등으로 패찰이다!

　낙찰자는 아마도 나처럼 인근 부동산 중개사무소를 훑으면서 나오는 매물을 점검했을 것이다. 아파트 경매에는 경매 컨설팅 업자부터 공인중개사까지 전문가들이 많다. 특히 그 지역 아파트에 위치한 부동산 업자들은 회원 간에 거래 시세를 정확히 공유하고 있고, 손님들 의뢰를 받아 경매 입찰에 참여하기에 고가 낙찰가를 써도 부담이 없다. 현재 매물을 전산상으로 정확하게 아는 부동산 중개사무소 사장들과 1등을 놓고 내기를 해야 하니 이들과 경쟁해 낙찰받기는 쉽지 않다. 한 가지 웃겼던 점은 경매 입찰일에 필자가 물건 시세 파악 차 들렀던 부동산 중개사무소 사장님을 입찰장에서 마주친 것이다! 다음부터는 입찰장에 갈 때 마스크와 선글라스를 하고 가야 할 것 같다.

　둘째, 보름 전부터 부동산 시세를 추적한다.
　결국 이 물건도 입찰 2주 전부터 시세 조회에 들어갔다. 로열층과 지층부디 가격대를 확인하고, 매물이 소진되는 시간을 체크해나갔다. 로열층 매물을 본 후에 동네 부동산 중개사무소 사장님에게 비슷한 물건이 나오면 문자로 바로 알려달라고 요청했다. 일주일전부터 두세 군데 방문한 부동산 중개사무소 사장님들에게서 문자가 들어오기 시작한다. 호갱노노와 네이버 매물도 검색해 서로 비교해보니 로열층 기준 5억 원대 물건이 급속히 소진되어 나가고 있었다. 5.5억 원까지 호가하는 물건도 있었다.

셋째, 경매 정보지에서 과거 통계 자료를 비교해본다.

이 경우는 코리아옥션보다 유료 경매지(지지·굿·스피드옥션)의 통계 자료를 보는 게 좋다. 해당 물건의 클릭 수나 같은 번지 낙찰아파트 시세 추이를 실거래와 맞추어 점검해볼 필요가 있다. 5년쯤 전에 이 아파트를 낙찰받았을 때는 비교적 싸게(3억 7,000만 원) 낙찰받았음에도 2등과 300만 원 정도 차이가 났다. 더 황당했던 건 낙찰받고 동네 부동산 중개사무소에 들렀더니 낙찰가 비슷한 가격에 급매물이 있었다는 것이다. 속이 쓰려왔다. 이후부터는 반드시 입찰 전에 동네 부동산 중개사무소에서 물건부터 체크하고 들어갔다. 그것도 반드시 두세 군데 부동산 중개사무소에 들러 문자로 매물 동향을 보고받아야 실수가 없다.

넷째, 다른 입찰자들은 모르는 필자만의 비법, 바로 NPL경매다.

경매 정보지에서 물건을 검색하던 중 1순위 근저당권 다음 2순위 채권자가 100% 배당받는다는 보장이 없었다. 이번에는 발상의 전환을 통해 사전에 2순위 채권자에게 접근해 채권을 약간 싸게 인수한 것이다. 물론 필자가 운영하는 NPL 대부법인을 이용해 인수했다.

성립 순위	권리내역				소멸권리 및 대항여부	비고
	성립일자	권리종류	권리자	권리금액		
1	설정 2007-01-18	(근)저당	▨▨은행	[채] 120,000,000	소멸기준	
2	설정 2016-11-03	(근)저당	▨▨은행	[채] 180,000,000	소멸	
3	설정 2017-02-15	(근)저당	▨▨은행	[채] 120,000,000	소멸	
4	설정 2018-04-12	(근)저당	(주) 0000	[채] 120,000,000	소멸	
5	설정 2019-04-09	가압류	▨▨기금	[채] 200,000,000	소멸	
6	설정 2019-04-10	가압류	▨▨카드	[채] 5,146,797	소멸	
7	설정 2019-06-21	가압류	▨▨기업진흥공단	[채] 201,331,433	소멸	
8	설정 2019-07-01	임의경매	▨▨은행	[청] 98,500,508	소멸	

말소기준권리인 ○○○○은행이 3억 원, 필자는 후순위 근저당권 1.2억 원을 NPL 대부법인을 통해 약 1,000만 원 정도 싸게 매입하고 입찰에 들어갔다.

근저당 채권을 인수하게 되면 이전 채무자에 대한 정보를 상세하게 알 수 있어 나중에 이전 주인을 명도할 때도 상당히 유리하다.

결국, 해당 입찰일에 입찰가 100%를 훌쩍 넘겨서 4억 9,600만 원에 입찰가를 적었더니 단독 입찰이다. 아무도 따라올 수 없다. 이번에도 속이 쓰렸을 것 같지만, 전혀 그렇지 않다. 일반 경매로 낙찰받았다면 속이 쓰렸겠지만, 사실 당시 입찰가보다 더 높은 가격으로 닉칠가를 적어내지 않은 게 오히려 아쉬움으로 남았다. 왜냐하면, 배당표 분석과정에서 실수해서 2순위 근저당을 비싸게 인수했기 때문이다. 연체 이자액을 계산해보니 1순위 중소기업 근저당채권이 100% 배당받지 못할 것으로 보고, 2순위 근저당권 채권을 약간 싸게 협상을 통해 인수했는데 이전 채무자가 중견 기업체 회장임을 간과했다. 이 회사가 숨겨진 부실이 많아 1순위 근저당권자가 100% 배당받았다. 막상 배당기일 날 인천법원 담당경매계에서 배당표를 다시 확인해보니 오히려 약간 손해가 났다.

　다행히 수도권 내 아파트 가격이 전반적으로 상승세에 있어 1년 후 동일 평형대 같은 아파트가 경매로 나와 낙찰가를 알아보니 1억 원 이상 뛴 것 같아 아쉬움은 없다. 최근 실거래가 시세는 낙찰 당시보다 2억 원 정도 더 오른 것 같다. 서울보다 훨씬 저렴한 가격이지만, 필자는 주거용 부동산에 큰돈을 쓰고 싶지 않다. 매년 꼬박꼬박 월세 나오는 연금형 부동산이 훨씬 더 좋기 때문이다.

선택	사건번호 물건번호 담당계	소재지	용도	감정가 최저가	매각기일 [입찰인원]	결과 유찰수 %
☐	2020-46 경매11계	인천광역시 부평구 부개동 499-2 푸른마을 ■아파트 제■동 제■층 제■호 [대지권 18.2평] [전용 40.8평] [중복사건.관련사건]	아파트	581,000,000 406,700,000 매각 601,999,999	2020-11-09 [입찰12명]	배당종결 (70%) (104%)
☐	2020-61 경매25계	인천광역시 부평구 부개동 49■ 푸른마을 ■아파트 제■동 제■층 제■호 [대지권 18.2평] [전용 40.8평]	아파트	522,000,000 522,000,000 매각 582,000,000	2020-09-24 [입찰2명]	배당종결 (100%) (111%)
☐	2019-200■ 경매9계	인천광역시 부평구 부개동 49■ 푸른마을 ■아파트 제■동 제■층 제■호 [대지권 18.2평] [전용 40.8평]	아파트	490,000,000 490,000,000 매각 496,200,000	2019-12-20 [입찰1명] 병수	배당종결 (100%) (101%)

| 심화학습 | NPL 법인을 활용해 후순위 채권 인수하는 요령

1. 배당표에서 후순위 채권 금액을 확인해 이득이 날 것 같으면, 후순위 채권자를 접촉해 채권을 싸게 인수하면 된다.
2. 경매 입찰 전에 법원에 채권자 변경신고서를 작성해 제출한다.

채권자변경신고서

사건번호 : 2019 타경 ○○○○○
채권자 : 주식회사 ○○○○
채무자 : 주식회사 ○○○
소유자 : ○○○
채권양수인 : 라첼○○○○주식회사

위사건에 대해 신청인 채권양수인 라첼○○○○주식회사는 채권자 주식회사 ○○○과 2019. ○○. ○○ 근저당권부 채권양도양수계약을 체결하고 위 사건에 관한 근저당권(인천지방법원 등기국 2015.4.○○ 접수 제○○○○호) 및 근저당권부 채권전부를 양수받았고, 인천지방법원 등기국 2019. 12. 15 접수 제○○○○○호로 근저당권이전등기를 경료했으므로 이에 채권자변경신고서를 제출하는 바입니다.

첨부서류

1. 근저당권부 채권 양도양수계약서
1. 근저당권부 채권 양도통지서
1. 부동산 등기사항전부증명서

2019. 12. 24

위 채권양수인 라첼○○○○주식회사
대표이사 전병수

인천지방법원 귀중

근저당권 양도계약서(확정채권 양도)

1. 양도할 근저당권 및 채권의 표시

   양도인은 별지목록 표시 부동산에 대해 인천지방법원 등기국 2018년 4월 12일 접수 제○○○호[채무자 ○○○(인천시 부평구 부개동 ○○마을 ○○아파트 제101동 제1901호), 채권최고액 금 120,000,000원]로 등기된 근저당권과 이에 부종하는 근저당권의 피담보 채권 전부를 양수인에게 양도합니다.

2. 채권양도의 통지

   위 양도계약과 동시에 양도인의 채권이 근저당권과 함께 양도했다는 사실을 채무자에게 통지하기로 합니다.

   위와 같은 내용으로 아래 양도인과 양수인 사이에 근저당권 양도계약을 체결하고, 이를 증명하기 위해 본 계약서를 작성합니다.

                    2019. 12. 17

양도인 : 주식회사 ○○○○
        경기도 부천시
        대표이사 ○○○ (인)

양수인 : 주식회사 라첼○○대부
        경기도 김포시
        대표이사 전병수 (인)

| 심화학습 | **NPL 대위변제 투자란?**

NPL 투자법에는 론 세일 매입이나 채무인수를 통한 NPL 채권 직접 매입 외에 대위변제를 통해 투자하는 방법도 있다. 현행법상 NPL 채권 매입은 5억 원 이상 자본금을 갖춘 대부법인만 가능하나, 대위변제 투자는 법인이 아닌 개인들도 가능하다는 장점이 있다. 대위변제란 채무자 이외의 제3자 또는 채무자와 함께 채무를 부담하는 공동 채무자가 채무자를 위해 변제함으로써 채무자에 대해 구상권을 취득하는 경우에 그 구상권의 범위 내에서 종전에 채권자가 가지고 있던 채권 및 담보에 관한 권리가 법률상 당연히 변제자에게 이전하는 것을 말한다.

NPL 대위변제 투자법에는 임의대위와 법정대위 두 가지가 있으며, 이는 아래와 같은 민법 조항에 근거한다.

민법 480조(변제자의 임의대위)
① 채무자를 위하여 변제한 자는 변제와 동시에 채권자의 승낙을 얻어 채권자를 대위할 수 있다.
② 전항의 경우에 제450조 내지 제452조의 규정을 준용한다.

민법 481조(변제자의 법정대위)
변제할 정당한 이익이 있는 자는 변제로 당연히 채권자를 대위한다.

참고로 경매 투자에서도 대위변제는 물건 권리분석 시 중요하다. 임차인 등 후순위 이해관계인이 대위변제를 하게 되면 말소기준 권리 자체가 바뀌게 된다. 낙찰자는 예상치 않게 후순위 전세임차인의 보증금을 인수해야 할 상황에 처하는 위험에 직면할 수도 있다.

임의대위변제는 채무자와 협의해 NPL에 투자하는 방법으로서 채무자의 동의를 받아 채권자의 승낙이 있으면 가능하다.

법정대위변제는 후순위 담보권자나 주택임차인 등 이해관계인 자격으로 NPL에 투자하는 방법이다. 대위변제 투자 시에는 1순위 근저당권보다 2순위 채권을 공략한다. 먼저 2순위 채권을 채무자의 동의를 득한 후에 임의대위변제를 통해 NPL채권을 매입한다.

> **법정대위변제 자격이 있는 자**
> 후순위 담보권자, 후순위 임차권자, 해당물건 제3취득자, 연대보증인, 채무자 물상보증인, 약속어음 발생 및 배서인 등

임의대위 단계에서는 채무자로부터 채무변제동의서를 받아야 하기에 보상책 등 당근을 제시해야 한다. 만약 채무자동의를 확보해 임의대위변제를 통한 2순위 NPL채권 매입에 성공하면 다시 1순위 근저당권을 법정대위 변제를 통해 매입한다.

법정대위의 경우 채무자 동의는 필요 없으나, 근저당권 금융기관의 대위변제 채권을 잔금기일까지 전액(원금+연체 이자+경매 비용)을 주고 매입해야 한다. 따라서 할인된 가격으로 채권을 매입할 수 없다는 점이 단점이기에 잔존 채권액이 얼마까지 쌓여 있는지를 파악하는 것이 매우 중요하다. 대위변제 투자에서도 질권대출을 통한 레버리지 투자가 가능하다. 대위변제 투자법은 근저당권 채권최고액에서 대위변제액을 제외한 연체이자를 수입원으로 하기에 일명 '대위변제 갭 투자법'이라고도 한다.

Case Study 03
NPL 경매로 입찰자 40명을 물리쳐라

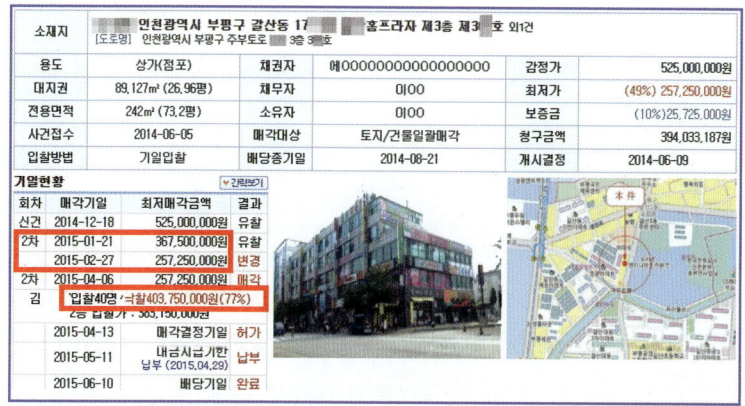

1. 물건 분석

이 물건은 2015년 4월, 전국 법원 경매에서 가장 많은 응찰자

수를 기록했다. 당시만 해도 상가 경매로서는 이례적으로 많은 40명이나 입찰에 참가했고, 경제 신문지에도 나온 사례다. 당시 입찰자들이 이렇게나 많이 참가한 이유는 한전 자회사가 입주해 있어 최소한 몇 년간은 월세 240만 원 이상을 안정적으로 받을 수 있기 때문이었다.

두 번째 이유는 감정가 5.25억 원에서 두 번이나 유찰되어 3차까지 떨어져 입찰가가 많이 저감된 상태이기에 더 많이 몰린 것 같다. 이럴 때는 경매로 접근하면 낙찰받기 어렵다. 당시 필자의 경매 학원에서 NPL 경매를 강의하시던 김동부 교수님의 수업을 받던 김 사장님이 낙찰받았다. 김동부 교수님은 신한은행 지점장 출신이라 NPL 투자 노하우를 잘 아신다. 이 건은 NPL 론세일 방식이 아닌 채무인수 방식으로 사전에 매입했다.

2. 권리분석

경매 정보지에서 매각 물건 명세서를 살펴보면 임차인이 KT 자회사로 보증금 2,500만 원/월세 240만 원에 입주해 있다. 안정적으로 사업하고 있는 법인이기에 낙찰만 받는다면 연봉 3,000만 원 자동 획득이다!

사건	2014타경41 부동산임의경매	매각물건번호	1	담임법관(사법보좌관)	오
작성일자	2015.03.23	최선순위 설정일자		2012.07.27. 근저당권.	
부동산과 감정평가액 최저매각가격의 표시	부동산표시목록 참조	배당요구종기		2014.08.21	
부동산의 점유자와 점유의 권원, 점유할 수 있는 기간, 차임 또는 보증금에 관한 관계인의 진술 및 임차인이 있는 경우 배당요구 여부와 그 일자, 전입신고일자 또는 사업자등록신청일자와 확정일자의 유무와 그 일자					
점유자의 성명	점유부분	정보출처 구분	점유의 권원	임대차 기간 (점유기간)	보증금	차임	전입신고일자, 사업 자등록신청일자	확정일자	배당요구 여부 (배당요구 일자)
한전 (식회사)	305호, 305-1호 전부	권리신고	임차인	2013.06.01.~ 2015.0 5.31.	25,000,000	2,400,000			2014.08.04

그런데 감정가 100% 가격이 5억 2,500만 원인데 3차까지 유찰되어 무려 2억 5,700만 원까지 떨어졌으니, 국민은행에서 근저당채권을 이전받은 자산유동화회사로서는 속이 탈 수밖에 없다.

국민은행이 2014.6.9. 임의경매를 신청했는데 채권최고액은 4억 6,680만 원까지 받을 수 있는 금액이다. 그런데 당시 2억 5,700만 원까지 유찰된 상태이니 청구금액 3억 9,400만 원보다 한참 모자란 상태다.

이런 물건은 NPL 매수자가 우위에 있다. 김 사장님은 NPL 채무인수 방식으로 청구금액보다 훨씬 저렴한 가격에 사전계약을 했다. 채무인수 방식은 만약 매수자가 낙찰되지 않으면 계약 자체가 무효화되기에 입찰가를 올려 써서 무조건 낙찰받아야 한다. 3차까지 유찰된 상태라 다른 이들은 2억 5,700만 원~3억 6,700만 원을 고민하고 있을 텐데, 한참 가격을 올려 4억 375만 원에 입찰해 낙찰받았다. 39명의 다른 입찰자들은 따라올 수 없는 가격이다.

김 사장님은 이 물건을 낙찰받은 후 금리 2.75%, 낙찰가의 80%에 해당하는 금액을 대출받았다. 여기서 주목해야 할 점은 김 사장님이 실제 매입한 금액인 NPL 인수가가 아니라 낙찰가를 기준으로 대출받는다는 점이다. NPL 론 세일 방식으로 진행했더라면 근저당설정 이전 비용도 많이 들어가고 현금도 많이 투입해야 하나, NPL 채무인수 방식은 채권 이전 비용도 들어가지 않고 목돈도 필요 없기에 매수자에게 여러 가지로 유리하다. 김 사장님은 낙찰 후 임차보증금 2,500만 원을 받으니 실제 취·등록세 비용까지 합해서 전부 5,000만 원밖에 안 들어갔다고 한다.

필자가 들은 바로는, 김 사장님은 이후 KT 자회사로부터 3년 동안 매월 240만 원씩 꼬박꼬박 월세를 받다가 4억 7,000만 원 정도에 매도하셨다고 한다. 3년간 매년 3,000만 원씩 월세를 받다가 3년 후 상가 매도차익만 1억 원 이상 났으니 원금 대비 투자 수익률이 300%를 넘어섰다고 한다.

NPL 투자는 현재 자본금 5억 원 이상 대부법인만 론 세일 방식 매입이 가능하나, 개인들도 채무인수 방식으로 매입하는 것은 아직도 유효한 투자 방식이다.

"바위를 뚫는 것은 물의 힘이 아니라 바위를 두드린 물의 횟수다."
오직 끊임없이 노력하는 자에게만 그 과실이 돌아갈 것이다.

Case Study 04
NPL 경매로 적립식 연금 받기

7년 전, 유료 경매 정보지를 통해 물건 분석을 하던 중, 늘 주목하던 부평 삼산지구에 37평대 역세권 상가가 눈에 들어왔다.

소재지	인천광역시 부평구 삼산동 461-4외 1필지 ▨▨ 타워 제5층 제 ▨▨호				
[도로명]	인천광역시 부평구 갈주로 ▨▨ 5층 ▨▨호 (삼산동)				
용도	상가(점포)	채권자	우OOO	감정가	230,000,000원
대지권	21,687㎡ (6.56평)	채무자	전OOOOOO	최저가	(70%) 161,000,000원
전용면적	124.26㎡ (37.59평)	소유자	전OOOOOO	보증금	(10%) 16,100,000원
사건접수	2014-07-07	매각대상	토지/건물일괄매각	청구금액	252,277,962원
입찰방법	기일입찰	배당종기일	2014-09-17	개시결정	2014-07-08

기일현황			
회차	매각기일	최저매각금액	결과
신건	2015-01-28	230,000,000원	유찰
2차	2015-03-10	161,000,000원	매각
/입찰6명/낙찰200,100,000원(87%)			
2등 입찰가 : 197,000,000원			
	2015-03-17	매각결정기일	허가
	2015-04-17	대금지급기한 납부 (2015.03.27)	납부
	2015-04-23	배당기일	완료
배당종결된 사건입니다.			

처음에는 경매 입찰을 고민해보았는데 아무래도 상가 경매의 인기가 급상승 중이라 낙찰받기 쉽지 않을 듯 보였다. 남들이 상가 경매에 집중하고 있고 더욱이 역세권 상가에 대한 인기가 높다는 점을 가정하면, 역으로 NPL 경매로 접근했을 때 충분한 수익을 거둘 수 있을 것으로 판단했다. 유동화전문회사로부터 적정 가격에만 NPL을 인수할 경우, 배당차익만으로도 충분히 수익이 날 것으로 보였던 물건이다.

유료 경매 정보지에 해당 물건이 뜨자마자 바로 유동화전문회사 담당AM에게 전화를 걸어 채권 인수 여부를 타진해보았다. 역세권 상가라 유동화전문회사에서 좋은 가격에 잘 안 팔려고 했는데 결국 1억 6,000만 원 후반 대에 인수했던 것으로 기억이 난다. 당시만 해도 개인이 론 세일 방식으로 NPL을 인수하는 데 아무런 문제가 없었다. 유동화전문회사와 협상하는 요령과 채권자 변경 등 경매 처리 절차만 잘 안다면 누구나 가능했다. 물론 2018년 이후부터는 자본금 3억 원 NPL 대부법인만 론 세일 방식으로 인수할 수 있다. 2021년부터는 NPL 대부법인의 자본금 규모가 5억 원으로 다시 증액되었다.

NPL 론 세일 매입에는 투자 현금이 많이 들어가기에 저축은행으로부터 일단 질권대출금 70% 정도를 받아 해결했고, 실제 투입한 현금은 3,500여만 원 정도였던 것으로 기억한다.

| Tip | 론 세일 방식과 채무인수 방식이란?

1. 론 세일(Loan Sale) 방식

론(Loan)은 대출채권을 의미하고 세일(Sale)은 판매한다는 뜻이다. 부실화된 근저당권 소유권을 매입하는 방식으로 채권양수인이 채권자의 권리를 가지는 것이다. 론 세일 방식은 근저당권 매입 시 등기부등본에 매입자의 이름이 기록되고 등기 원인에 확정채권양도가 표시되므로 법적인 보호를 받을 수 있다. 또한, 채권자로서 경매 신청 또는 취하가 가능하고 채무자에게 대출금 상환을 요구할 수도 있고 타인에게 재매각할 수도 있다.

> 채권매입 의향서 제출 → 채권양수도 계약 → 채권양도 통지 → 채권자변경 신고(법원) → 근저당권 이전

론 세일 방식으로 투자할 경우, 수익 방법은 크게 세 가지다.
첫째, 배당 투자다. 법원에 채권자변경 신고를 한 후, 경매 낙찰 후 배당기일 날 매각 대금에서 배당금을 지급받는 방식으로 수익을 낸다.
둘째, 유입 투자다. NPL 채권자가 경매에 참여해 직접 낙찰받는 방식이다.
셋째, 채권을 재매각해 수익을 내는 방식이다. NPL 물건에 관심 있는 제3자에게 수익을 남기고 매각하는 방식이다.

2. 채무인수 방식

10% 계약금을 내고 부실채권의 권리 중 일부만 조건부로 양도받는 방식이다. 채무인수 투자자는 반드시 경매에 입찰해 낙찰을 받아야 계약이 유효하다. 낙찰받지 못하면 계약은 해지되고 계약금은 투자자에게 환불된다.

> 채무인수 계약 → 경매 낙찰 → 채무인수 승낙서 법원 제출 → 소유권 이전 → 경락잔금 대출로 잔금 지급

결국 입찰일에 누군가가 2억 원 초반 가격으로 낙찰받았기에 배당 투자로만 투입 현금 대비 100% 가까이 수익이 났다. 물론 NPL 매입부터 경매 배당기일까지 약 6개월 정도 소요는 되었지만, 투입 현금 대비해서 단기간 투자 수익율은 꽤 쏠쏠했던 것으로 기억한다.

그런데 배당 기일에 후순위 채권자로서 배당받아 적정수익을 확보한 이 물건의 투자 스토리는 여기서 끝나지 않았다.
당초 이 물건 매입 시 주목했던 이유 중 하나는 경매 정보지를 통해 볼 때 채권자의 청구 금액 대비 채권최고액까지 차이가 상당히 컸기 때문이었다.

2억 원대 경매 낙찰로도 경매 절차에 따른 채권최고액까지 연체이자가 전부 배당되지는 않았던 것이다. 다시 확인해보니 미배당 금액이 1억 원 정도나 더 남아 있었다.

NPL 경매 투자에서 미배당 금액이 있을 경우, 투자자는 어떤 조처를 해야 할까? 경매 절차로도 회수되지 못한 채권 잔존액은 채권자가 채무자에 대한 구상권 소송을 제기해 나머지 금액을 추심할 수 있다.

먼저 법원에 채무자 재산명시 신청이나 재산조회를 신청해 채무자의 부동산이나 주식 등 추가 잔여 재산을 파악한 후에, 가압류를 건 다음 본안 소송(구상권 소송)이 확정되면 다시 채무자의 여타 재산에 대해 경매를 집어넣어 나머지 잔액까지 전부 받을 수 있는 것이다.

당시 필자는 투입 원금 대비 충분한 수익률을 거두었고, 이미 다른 NPL건에서 구상권 소송에 이어 채무자 재산 조회 등을 통해 추심작업을 해보았으나 신용불량자여서 채권회수 작업이 실패로 돌아간 연유도 있어 구상권 소송을 통한 추심까지는 고려하지 않고 있었다.

그러던 어느 날 인천법원에서 우편물이 하나 날아왔다. 우편물을 개봉해보니, 채무자가 개인회생을 신청했다는 내용이다. 만약 이러한 채무자의 개인회생 신청안에 채권자가 동의해줄 경우, 70~80% 정도 남아 있는 채권 금액을 탕감시켜주는 대신에 채무자가 잔여 금액을 향후 5년 동안 분할 상환한다는 요지였다.

참고로 개인회생제도는 10억 원 이하의 개인 채무자가 장래 지속해서 수입을 얻을 가능성이 있다고 판단될 때, 법원에 신청하면 일정한 심사 절차를 거친 후 채무자가 법원의 회생절차에 따라 3~5년간 일정한 금액을 변제하면 나머지 채무의 면제를 받도록 함으로써 다시 경제적 활동을 영위할 수 있도록 하는 절차다.

필자로서는 배당수익만으로 이미 충분한 수익을 거두었고, 굳이 추가소송을 통해 다른 누군가의 원한을 계속 살 필요는 없을 것 같아 성실한 채무자의 개인회생 신청에 동의해주었다.

이후 NPL을 매입한 시점부터 지금까지 매달 75만 원 정도가 통장으로 마치 연금처럼 들어오고 있다. 약 5년간 매달 75만 원 정도 계속 들어오니 마치 적립식 연금복권에 당첨된 기분이다. NPL 투자의 묘미가 여기에 있지 않나 싶다.

Tip | 개인회생과 파산이란?

개인회생이란 지급불능 상태에 있는 사람이 일정 소득이 발생한 경우 5년간 일정한 금액을 변제하면 잔여 채무를 면제받는 제도다. 개인회생은 채무자의 효율적 회생과 함께 채권자의 이익을 추구하기 위한 제도다. 재정적 어려움에 처한 개인채무자 중 3~5년간 지속적 또는 반복적으로 수입을 얻을 가능성이 있는 자에 대해 채권자 등 이해관계인의 법률관계를 조정하는 과정으로 이루어진다. 다만 NPL 경매에서는 채무자가 개인회생을 신청할 경우 경매 절차는 중지되고, 채권회수도 그만큼 지연될 수 있는 위험이 있다.

개인파산은 개인이 채무를 변제할 수 없는 상태에 빠진 경우에 그 채무의 정리를 위해서 스스로 개인파산 신청을 하는 것을 의미한다. 목적은 채권자가 평등하게 채권을 변제받도록 보장하면서, 채무자에게 면책 절차를 통해 경제적으로 재기할 수 있는 기회를 부여하기 위한 것이다.

개인회생제도와 개인파산 신청은 변제 능력이 없는 사람을 도와 경제 및 사회 활동을 다시 원활하게 할 수 있는 기회를 마련해준다는 측면에서 비슷하지만, 일정한 차이가 있다. 개인이 파산선고를 받으면 사회적·법적 불이익을 면하기 힘들다. 파산이 선고되면 공무원이나 사립학교 교원은 될 수 없는 등 여러 가지 법률상 제약이 있다. 하지만 개인파산 절차가 끝난 후 면책절차를 통해 경제적으로 재기 및 갱생할 수 있는 기회는 부여된다.

개인회생의 경우 파산선고로 인한 불이익은 없으나, 개인회생절차 개시결정 이후 일정 기간 동안 차후의 소득까지도 채무변제에 사용해야 나머지 금액도 면책이 가능하다. NPL 채권자의 경우, 경매 낙찰 후 채권최고액이 다 차지 않아 미배당 채권액이 잔존할 수 있다. 이 경우 NPL채권자는 미배당채권 회수를 위한 소송을 제기할 수도 있고, 만약 채무자가 개인회생을 신청할 경우 채무탕감(70~80% 정도)에 동의해주고 일부 금액만 변제받을 수 있다.

Part
6

법인 투자
"법인 경매 투자의
허와 실"

"만일 내게 나무를 베기 위해 1시간만 주어진다면, 우선 나는 도끼를 가는 데 45분을 쓸 것이다."

– 에이브러햄 링컨(Abraham Lincoln)

> **생각의 차이가
> 역사를
> 만든다!**

칭기즈칸(본명은 테무친)은 어떻게 세계정벌을 꿈꿨을까?

중국 역사상 가장 자발적인 조직은 칭기즈칸의 군대였다. 테무친이 어린 시절, 아버지를 여의고 인근 부족에게 쫓기며 초원을 떠돌아다닐 때 그를 따르던 게파는 7~8명에 불과했다. 그런데도 몇 년 만에 테무친은 단숨에 초원을 평정하고 유목민의 통일국가를 세우고 중국뿐만 아니라 전 세계를 휘몰아쳤다. 이러한 원동력은 무엇일까?

테무친이 등장하기 전까지 초원의 유목 부족들은 극소수의 부족과 소수의 평민, 다수의 노예로 구성된 계급사회였다. 소수의 귀족이 일으킨 전쟁에서 승리하면 전쟁은 약탈로 돌변했고, 전리품 대부분은 대부분 족장의 차지였다. 약탈 전쟁에서 부족민들에게 돌아가는 전리품은 아주 적었고, 이 때문에 부족민들의 전투에 대한 열의는 미약했기에, 불공평한 분배로 인해 종종 내분이 발생했다.

테무친은 이러한 전리품 분배 방식을 변화시켰다. 그는 전리품 분배 비율을 엄격히 정해 모든 사람이 전투에서 형평에 맞는 이익을 얻을 수 있도록 했다. 그의 분배 제도에서 테무친이 가져가는 이득은 10%에 불과했다. 이러한 분배 제도가 시행되자 뛰어난 전사는 전투에 한 번 참여하면 가족의 운명까지 통째로 바꿀 수 있었다. 그래서 병사들은 명목상 테무친을 위해 싸우지만, 사실상 자신을 위해서 싸우는 것이었다.

모든 구성원이 앞다퉈 선봉에 서서 공을 세우려고 하자 전대미문의 강력한 군대가 형성되었다. 반면에 이런 군대를 상대하는 송이나 금나라 군대는 일정한 급료를 받는 직업군인이었다. 싸우지 않아도 일정한 수입이 생기는 군대와 반드시 싸워 이겨야만 보수를 받는 군대의 싸움은 이미 승패가 정해진 싸움이었다.
테무친은 젊은 시절 빈손으로 시작했으나, 새로운 게임의 법칙으로 사람의 마음부터 정복했다. 테무친이 분배 방식을 혁파해서 얻은 무적의 군대는 초원을 휩쓸었다.

한편 200만 명의 여진족(청)은 어떻게 1억 명의 중국 한족(명)을 이겼을까? 여진족이 승리한 요인을 사실 한두 가지로 거론하기는 쉽지 않다.

청 태종의 탁월한 병법과 전략들, 이자성 농민군 반란에 따른 명말 혼란 상황, 명나라 장수 오삼계를 이용한 이한제한(以漢制漢) 전략, 건륭제, 옹정제, 강희제로 이어지는 카리스마 넘치는 후대 왕들의 강건, 검소, 실용적인 국정 운용 등등.

다만 이러한 여러 가지 요인 중에 칭기즈칸과 비슷한 사례를 들자면, 실제 전투 시 병사들의 전쟁에 대한 자발적인 참여도에 있었다.

여진족 병사들은 전쟁에 참여할 때 모든 장비와 말, 안장 및 식량들을 스스로 구비해 참여했다. 칭기즈칸의 몽골족 병사들과 마찬가지로 청 태종이 이끌었던 여진족 역시 전쟁을 대하는 방식이 약탈전의 개념이었다. 자발적으로 군장을 갖춘 후 전쟁에서 승리하면 각종 전리품을 획득했다. 양반들에 의해 억지로 끌려온 명나라의 급조된 농민 병사들과 수렵 생활에서 다져진 기마 실력으로 약탈전에서 전리품 획득이라는 부수입까지 챙길 수 있었던 자발적인 여진족 병사들과의 싸움은 사실상 끝난 게임이었다.

예를 들어 병자호란, 정묘재란 당시 심양에 끌려간 조선의 백성 수는 10만 명에 이르렀다. 청 태종을 비롯한 고관들은 전쟁을 통해 노예를 획득하는 노예 전쟁을 했던 것이다. 식량 등 각종 보급도 확보하고 피침 지역 백성들을 강탈해 부족한 전투 인력을 보충했다. 심양에 끌려간 포로들을 송환받기 위해 조선 사회는 막대한 포로 송환료를 내야 했다. 그나마 조선의 양반들은 천금을 주고 끌려간 자식들을 데려오는 경우도 있었지만, 일반 백성들은 노예로 끌려갈 수밖에 없었다.

자발적으로 참여하는 군대와 약간의 급료를 받고 억지로 싸우는 군대 간의 전쟁은 이미 게임이 끝난 싸움이었던 것이었다.

동서양을 막론하고 생각의 차이가 역사를 만드는 것이다.

| Tip | 법인 투자의 장점과 단점

일산에서 경매 학원을 운영할 당시, 수강생들과 투자 법인을 설립해 경매 투자를 한 적이 있었다. 수강생들과 균등출자해 5,000만 원 자본금으로 신규법인을 만들어 투자를 시작했다. 법인 투자의 장단점은 여러 가지가 있겠지만, 아무래도 세금 문제가 가장 큰 이유다.

다음 표처럼 법인은 양도차익이 2억 원까지는 10%의 세율만 내면 된다. 개인은 아파트나 상가를 낙찰받을 경우, 단기간 매도 시 양도세가 비싸서 수익이 나지 않는다. 그러나 법인은 1년 이상 기다릴 필요 없이 바로 매도해도 10%의 법인세만 납부하면 된다. 물론 배당 또는 근로소득세를 추가로 부담하는 난제는 해결해야만 한다.

상가 낙찰을 받을 때도 개인과 법인은 약간의 차이가 있다. 여러 명 공동 투자 시 1인보다는 비용과 설립상 번거롭기는 하지만, 지분출자 범위 내에서 비교적 공평하게 투자가 가능하다는 장점이 있다.

법인(4단계 초과누진)			개인(7단계 초과누진)		
과세표준	세율	누진공제액	과세표준	세율	누진공제액
2억 원 이하	10%	–	1,200만 원 이하	6%	–
2억 원 초과 200억 원 이하	20%	2,000만 원	1,200만 원 초과 4,600만 원 이하	15%	108만 원
200억 원 초과 3,000억 원 이하	22%	4.2억 원	4,600만 원 초과 8,800만 원 이하	24%	522만 원
3,000억 원 초과	25%	94.2억 원	8,800만 원 초과 1.5억 원 이하	35%	1,490만 원
			1.5억 원 초과 3억 원 이하	38%	1,940만 원
			3억 원 초과 5억 원 이하	40%	2,540만 원
			5억 원 초과	42%	3,540만 원

|심화학습| 법인과 개인의 차이

부동산 투자 시 개인과 법인의 차이는?

1) 세제상 이유
개인은 수익 규모를 7단계로 나누어 소득세 세목으로 6~42%까지 세금을 납부하는 반면, 법인은 세목으로 4단계로 나누어 10~25%의 세금을 납부

2) 법인은 자본금이 부담
과거에는 최소 5,000만 원의 자본금 납입요건 이상이었지만, 지금은 100원 이상만 되어도 자본금 납입이 가능해짐

3) 법인의 종류

분류	주식회사	유한회사	합명회사	합자회사	유한책임회사
정의	주식 인수가액에 대한 출자의무만 부담	사원 출자금액을 한도로 책임지는 회사	회사의 채무에 무한의 책임을 지는 무한책임사원과 재산출자가액을 한도로 책임을 지는 유한책임사원으로 구성	사원의 출자금액을 한도로 책임지는 회사	각 사원이 출자금액을 한도로 책임지는 회사
자본금	100원~10억 원	100원~10억 원	100원 이상	100원~10억 원	100원 이상
최소 구성원	사내이사 1인	이사 1인	무한책임사원 1인, 유한책임사원 1인	이사 1인	업무집행자 1인
회사 대표	대표이사	이사	무한책임사원	이사	업무집행사원
의사 결정	주주총회	사원총회	무한책임사원	사원총회	업무집행사원
업무집행	영업활동 조달현금 등	사원총회	무한책임사원	사원총회	업무집행사원

Case Study 01
법인 주소는 어디에 두면 좋을까?

법인의 경우, 수도권 과밀억제권 내 본점 주소를 두면 취·등록세가 중과된다. 과밀억제권역 내의 법인은 취득 당시 중과뿐만 아니라 이후 신규 취득하는 부동산에도 중과가 된다.

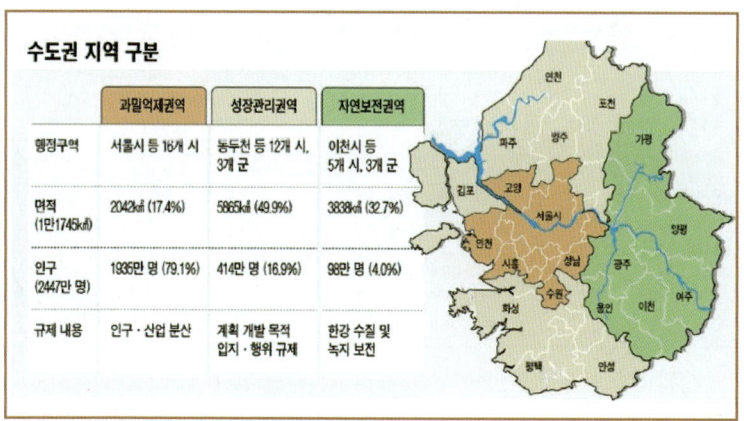

그렇다면 법인의 취·등록세 중과를 피할 방법이 없을까? 수도권 과밀억제권역 밖인 파주, 김포, 안산, 인천 일부 지역 등지에 주소를 두면 된다. 필자도 처음에는 파주에 법인을 두었으나 두 개 법인을 운영하다 보니 매월 비용 부담도 무시하지 못했다. 그러던 중, 공매 검색을 하다가 김포 지역에 법인 주소를 두기에 적합한 상가를 발견했다. 지하 1층 상가에 있던 교회 건물이었는데, 여러 개의 구분호수가 공매로 싸게 나왔다. 명도가 어려운 교회이기에 일반인들은 꺼리겠지만, 건물 내부 구조도를 보니 여러 개의 분할호수로 되어 있어 법인 주소를 두기에는 굉장히 적합했다.

지하 1층 103호부터 109호까지 무려 다섯 개 호수를 병합해 교회 건물로 쓰고 있었으나 낙찰가는 감정가의 50%에 불과한 6,300만 원이다.

소재지	경기도 김포시 ▓▓▓ ▓▓▓ ▓▓▓ 제지하층 제비1▓호, 제비1▓호, 제비1▓호, 제비1▓호, 제비1▓호			
물건용도	상가용및업무용건물	감정가	124,000,000 원	재산종류	압류재산(캠코)
세부용도	근린생활시설	최저입찰가	(50%) 62,000,000 원	처분방식	매각
물건상태	낙찰	집행기관	한국자산관리공사	담당부서	인천지역본부
토지면적	63.5401㎡	건물면적	106.15㎡	배분요구종기	2017-04-03
물건상세	대 16.1701㎡ 지분(총면적 2,774.22㎡), 건물 27㎡, 건물 18㎡ 대 10.77㎡ 지분(총면적 2,774.22㎡), 대 10.77㎡ 지분(총면적 2,774.22㎡), 건물 18㎡, 건물 18㎡, 대 10.77㎡ 지분(총면적 2,774.22㎡), 건물 22.5㎡, 건물 22.5㎡, 대 13.47㎡ 지분(총면적 2,774.22㎡), 대 13.47㎡ 지분(총면적 2,774.22㎡), 건물 20.65㎡, 건물 20.65㎡, 대 12.36㎡, 대 12.36㎡			
위임기관	김포시청	명도책임	매수인	조사일자	0000-00-00
부대조건				

입찰 정보(인터넷 입찰)					
입찰번호	회/차	대금납부(기한)	입찰시작 일시~입찰마감 일시	개찰일시 / 매각결정일시	최저입찰가
077	044/001	일시불(30일)	17.11.06 10:00 ~ 17.11.08 17:00	17.11.09 11:00 / 17.11.13 10:00	62,000,000
				낙찰 : 63,000,000원 (101.61%)	

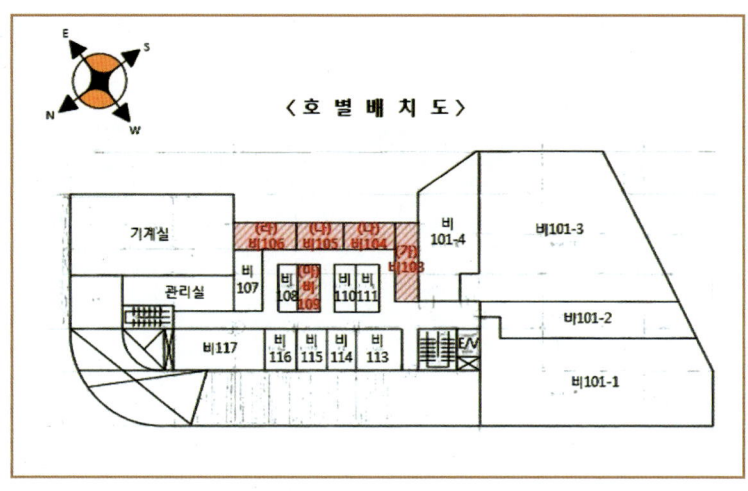

〈호별배치도〉

낙찰받고 현장에 방문해보니 한겨울에 교회 지하층에서 인자하게 생기신 목사님이 히터 하나에 의지한 채 묵상하며 낙찰자를 맞이하고 있었다. 필자도 일요일마다 교회를 다니고 있는 선데이(?) 크리스천이기에 낙찰 당시부터 교회 목사님을 명도할 생각은 없었다.

웬만하면 교회 목사님을 설득해 월세를 내고 재임차할 요량으로 낙찰받았다. 그런데 목사님과 이런저런 이야기를 나눠보니 바로 인근에 교회를 새로 짓는 중이라며 4~5개월만 더 임차하길 희망하셨다. 어차피 법인사무실 주소를 목적으로 투자했기에 냉정하게 목사님을 명도하기는 힘들었다. 더구나 공매 입찰 전에 해당 물건에 대한 10여 년간의 입찰 이력을 살펴보니 원래 경매로 나온 공실 상가를 개척교회 목사님이 낙찰받아 아름다운 교회로 바꾸어놓은 것이었다.

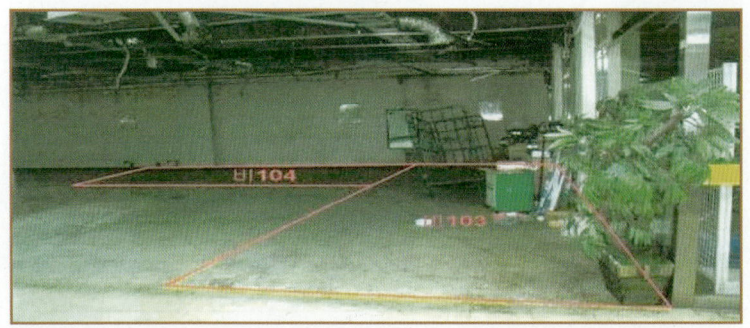

10년 전 목사님 경매 낙찰 당시 현장 사진

개척교회 목사님이 직접 인테리어를 한 후 천지개벽이 된 상가

 필자도 수년여 동안 쓰레기 상가를 낙찰받아 환골탈태시킨 경험이 많아 그 과정이 얼마나 지난한지 매우 잘 알고 있다. 그런데 현장에서 개척교회 목사님을 보는 순간 신앙에 대한 열정 하

나로 일꾼들도 거의 쓰지 않고 직접 인테리어하며 쓰레기 공간을 아름다운 낙원으로 바꿔온 과정들이 주마등처럼 한눈에 보이는 듯했다.

원래는 새 교회로 이사 가는 동안 월세를 받을 생각이었으나 고민 끝에 4개월간 새 교회로 이사 갈 때까지 무상으로 임차하도록 했다. 그런데 인근에 짓고 있는 새 교회의 준공 허가가 자꾸 미뤄지는 바람에 거의 6개월이 다 되어서야 이사를 하셨다.

어차피 법인 두 개 주소를 둘 목적으로 낙찰을 받은 상가인데다 그 험했던 공간을 지상낙원으로 만드신 목사님의 고초(?)를 생각해서 몇 개월간은 월세를 받을 생각도 없었기에 허락해드렸다. 결국 이 목사님은 필자의 진심을 받아주셨는지 교회 내부망의 다른 목사님을 소개해주시고 이사를 가셨다.

자리이타(自利利他). '남을 이롭게 하면 결국에는 나도 도움을 받는다'라는 것은 동서고금, 만고불변의 진리다. 지금은 이 상가에서 매월 50만 원씩 월세가 꼬박꼬박 들어온다. 실투자금 3,000만 원 정도인데, 월세 50만 원에다가 법인 두 개 주소지까지 일거양득으로 해결된 것이다.

"나그네의 외투를 벗기는 것은 바람이 아니라 햇빛이다."
이 건 명도에서도 다시 한번 교훈을 얻었다.

Case Study 02
법인으로 테마상가 낙찰받기

296 상가 셀프 경매의 정석

입찰 포인트

1) 지하철 강변역에 접한 IT 전문 테마상가로 테크노마트가 비교적 활성화되어 있다.
2) 테마상가 특성상 고층보다는 저층으로 내려갈수록 활성화되어 있다. 테크노마트 내부에서 영업하는 상인들 중 저층 매장으로 이동하려는 수요가 많다.
3) 2층 안에서도 매장이 에스컬레이터 주위에 위치해 유동 고객들이 많다.
4) 상가 특성상 임대수요는 많으나 잘 팔리지 않기에 매도 전략을 잘 세워야 한다.

테마상가는 근린상가의 일종으로 대형 매장형 상가를 의미한다. 패션이나 대상 고객을 세분화해서 테마를 형성하고 전문화한 매장이다. 1층부터 여러 층을 쇼핑몰 위주로 테마를 정해서 구성한 후, 고층 쪽으로는 영화관이나 웨딩홀 등을 배치해둔다. 동대문 밀리오레 등 패션매장상가나 테크노마트 등 IT 전문상가들이 이에 해당한다.

흔히 대다수 경매 투자가들은 테마상가라고 하면 몸서리치기 쉽다. 대부분 망한 테마상가들이 많기에 설사 감정가가 2억 원이 넘어가도 300만 원까지도 유찰되는 사례가 비일비재하기 때문이다. 중간에 잘못 들어가면 쪽박 찰 수 있다는 인식이 강하다. 그런데도 경매 투자자라면 꽤 쓸 만한 상가가 희귀(?)해지는 이 시절에 물건의 가치를 보는 눈을 게을리해서는 안 될 것이다.

 테마상가의 공략 포인트는 1층이나 2층 등 유동 고객이 많이 몰리는 층이다. 그중에 에스컬레이터 인근 가게부터 활성화되어 있기에 임장 시 실제로 걸어보며 고객들의 동선을 잘 파악해야만 한다. 테마상가의 고층부는 주로 영화관이나 전문식당가로 구성, 고객들이 고층으로 올라간 후 천천히 내려오면서 쇼핑을 하도록 매장 배치가 되어 있다.

 그러나 이러한 건물주의 사려 깊은(?) 의도와는 달리 CGV 등 고층의 영화관 등을 이용한 손님들은 주로 영화를 관람한 후에 엘리베이터를 통해 한꺼번에 빠져나오기 쉽다. 이를 방지하기 위해 상가관리회사는 중간층에 푸드코트를 넣어서 손님들을 유인하려는 전략을 쓰기도 하나, 잘못하면 고층부터 공실이 발생할 확률이 높기에 투자 리스크는 한없이 커진다. 이런 상가들은 사실 경매로밖에는 팔리지 않으며 낙찰가도 바닥을 길 수밖에 없다. 다만 서울 중심가의 역세권 테마상가가 경매로 나올 경우 손님들이 많이 몰리는 1층과 2층은 주목할 필요가 있다.

 소액으로 투자할 만한 경매 물건을 검색하던 중 강변역 역세권에 있는 테크노마트 상가 하나가 눈에 띈다. 테크노마트는 용산전자상가에 이은 서울 동북부의 대표적인 IT 전문 테마상가다. 과거 헬스장의 단체운동으로 건물이 흔들려 신문에 대서특필된 유명한 건물이다.

관심이 가는 경매 물건은 2층에 나온 전용 6평의 조그만 상가였다. 보통 때라면 무심코 지나쳤을 물건이나, 39층 중에 2층이라는 데 시선이 갔다. 일반 상가도 최고의 투자처는 1층이고 그 다음이 2층이다. 1층이나 2층은 고층에 비해 유동인구가 많아 활성화되어 있을 확률이 높다. 수강생 중에 테크노마트를 잘 아는 친구가 있어 이것저것 물어보니, 테크노마트에서는 1층, 2층이 가장 좋은 자리이며, 여기서 장사하는 사람들이라면 누구나 이런 위치를 가장 선호한다고 한다. 매장 위치를 다시 한번 찬찬히 살펴본다. 에스컬레이터 앞자리다. 손님들이 1층에서 2층으로 올라올 경우, 에스컬레이터 인근의 상가부터 훑어볼 것이다. 그렇다면 에스컬레이터 전방에 위치한 상가들이 A급 위치다.

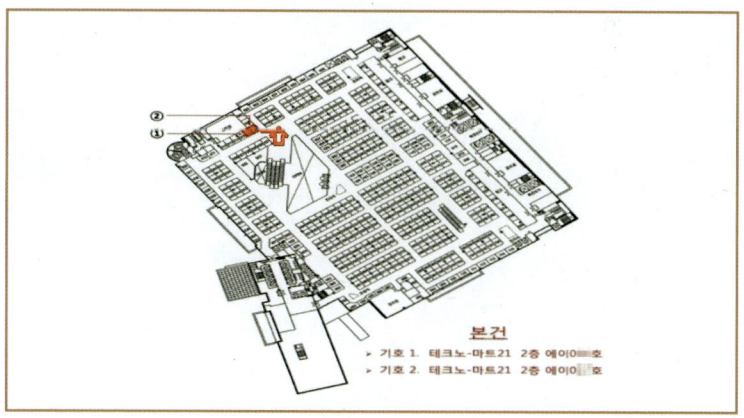

해당 물건은 2층 에스컬레이터 나오자마자 보이는 곳에 있다.

본건은 2층 에스컬레이터를 타고 내리자마자 전방에 보이는 매우 가시성이 뛰어난 위치다. 카메라 전문점이 영업을 하고 있다. 법인 멤버들과 현장에 가 보니 상가가 전체적으로 매우 활성화되어 있다는 느낌을 받았다. 강변역과 바로 붙어서인지 이용자들이 많다. 1층부터 7층까지 에스컬레이터로 이동해본다. 예상대로 위층으로 올라갈수록 손님이 적다. 2층은 손님들이 좋아할 만한 카메라, 휴대전화기 등의 IT기기 위주 매장으로 배치되어 있는 반면 5~7층 이상은 매우 썰렁하며, 인터넷 위주로 판매하는 매장이 많아 보인다.

4~7층 내 매장에서 장사하는 상인이라면, 분명 2~3층으로 내려가길 원할 것이다. 특히 에스컬레이터 앞쪽이라면 누구나 선호하지 않을까?

에스컬레이터를 타고 물건지를 다시 한번 휙 둘러보았다. 10여 분간 가만히 살펴보니, 손님 몇 명이 계속 문의하는 모습이 눈에 띈다. 직원 두 명이 열심히 설명 중이다. 감정가 1억 6,000짜리 물건이지만 테마상가라 계속 유찰되고 있다. 이번에 과연 누가 들어올까? 아무도 안 들어올 가능성도 있지만, 입점 상인들 중에 누군가 좋은 매장 위치를 바꿔보려고 입찰을 들어올 수도 있다.

최저가인 1억 430만 원 언저리에 쓰려고 하다가 아무래도 누군가 들어올 것 같아 약간 높여서 1억 610만 원을 썼다. 법인 명의로 들어갔다. 단독 입찰로 판단했으나 예상외로 한 명이 더 들어왔다. 아마 매장 내부사정을 잘 아는 상인이었을 것이다.

장사가 잘되는 매장임을 확인했기에 낙찰받고 바로 현장에 갔다. 임차인과 몇 마디 나눠보니 필자와 비슷한 연배에 눈매가 선하다. 열심히 일하고 있는 모습이 한눈에 들어온다. 가게 사정이 어렵다고 엄살(?)을 부리고 있으나, 기존 보증금 1,000만 원/월세 70만 원 조건에서 10만 원을 올려본다. 이 조건으로 그냥 계속 임차해도 좋고, 아니면 잔금 납부 후 바로 나가셔야 한다고 압박했다. 그렇지 않으면 인근 부동산 중개사무소에 물건을 내놓고 빨리 다른 임차인을 맞춰야 한다고 하니 다음 주까지 생각해보고 연락을 준다고 했다.

그다음 주에 바로 연락이 왔다. 그 조건으로 임차하겠다고 한다. 잔금을 치르자마자 바로 계약서를 썼다. 밀린 관리비도 없고 바로 월세를 받으니 그럭저럭 쏠쏠하다. 이 상가는 1년 후에 낙찰가 대비 약간의 차익만 보고 팔았다. 법인 멤버 중에 다른 좋은 물건에 투자하자는 의견이 나왔다. 1년 동안 쏠쏠하게 월세를 받았지만 팔기가 어려운 테마상가의 리스크가 있으니 일단 매도하기로 결정했다. 부동산 중개사무소에 내놓으니 며칠 후 전화가 온다. 2층 에스컬레이터 앞에서 장사하려는 사람들이 많은가 보다. 가격 협상도 하지 않고 바로 계약하자고 한다. 다른 상가와 대비해 투자 수익율은 그리 높지는 않았지만, 좋은 경험을 했다. 남들이 기피하는 물건도 찬찬히 살펴보면 먹거리가 있다.

테마상가라고 무조건 기피할 필요는 없다. '테마상가 전체가 죽은 상가로 변할 것인가', '상가 내 매장 입지가 어떤 방향으로 흘러갈 것인가' 등을 잘 관찰해본다면 충분한 임장을 거쳐 투자해도 무방하다.

얼마 전, 테크노마트 인근 부동산 중개사무소에 이 물건의 가격을 물어보았다. 지금은 5~7층에 입주한 상인들이 모두 2층·3층으로 내려와 장사하려 하기에 인기가 더 높아 1억 5,000만 원을 호가한다고 한다.
결과론이지만 만약 1년만 더 기다렸으면 소액 투자로 3,000만 원은 더 벌 수 있었다. 투자는 기다림이다!

Case Study 03
연결호수 매입 시 법인과 개인 명의를 병행할 것

　부동산 매매법인을 만들어 경매 투자 시 유의할 점 중 하나는 대출 여부다. 대출 레버리지를 잘 쓸 경우, 적정 자금으로 투자를 지속할 수 있기에 법인 투자 시 경매 입찰 단계부터 항상 대출 금액과 이자까지 산정한 후 들어가야 한다. 신생 법인의 경우 대출이 잘 안 나올 수 있고, 2금융권 등에서 대출받더라도 대출 이자가 높을 수 있다. 그래서 만약 연결호수의 상가가 나온다면 법인 단독 명의보다는 개인 명의와 법인 명의를 병행하는게 좋다.

　다음 상가를 예를 들어보겠다.

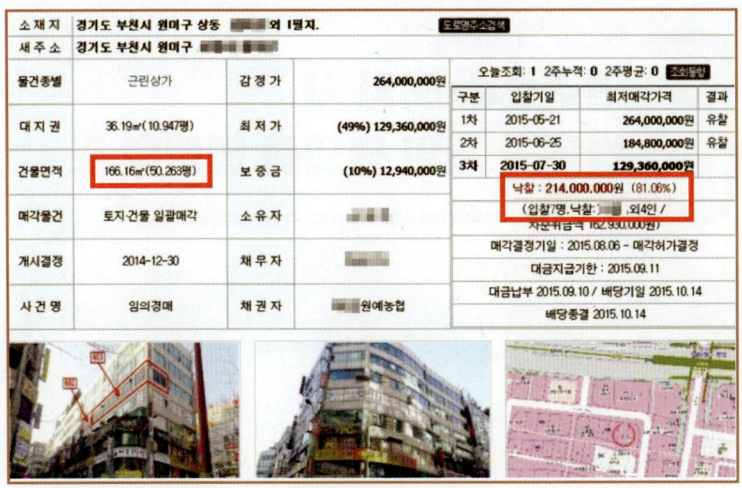

　602호와 603호가 연속으로 나왔다. 입찰 당시 603호는 멤버들 명의로, 602호는 법인으로 낙찰받았다. 그 이유는 대략 두 가지다. 첫째, 신생 법인은 대출이 잘 안 나올 수 있기 때문이다. 따라서 경락잔금 대출 실행 시 개인 명의로 낙찰받은 603호를 기준으로 공동담보 설정 근저당대출을 받을 경우 낮은 금리로 더 많은 대출 실행이 가능하다.

　이 물건도 1금융권에서 3% 중반대 금리로 낙찰가의 80%까지 받았다. 만약 법인 단독 명의로 낙찰받았다면 이 정도 대출이 불가능했을 것이다.

　둘째, 매도 시 양도세까지 고려한 전략이다. 이 건물 두 개 호수는 합쳐서 3억 5,000만 원 정도에 낙찰받았다. 매도 목표가는 5억 5,000만 원이다(최근 실제로 이 가격에 매도되었다). 이 경우 2억 원 정도 양도차익이 발생한다. 개인 명의로 낙찰받을 경우, 아무리 필요경비를 공제하더라도 양도세 부담이 상당할 것이다.

그러나 두 개 호수를 통으로 팔 경우, 법인 명의 낙찰 호수에 매도가가 높으면 법인 양도세율이 낮아 실제 양도세가 줄어드는 효과가 있다. 상가 매입 시부터 매도전략까지 고민하며 나만의 색을 찾아 지속해서 베팅하는 것이 바로 라첼의 투자 전략이다!

Case Study 04
법인은 대형평수 아파트 매입 시 취득세 중과

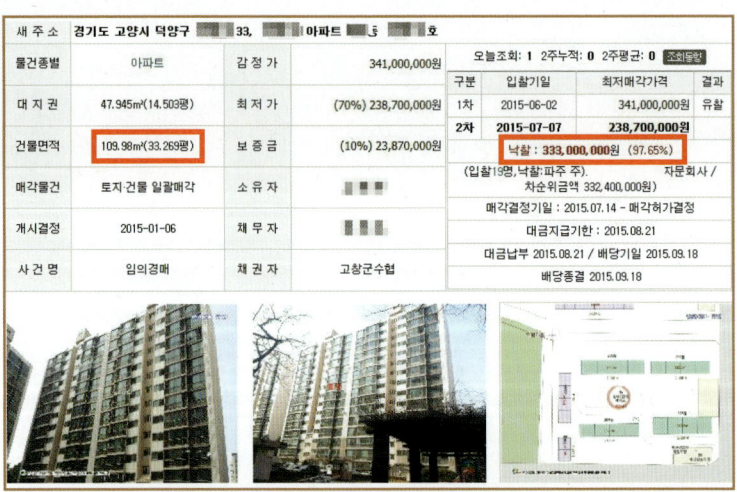

7년쯤 전이다. 경매 학원을 운영할 당시, 수강생들과 투자 법인을 만들어 일산 주변에 나왔던 아파트 경매 물건 입찰에 들어갔다. KTX역인 고양시 행신역에서 도보로 10분 거리에 위치한 역세권 아파트이기에 나름대로 인기 있는 아파트다.

15층 중 9층에 위치한 로열층 역세권 아파트이기에 낙찰만 받으면 매도는 문제없다고 판단한 물건이다. 다만 이 물건은 법인을 만든 후 낙찰받은 물건인데, 국민 평수(통상 32평)를 초과한 38평형 아파트임을 간과했다. 약 2년 정도 경과한 시점에서 아파트 가격이 어느 정도 올라 건물분 부가세(1,700만 원)를 만회하고도 충분한 양도차익이 생겼을 때 결국 매도했다.

경매에서 너무 급하게 돈을 벌려다 보면 오히려 함정에 노출될 확률이 높으니 늘 꼼꼼하게 살펴야 한다.

Part 7

상가 경매 심화학습
"경매 지식은 부자로 가는 지름길"

"내가 멀리 볼 수 있었던 것은 거인의 어깨 위에 올라섰기 때문이다."

– 아이작 뉴턴(Isaac Newton)

> ## 전쟁에서 이기려면
> ## 게임의 룰을
> ## 알아야 한다!

기원전 10세기경, 블레셋의 골리앗과 이스라엘의 다윗이 맞붙었다. 2m가 넘는 거인에다 갑옷과 투구로 중무장한 골리앗과 대결한 상대는 어이없게도 돌멩이 다섯 개만 들고 나선 어린 꼬마 다윗이다. 그 결과는? 굳이 필자가 말하지 않아도 모두가 다 알 것이다. 다윗이 이겼다. 그렇다면 어떻게 다윗이 이겼을까?

골리앗이 원했던 전투는 백병전이었다. 2m 거구의 골리앗은 갑옷과 투구로 중무장한 채 다윗이 다가오기만 기다렸다. 그러나 다윗은 그렇게 하지 않았다. 먼 거리에서 새총으로 짱돌을 날려 골리앗의 이마에 적중시킨 것이다. 다윗은 골리앗이 원하던 싸움의 규칙을 버리고 철저히 자신이 유리한 싸움을 벌인 것이다. 모두가 불가능하다고 여기는 그러나 자신만은 이길 수밖에 없다고 느낀 일생일대의 게임을 한 것이다.

1592년 임진왜란으로 가 보자. 부산진을 함락한 왜군이 기세등등하게 한양을 향해 진격해왔다. 당시 유일한 대항마였던 조선의 장수는 만주벌판에서 여진족을 소탕해 명성이 자자했던 신립 장군이었다. 신립 장군은 여기저기서 급하게 모은 병사 8,000여 명을 이끌고 문경새재에서 방어선을 쳤으나, 이는 신립 장군이 생각하던 싸움의 룰이 아니었다. 조총의 존재를 알고는 있었으나 기병전에 익숙한 신립 장군에게는 조총은 그리 두려워할 만한 무기가 아니었다.

당시 조총은 불을 붙여 한 발씩 격발하기까지 수분의 시간이 걸렸으니, 설사 선발대 몇 명이 죽더라도 나머지 말 탄 기병들이 적진을 쇄도해 박살낼 수 있을 것으로 판단한 것이다. 그것이 만주에서 여진족 기병들과 싸워왔던 신립의 싸움 방식이었다. 그러나 왜군은 이미 전국통일전쟁 시기에 이런 류의 기병전을 산전수전 다 겪어봤던 전쟁광들이었다.

일찍이 일본 전국시대 말 풍림화산의 깃발을 들고 일본 전국시대를 풍미했던 맹장 다케다 신겐(武田信玄)의 아들 다케다 가쓰요리(武田勝賴)와 일본의 3대 영웅 중 하나인 오다 노부나가(織田信長)가 나가시노 근처에서 서로 맞붙었다. 그러나 그 이전까지 일본 최강의 기마부대로 위용을 떨쳤던 다케다 가쓰요리(武田勝賴)의 군대는 오다 노부나가의 조총부대를 맞아 궤멸당하기에 이른다.

오다 노부나가는 일찍이 조총의 숨은 잠재력을 간파하고 조금씩 사들이기 시작해 3,500정까지 마련해두었던 것이다. 그리고 자신이 창안한 삼열사격식이라는 최강의 전법을 만들어냈다. 삼열사격법, 즉 조총수를 삼열로 세워둔 후 1조가 발사하고 뒤로 빠지면, 그사이 뒤에서 장전한 2조가 나와 사격을 하고, 다시 3조가 나와 사격을 하는 연사법이다. 혹시라도 상대방의 기병이 돌진할 경우, 조총 부대 앞에 마방책을 세워놓아 쇄도하는 기병들의 돌진을 막는 등 대비책도 강구해두었다. 전투가 시작되자 오다 노부나가의 조총부대에 다케다 가쓰요리의 기마부대는 말 그대로 추풍낙엽, 궤멸당하고 말았다.

바야흐로 게임의 룰이 바뀐 것이다.

신립장군은 이러한 게임의 룰을 몰랐다. 여진족과 싸우던 방식대로 조선의 기병을 세 개조로 나눈 후 일제히 돌격시키는 방식으로 싸웠다. 하지만 탄금대 주변이 습지였던 탓에 기병들이 제대로 속도를 내기 힘들었고, 그 전쟁의 끝은 조선 병사들의 장렬한 전사, 아니 궤멸이었다. 신라 시대 이후 내려온 전투의 철칙인 임전무퇴만을 부르짖었으니, 게임의 룰을 모른 대가는 너무나 가혹했다. 신립 장군 부대의 몰사와 함께 조선은 아수라장이 되었다. 선조의 급작스러운 한양 도피와 평양, 의주까지 이어지는 끝없는 파천 길은 사실은 게임의 룰을 몰랐던 신립 장군에서 비롯된 것이다. 병사의 1/3이 죽었을 때 차라리 그 병력만이라도 보존하며 방어전을 펼쳤더라면, 후방에서 승리를 염원하던 선조와 백성들이 그렇게까지 비참하게 쫓겨다니지 않았을텐데….

　반면 해전에서는 이순신 장군이 자신에게 유리한 방식대로 게임의 룰을 바꿨다. 한산도대첩이든, 명량대첩이든 이순신 장군은 철저히 자신이 이길 위치에서 싸움을 했다.
　기동성이 좋은 안택선을 주력함대로 썼던 왜군의 전법은 일단 상대방 배로 접근해 갈고리를 이용해서 연결한 다음, 사다리로 상대방 배에 넘어가 사무라이 스타일의 칼싸움을 하는 것이다. 하지만 이를 모를 리 없는 이순신 장군은 철저히 자신의 유리함으로 상대방의 약함을 공격했다. 일단 왜군의 배에 부족한 함포를 이용해 원거리로 타격하고, 근접전에서는 당파전술이라 해서 느리지만 무거운 조선의 배로 가벼운 왜군의 안택선에 충돌시켜 부숴버리는 전술을 쓴 것이다. 더구나 함정 자체가 왜군 함정보다 높기에 왜군이 타고 넘기도 쉽지 않았고, 거북선의 경우에는 아예 쇠창살을 박아버렸다. 발 빠른 왜군들이 설령 넘어오더라도 긴 창으로 찌르기만 하면 된다.

　전쟁을 잘하려면 게임의 룰을 이해해야 하고 지배할 줄 알아야 한다. 경매든, 주식이든 어떻게 보면 살벌한 경제 전쟁터다. 전쟁에서 이기려면 내가 유리한 포지션에 있는지, 어떤 전략으로 임하고 있는지를 먼저 살펴야 할 것이다. 게임을 지배해야만 승리할 수 있다.

상가건물 임대차보호법이란?

　상가건물 임대차보호법(이하 '상임법')은 상가건물 임차인을 보호하기 위해 만든 특별법이다. 상가를 임대해 장사하거나 사무실을 운영하려고 하는 사람들은 반드시 알아둘 필요가 있다.

　상임법은 상가건물의 임대차에 적용되며 대통령령이 정하는 보증금액을 초과하는 임대차에는 적용되지 않는다. 임대차는 그 등기가 없는 경우에는 임차인이 건물 인도와 사업자등록을 신청한 때에는 그다음 날부터 제3자에 대해 효력이 발생한다.

　상가건물은 사업자등록의 대상 여부를 기준으로 판단하므로, 교회·어린이집·동창회 등 비영리법인은 상임법의 보호를 받을 수 없다. 상가건물은 모든 임차인에게 적용되는 것이 아니라 환산보증금(보증금+월세 환산액)의 지역별 기준 이하인 경우에만 적용된다.

구분	환산보증금(서울 기준)	
	9억 원 초과	9억 원 이하
대항력	○	○
우선변제권	×	○
임차권등기명령	×	○
임대차기간(최소 1년)	×	○
계약갱신요구권 10년	○	○
묵시적 갱신	×	○
증액 청구 한도	제한 없음	상한 5%

환산보증금이란?

 환산보증금이란 임대보증금과 월세의 금액을 합산해서 계산한 보증금 총액을 말하며, 임차인의 상임법 적용 대상 여부를 가르기에 꼭 알아두어야 하는 용어다. 보통 상가임대차 계약 시 중개업자에게 지급하는 중개보수비도 환산보증금을 기준으로 계산한다(이때 부가세는 환산보증금에 포함되지 않는다).

> 환산보증금 = 임대보증금 + (월세×100)

상임법의 개정으로 2015년 5월 13일 이후 재계약하거나 신규로 계약한 임차인은 상가 점유와 사업자등록증만 있으면 대항력을 갖게 된다.

환산보증금을 초과한 임대차의 경우에도 점유와 사업자등록의 요건만 갖추고 2015년 5월 13일 이후 체결 또는 갱신되었다면 상임법 제3조 1항에 따라 대항력이 있고, 해당 건물의 양수인은 종전 임대인의 지위를 승계하므로 임대차보증금 반환 채무도 승계하게 된다.

> **상가건물 임대차보호법 제3조(대항력 등)**
> ① 임대차는 그 등기가 없는 경우에도 임차인이 건물의 인도와 '부가가치세법' 제8조, '소득세법' 제168조 또는 '법인세법' 제111조에 따른 사업자등록을 신청하면 그다음 날부터 제3자에 대하여 효력이 생긴다.
> ② 임차건물의 양수인(그 밖에 임대할 권리를 승계한 자를 포함한다)은 임대인의 지위를 승계한 것으로 본다.
> ③ 이 법에 따라 임대차의 목적이 된 건물이 매매 또는 경매의 목적물이 된 경우에는 '민법' 제575조 제1항·제3항 및 제578조를 준용한다.
> ④ 제3항의 경우에는 '민법' 제536조를 준용한다.

다만 환산보증금을 초과하는 임대차의 경우 상임법 제5조는 적용되지 않으므로 우선변제권은 인정되기 어려울 것이다.

> **상가건물 임대차보호법 제5조(보증금의 회수)**
> ① 임차인이 임차건물에 대하여 보증금반환청구소송의 확정판결, 그 밖에 이에 준하는 집행권원에 의하여 경매를 신청하는 경우에는 '민사집행법' 제41조에도 불구하고 반대의무의 이행이나 이행의 제공을 집행개시의 요건으로 하지 아니한다.
> ② 제3조 제1항의 대항요건을 갖추고 관할 세무서장으로부터 임대차계약서상의 확정일자를 받은 임차인은 '민사집행법'에 따른 경매 또는 '국세징수법'에 따른 공매 시 임차건물(임대인 소유의 대지를 포함한다)의 환가대금에서 후순위 권리자나 그 밖의 채권자보다 우선하여 보증금을 변제받을 권리가 있다.

또한, 환산보증금 과다 여부에 따라 상임법 적용도 달라진다.

상가는 일정 금액 이하일 때에만 상임법 적용을 받는다. 일정 금액을 초과하면 상가건물 임대차보호법의 일부 적용(대항력, 임차인의 계약갱신요구권, 권리금회수 기회 보호 등)만 받는다.

환산보증금이 일정 금액 이하일 때 임대인의 증액 청구는 임대차계약 또는 약정한 차임 등의 증액이 있고 난 뒤 1년 이후에 할 수 있고, 증액 청구액은 청구 당시의 차임 또는 보증금의 5%를 초과할 수 없다. 하지만 환산보증금이 일정 금액을 초과할 경우, 임대인은 상한 요율 5%와 상관없이 임차인에게 증액 청구할 수 있다.

보호 대상	서울	수도권 과밀억제	광역시(안산·용인· 김포·광주·경기)	기타 지역
개정안	9억 원	6억 9,000만 원	5억 4,000만 원	3억 7,000만 원

우선변제권이란?

우선변제권이란, 말 그대로 경매 절차에서 임차인이 배당 시 우선변제 받을 수 있는 권리를 말한다. 경매 절차에서 임차인이 우선변제권을 행사하려면 법원에 반드시 배당요구를 해야만 한다. 간혹 임차인 중에 배당요구를 게을리(?)하시는 분들이 있다. 죄송하지만 법의 무지는 보호를 받지 못한다.

> **우선변제의 필요조건**
> - 대항요건을 갖출 것 : 임차인은 건물의 인도와 사업자등록을 해야 한다.
> - 확정일자를 받을 것 : 관할 세무서장으로부터 확정일자를 받아야 한다.
> - 임차건물이 경매 또는 체납처분으로 매각되었을 것

경매에서 우선변제권보다 훨씬 더 파괴력 있는 권리가 최우선변제권이다. 최우선변제권은 경매 배당 시 소액보증금 대상이 되는 임차인이 확정일자를 갖추었는지와 상관없이 그 임대차계약보다 앞선 담보물권 등 선순위 권리에 앞서서 임차인의 보증금 중 일정액에 대해 최우선변제를 받는 것을 말한다.

최우선변제권은 임차보증금이 일정 금액 이하인 경우에만 인정되며, 임차인은 상가건물에 대한 경매 신청의 등기 전에 상임법상 대항요건(인도+사업자등록)을 갖추고 있고, 이 요건이 배당 시까지 계속 유지되어야만 한다.

지역	보증금의 범위	최우선변제금액
서울특별시	6,500만 원 이하	2,200만 원
수도권 과밀억제권역	5,500만 원 이하	1,900만 원
광역시(인천 제외), 안산·용인·김포·광주	3,800만 원 이하	1,300만 원
그 밖의 지역	3,000만 원 이하	1,000만 원

2018년 10월 16일 개정된 상임법 주요 내용
1. 상가임차인 계약갱신요구권 행사기한 : 5년 → 10년으로 연장
    - 단, 시행일 이후 최초 체결되거나 갱신되는 임대차계약부터 적용함.
2. 임차인의 권리금보호 회수 기간 : 3개월 → 6개월로 연장
    - 임차인의 권리금 회수 보호기간이 계약만료 6개월 전부터 만기일 이후까지로 연장됨(기존에는 3개월이었음).
    ※ 이 경우, 기존 임대차계약분도 소급 적용됨.
3. 상임법 적용 대상이 아니었던 전통 시장도 권리금 보호 대상 포함
    - '전통 시장'은 이전에는 권리금 적용 제외대상이었으나, 개정된 상임법에서는 권리금 보호 대상으로 포함시킴.
4. 대한법률구조공단 지부에 '상가건물임대차분쟁조정위원회' 신설
    - 상가건물 임대인과 임차인 간의 분쟁을 신속히 해결하도록 함으로써 상인들이 안정적으로 생업에 종사할 수 있도록 함.
5. 장기계약임대인 : 소득세·법인세 감면 혜택
    - 동일 임차인에게 5년 초과 임대해주는 장기 임대인에게(연 임대수익 7,500만 원 이하) 2년간 연평균 임대료 상승률이 5% 이하일 경우, 소득세와 법인세를 5% 감면시켜줌.

Tip | 상가 소액임차인 배당 기준표

담보물권 설정일	지역	환산보증금 기준	소액임차인 기준	최우선변제금 상한액
2002.11.1~ 2008.8.20	서울특별시	2억 4,000만 원 이하	4,500만 원 이하	1,350만 원
	과밀억제권역	1억 9,000만 원 이하	3,900만 원 이하	1,170만 원
	광역시	1억 5,000만 원 이하	3,000만 원 이하	900만 원
	기타 지역	1억 4,000만 원 이하	2,500만 원 이하	750만 원
2008.8.21~ 2010.7.25	서울특별시	2억 6,000만 원 이하	4,500만 원 이하	1,350만 원
	과밀억제권역	2억 1,000만 원 이하	3,900만 원 이하	1,170만 원
	광역시	1억 6,000만 원 이하	3,000만 원 이하	900만 원
	기타 지역	1억 5,000만 원 이하	2,500만 원 이하	750만 원
2010.7.26~ 2013.12.31	서울특별시	3억 원 이하	5,000만 원 이하	1,500만 원
	과밀억제권역	2억 5,000만 원 이하	4,500만 원 이하	1,350만 원
	광역시 (안산, 김포 등)	1억 8,000만 원 이하	3,000만 원 이하	900만 원
	기타 지역	1억 5,000만 원 이하	2,500만 원 이하	750만 원
2014.1.1~ 2018.1.25	서울특별시	4억 원 이하	6,5000만 원 이하	2,200만 원
	과밀억제권역	3억 원 이하	5,500만 원 이하	1,900만 원
	광역시 (안산, 김포 등)	2억 4,000만 원 이하	3,800만 원 이하	1,300만 원
	기타 지역	1억 8,000만 원 이하	3,000만 원 이하	1,000만 원
2018.1.26~ 2019.4.1	서울특별시	6억 1,000만 원 이하	6,500만 원 이하	2,200만 원
	과밀억제권역, 부산	5억 원 이하	5,500만 원 이하 (부산 : 3,800만 원 이하, 기장 : 3,000만 원 이하)	1,900만 원 (부산 : 1,300만 원, 기장 : 1,000만 원)
	광역시, 안산, 용인, 김포, 광주, 세종, 파주, 화성	3억 9,000만 원 이하	3,800만 원 이하 (세종, 파주, 화성 3,000만 원)	1,300만 원 (세종, 파주, 화성 1,000만 원)
	기타 지역	2억 7,000만 원 이하	3,000만 원 이하	1,000만 원
2019.4.2~ 현재	서울특별시	9억 원 이하	6,500만 원 이하	2,200만 원
	과밀억제권역, 부산	6억 9,000만 원 이하	5,500만원 이하 (부산 : 3,800만 원 이하, 기장 : 3,000만 원 이하)	1,900만원 (부산 : 1,300만 원, 기장 : 1,000만 원)
	광역시, 안산, 용인, 김포, 광주, 세종, 파주, 화성	5억 4,000만 원 이하	3,800만 원 이하 (세종, 파주, 화성 3,000만 원)	1,300만 원 (세종, 파주, 화성 1,000만 원)
	기타 지역	3억 7,000만 원 이하	3,000만 원 이하	1,000만 원

| Tip | 주택임대차보호법이란?

주택임대차보호법(이후 '주임법'이라 함)은 주거용 건물의 임대차에 관해 민법에 대한 특례를 규정함으로써 국민의 주거 생활의 안정을 보장하기 위한 취지로 1981년에 제정되었다.

주임법의 적용 범위

주임법은 원칙적으로 주거용 건물의 적용에 국한된다. 따라서 공장·사무실·창고 등의 비주거용 건물에는 적용되지 않는다. 그러나 건물이 주거용과 비주거용으로 겸용될 때가 문제되는데, 이때는 건물의 현황이나 용도 등에 비추어 실제 주거용으로 사용되는지에 따라 '실질적으로 판단'해야 한다.

따라서 사회 통념상 건물로 인정하기에 충분한 요건을 구비하고 있고 실제 주거용으로 사용되고 있다면, 공부상에 '주거용'으로 기재되어 있지 않더라도 주임법이 적용된다. 이때 주거용 건물인지 여부의 판단 시점은 '임대차계약 체결 시'다. 따라서 임대차계약이 체결될 당시에는 주거용 건물이 아니었는데, 그 후 임차인이 임의로 주거용으로 개조한 경우에는 주임법이 적용되지 않는다.

주거용 건물의 일부를 임차한 경우에도 주임법이 적용될까? 정답은 'yes'다. 예를 들어, 임차인이 방 한두 칸을 사용하면서 화장실·주방 등을 공동으로 사용하는 경우에도 주임법은 적용되는데, 경매 실전에서 흔히 발생하는 소액임차인 유형이다.

주임법의 주요 내용

1. 임대차의 최소 계약 기간은 2년이다.

주임법에서는 최소한의 임대차계약 기간을 2년으로 하고, 정해진 기간이 없거나 2년 미만으로 정한 임대차도 그 기간을 2년으로 본다. 또한 임대차가 종료된 경우에도 임차인이 보증금을 반환받을 때까지 그 임대차 관계는 존속하는 것으로 본다.

2. 임대인이 임대차 만료 6개월에서 1개월 전에 갱신 통지를 해야 한다.

임대인이 임대차기간 만료 6개월 전부터 1개월 전까지 갱신 통지를 하지 않을 경우, 전 임대차와 동일한 조건으로 임대차한 것으로 본다.

단, 2기의 차임액에 달하도록 차임을 연체하는 등 임차인으로서의 의무를 현저히 위반한 임차인에 대해서는 계약갱신이 없는 것으로 본다. 묵시적갱신 기간 중에는 임차인은 임대인에 대해 계약해지를 통보할 수 있으며, 이 경우 계약해지는 임대인이 그 통지를 받은 날로부터 3개월이 경과하면 효력이 발생한다.

3. 임차인이 점유+전입신고를 마칠 경우, 대항력이 발생한다.

주임법에서 말하는 '대항력'이란, 임차인이 주택의 점유와 주민등록 전입신고를 마친 때는 전세권등기 등 등기가 설정되어 있지 않아도 제3자에 대해 대항할 수 있는 효력을 갖는 것을 의미한다.

4. 우선변제권과 최우선변제권이란?

우선변제권은 대항요건을 갖춘 임차인이 임대차계약서에 확정일자를 갖춘 경우에 인정되는 권리다. 즉, 임차인은 대항요건(전입+인도)을 갖추게 되면, 그다음 날 오전 0시부터 ① 임대차계약 기간 동안 거주할 권리와 ② 계약기간 만료 시에도 보증금을 반환받을 때까지 주택을 명도하지 않을 수 있는 권리, 즉 '대항력'을 갖게 된다.

결론적으로 '우선변제권'이란, 임차한 주택이 경매로 나올 경우 '대항력'과 '확정일자'를 갖춘 임차인이 근저당권자나 그 밖의 후순위 채권자보다 우선해서 보증금을 변제받을 권리를 말한다.

소액임차인의 최우선변제권은 순위에 관계없이 선순위 저당권자 등 다른 권리자보다 우선해 경매 절차에서 배당을 받을 수 있다.

이 경우, 최우선변제를 받을 수 있는 소액임차인은 보증금이 다음의 구분에 따른 금액에 해당해야 한다. 소액임차인 여부의 판단 시점은 원칙적으로 '배당 시'다. 임대차계약 당시에는 소액임차인에 해당되는데, 그 후 계약갱신을 통해 보증금이 증액되어 배당 시점에 소액보증금 한도를 초과하게 되면 더 이상 소액임차인에 해당하지 않는다.

지역	보증금의 범위
서울특별시	1억 1,000만 원 이하
수도권 과밀억제권	1억 원 이하
광역시(인천 제외), 안산·파주·김포·광주	6,000만 원 이하
그 밖의 지역	5,000만 원 이하

2020년 7월 개정된 주임법 주요 내용

1. 2020년 7월 31일부터 '임대차 3법'이 시행됨

① 전월세 상한제 : 임대차계약 갱신 시 임대료 증액의 상한이 직전 계약 임대료의 '5% 이내'로 제한됨.

② 계약갱신청구권 : 세입자가 원할 경우 기존 2년 계약이 끝나면 한 차례 연장해 최대 4년(2년+2년)까지 계약 기간이 보장되고, 법 시행 이전 계약도 계약갱신청구권 1회(+2년)까지 인정됨.

※ 단, 집주인이나 집주인 부모·자녀가 2년간 실거주 시 갱신청구권 거부 가능

③ 전월세신고제 : 임대차계약 당사자는 계약체결일로부터 30일 이내에 주택 소재지의 신고관청에 신고해야 함.

※ 주택임대차 실거래 신고 접수 시 주택임대차보호법에 따라 확정일자 부여

2. 묵시적 갱신기간 변경 : 6개월에서 1개월 내 → 6개월에서 2개월 내

– 기존에는 임대인이 임차인에게 계약기간 만료일 '6개월 전부터 1개월 전'까지 통보하지 않을 경우, 이전 임대차와 동일한 조건으로 연장되었는데 개정법에서는 '6개월 전부터 2개월 전'으로 변경함

3. 전월세 전환율 변경 : 종전 3.5% → 2%로 변경

– 전세금 중 일정액을 월세로 전환 시 적용되는 '전월세 전환율'을 기존에는 3.5%였으나 2020년 9월 29일 이후부터는 2%로 변경함

Tip | 주택 소액임차인 배당 기준표

담보물권 설정일	지역	소액임차인 기준	최우선변제금 상한액
2001.9.15~	과밀억제권역	4,000만 원 이하	1,600만 원
	광역시(인천 제외)	3,500만 원 이하	1,400만 원
	기타 지역	3,000만 원 이하	1,200만 원
2008.8.21~ 2010.7.25	과밀억제권역	6,000만 원 이하	2,000만 원
	광역시(인천 제외)	5,000만 원 이하	1,700만 원
	기타 지역	4,000만 원 이하	1,400만 원
2010.7.26~ 2013.12.31	서울특별시	7,500만 원 이하	2,500만 원
	수도권 과밀억제권역	6,500만 원 이하	2,200만 원
	광역시 (안산, 용인, 김포, 광주)	5,500만 원 이하	1,900만 원
	기타 지역	4,000만 원 이하	1,400만 원
2014.1.1~ 2016.3.30	서울특별시	9,500만 원 이하	3,200만 원
	수도권 과밀억제권역	8,000만 원 이하	2,700만 원
	광역시 (안산, 용인, 김포, 광주)	6,000만 원 이하	2,000만 원
	기타 지역	4,500만 원 이하	1,500만 원
2016.3.31~ 2018.9.17	서울특별시	1억 원 이하	3,400만 원
	수도권 과밀억제권역	8,000만 원 이하	2,700만 원
	광역시 (안산, 용인, 김포, 광주)	6,000만 원 이하	2,000만 원
	기타 지역	5,000만 원 이하	1,700만 원
2018.9.18~ 현재	서울특별시	1억 1,000만 원 이하	3,700만 원
	수도권 과밀억제권역	1억 원 이하	3,400만 원
	광역시 (안산, 용인, 김포, 광주)	6,000만 원 이하	2,000만 원
	기타 지역	5,000만 원 이하	1,700만 원

주택임대차보호법과 상가임대차보호법의 차이

구분	주택임대차보호법	상가임대차보호법
적용 범위	상한 보증금 없음 주거용 건물 전부 또는 일부 임대차	상한 보증금 있음 사업자등록 대상이 되는 상가임대차
대항력 요건	주택 인도 + 주민등록 = 익일 0시 대항력	건물 인도 + 사업자등록 = 익일 0시 대항력
월세 환산	월세 환산하지 않음	최우선변제보증금은 월세 환산함
임대차기간	최단기간 2년	최단기간 1년
묵시적갱신	임대인이 임대차만료 6개월~2개월 전에 갱신 통보를 하지 않을 경우 자동연장(임차인은 언제든지 계약해지 가능, 임대인은 통지받은 날부터 3개월 후 효력)	임대인이 임대차만료 6개월~2개월 전에 갱신 통보를 하지 않을 경우 자동연장(임차인은 언제든지 계약해지 가능, 임대인은 통지받은 날부터 3개월 후 효력)
계약갱신요구권	최대 4년(기존 2년+2년)까지 인정	10년의 계약갱신요구권 있음
차임증가청구권	차임 또는 보증금의 5% 증감 청구 가능	차임 또는 보증금의 5% 증감 청구 가능
최우선변제금의 범위	배당 금액의 1/2 내	배당 금액의 1/2 내
월차임 전환률	연 10% 또는 기준금리+2% 중 낮은 금액	연 12% 또는 기준금리×4.5배수 중 낮은금액

상가 수익률은 어떻게 계산할까?

부동산 투자 시 흔히 복리의 효과를 설명할 때 쓰는 '72의 법칙'이 있다. 72의 법칙은 투자 원금을 두 배로 늘릴 수 있는 기간을 쉽게 알게 해주는 셈법이다. 예를 들어, 연 12%의 수익률일 경우, 72를 12로 나눈 값, 즉 6년이면 투자 금액을 두 배로 늘릴 수 있다. 연 24%의 수익률일 경우, 72를 24로 나눈 값, 즉 3년이면 투자 금액을 두 배로 늘리게 된다. 다시 말해 연 24%의 수익률은 사실 엄청난 수익률인 셈이다. 72의 법칙도 골치 아프다고 여겨질 경우, 매년 10% 수익률을 복리로 일곱 번 정도 굴리면 대략 100% 원금이 된다고 보면 된다. 이런 측면에서 볼 때, 현 이자제한법에서 적용하는 최고 상한률 24%(최근 20%로 차감)를 적용하는 사채업자들의 이율은 절대 작은 수치가 아니다. 3년 동안 월 2부로 빌리면 복리 효과를 감안 시 원금만큼 날아가는 것이다. 그래서 신용불량자들이 이러한 사채의 늪에서 좀처럼 헤어나지 못하는 것일지도 모른다.

아파트 투자를 흔히 자본수익형(Capital gain) 투자라고들 한다. 만약 서울 시내 5억 원 아파트를 3년 전에 사서 지금 10억 원이 되었다면, 다른 대체상품으로 투자했을 경우를 가정할 때, 세금 등 각종 비용 빼고 연 24% 정도의 복리 수익률을 거두었다고 보면 된다. 그런데 아파트 투자의 경우 여기에 함정이 숨어 있다. 5억 원의 시세차익이 났다고 해서 과연 순수하게 5억 원 차익을 기대하기 힘들다는 점이다. 최근 정부의 각종 인상되는 세금을 고려해볼 때 취득세, 양도세 및 종부세 등으로 매달 추가 비용이 발생하는데, 현 정부에서는 무시할 수 없는 수치다. 더구나 전세나 월세를 주었을 경우, 임대차 3법 개정으로 임대인들의 부담이 가중된다.

임대차 3법 개정안 주요 내용

전월세 신고제 (부동산 거래 신고 등에 관한 법률)	▶ 거래일로부터 30일 내 전월세 거래 내용 신고 ▶ 임대인·임차인에게 신고 의무 부여
전월세 상한제 (주택임대차보호법)	▶ 계약갱신 시 임대료 상한(상승폭 5% 이내) 제한 지방자치단체가 5% 이내 상한 결정 시 그에 따름
계약갱신청구권 도입 (주택임대차보호법)	▶ 2+2년 보장안 : 세입자 기존 2년 계약이 끝나면 추가로 2년 계약 연장 ▶ 계약갱신청구거부 : 집주인은 물론 직계존속·비속이 주택에 실거주해야 할 경우

상가 투자는 흔히 임대수익형(Income gain) 투자다. 일반인들은 상가 투자가 확연히 가격 차가 보이는 차익형 투자가 아니기에 별다른 메리트를 못 느낄 수도 있겠지만, 만약 월 2% 이상의 수익률로 3년이면 투입원금의 100%를 벌게 되는 것이다.

참고로 상가 수익률을 계산하는 방법은 어떤 것이 있을까?
은행 대출이 있을 때와 없을 때 계산하는 산식은 약간 다르다.

> **대출 제외 시 상가 수익률(%)**
> (월세×12개월 / 총매입액-보증금)×100

> **대출 포함 시 상가 수익률(%)**
> (월세-월 이자)×12개월 / 총매입액-보증금-대출금액)×100

총매입액
= 매입가+매입경비(취·등록세+법무사비+중개사 수수료+명도비
 +수리비)

하지만 필자는 이런 복잡한 산식보다는 암산으로 연 6% 수익률을 계산하는 방식을 선호한다. 상가 매도 시에도 이 수익률을 참고로 한다. 연 6% 수익률을 간단히 계산하는 방법은 (월세

×200)+보증금이다.

예를 들어 월세 200만 원/보증금 5,000만 원 역세권 상가가 있다고 치자. 그럼 머릿속으로 쉽게 계산하는 방법은 200만 원 ×200+5,000만 원=4억 5,000만 원이다. 즉 4억 5,000만 원에 매수한 상가가 월세 200만 원/보증금 5,000만 원 정도 나온다면, 연 6% 수익률로 볼 수 있다는 이야기다.

통상적으로 최근 수도권 일대 역세권 상가들의 월세 수익률을 살펴보면 대략 5~6% 정도 선에서 맞추어져 있다. 오피스텔 분양사들은 연 3~4%대의 안정적 수익률을 집중적으로 홍보하기도 한다. 저금리 시대라 단순히 저축해서 1~2%대의 이자로만 생활하기 어려운 은퇴자들이 상가 투자에 적극적으로 나설 수밖에 없는 이유다.

상가 투자를 단순 임대했을 경우 연 6% 수익률을 목표로 하면 되나, 전업 투자자라면 상가의 부가가치를 높여 소호사무실, 고시원, 스터디카페 등 다른 용도로 개발을 고민해야 하고, 이 경우 항상 인테리어비 등 투입비용 대비 연 몇 %의 수익률을 거두는지 늘 신경 써야 한다.

그런데 코로나 시대에 이러한 불문율이 많이 깨지고 있다. 정부를 비롯해 각종 언론에서는 임대업자에게 무조건적인 월세

인하를 요구하고 있다. 그런데 이미 상당한 대출을 안고 상가를 산 투자자라면, 이렇게 미리 생각한 월세 수익률에 대한 기대치가 있을 터인데 월세를 인하하게 될 경우, 기대수익률뿐만 아니라 매도 시 상가 매도가격에도 상당한 타격을 받을 수밖에 없다. 상가건물 임대차보호법상 일단 인하된 월세는 쉽게 인상할 수도 없다. 상가 투자자에게는 쉽지 않은 난제다.

상가 장기수선충당금은 누가 부담할까?

"사장님! 장기수선충당금은 언제 돌려주실 건가요?"

얼마 전, 기한이 만료된 임차인이 사무실을 빼면서 갑자기 전화가 왔다. 그렇다면 상가임차인은 임차기한 만료 시 그간 입주하면서 관리비 고지서에서 낸 장기수선충당금을 무조건 임대인으로부터 받을 수 있을까?

필자의 대답은 'No'다. 통상적으로 아파트의 경우, 주택법 적용을 받기에 임차인은 기한 만료 후 집주인으로부터 장기수선충당금을 돌려받을 수 있다.

주택법시행령에 따르면, '장기수선충당금'은 장기수선계획에 따라 아파트의 주요 시설의 교체 및 보수에 필요한 금액을 말한다. 장기수선충당금의 요율은 해당 아파트의 공용 부분의 내구 연한 등을 감안해 관리규약으로 정하고, 적립 금액은 장기수선 계획에서 정한다. 주택법상 장기수선충당금의 적립은 의무사항으로 위반 시 과태료 200만 원에 처하게 되어 있다.

즉, 장기수선충당금은 아파트 노후화를 막는 공사에 쓸 수 있도록 집 소유주로부터 걷어 적립해두는 금액인데, 대부분의 동네 부동산 중개사무소에서는 상가에서도 아파트 등 주택의 사례를 준용해서 임차인 퇴거 시 임대인에게 부담시키는 경향이 있다.

그러나 상가는 아니다. 상가는 특별수선충당금으로 매월 관리비에서 공제되지만, 이는 임차인의 부담이라는 대구법원 판례가 난 상태다. 필자도 부린이일 때는 관리사무소가 이전 임차인의 장기수선충당비를 납부해달라는 요구에 무조건 돌려줬다. 아파트의 경우에는 으레 내기 때문에 상당수 부동산 업자도 이렇게 알고 있다. 다음 판례를 잘 읽어보자. 아는 것이 돈이다. 모르면 돈으로 해결하면 된다.

---

1. 상가임차인의 특별수선충당금 부담

대구지방법원 2013가소92768 판결, 항소심도 같은 취지로 판결

해당 사건은 상가 특별수선충당금을 다루고 있으며 「주택법」이 소유자에게 특별수선충당금의 책임을 부여하는 것은 공동주택의 경우에만 해당되는 것이기 때문에 그 납부 책임이 상가 소유자인 B에게만 한정되지 않는다.

임차인 A와 임대인B가 임대차 계약 체결 당시 A가 관리 법인의 청구에 따라 관리비를 매월 납부하고 상가관리규정을 준수키로 약정한 점, 상인들은 상가 관리・운영을 위해 「유통산업발전법」에 따른 운영법인인 주식회사 β를 설립한 점, 임차인은 전용부분에 소요되는 전기료, 상하수도 요금, 냉・난방비 및 공용부분 등의 관리에 소요되는 일체의 비용인 관리비를 부과 기준에 따라 부담하는 한편, 건물의 주요 시설의 교체 및 대규모 수선에 필요한 특별수선충당금을 매월 납부하고, 특별수선충당금은 관리비에 포함해 부과하고 있는 점 등에 비춰 볼 때, 이 사건 상가에 부과된 특별수선충당금의 납부 의무자는 임차인 A라고 보는 것이 타당하다.

상가 체납관리비 대처 요령은?

1. 밀린 관리비는 누가 부담하는가?

공유 부분은 매수인이 부담한다

1) 1차 대법원 판결 – 공용 부분 매수인 부담

> 대법원 2001. 9. 20. 선고 2001다8677 전원합의체 판결 [채무부존재확인]
>
> 【판시사항】
> 아파트의 전 입주자가 체납한 관리비가 아파트 관리규약의 정함에 따라 그 특별승계인에게 승계되는지 여부(=공용 부분에 한하여 승계)
>
> 【판결요지】
> [다수의견] 아파트의 관리규약에서 체납관리비 채권 전체에 대하여 입주자의 지위를 승계한 자에 대하여도 행사할 수 있도록 규정하고 있다 하더라도, '관리규약이 구분소유자 이외의 자의 권리를 해하지 못한다'고 규정하고 있는 집합건물의 소유 및 관리에 관한 법률(이하 '집합건물법'이라 한다) 제28조 제3항에

> 비추어 볼 때, 관리규약으로 전 입주자의 체납관리비를 양수인에게 승계시키도록 하는 것은 입주자 이외의 자들과 사이의 권리·의무에 관련된 사항으로서 입주자들의 자치규범인 관리규약 제정의 한계를 벗어나는 것이고, 개인의 기본권을 침해하는 사항은 법률로 특별히 정하지 않는 한 사적 자치의 원칙에 반한다는 점 등을 고려하면, 특별승계인이 그 관리규약을 명시적·묵시적으로 승인하지 않는 이상 그 효력이 없다고 할 것이며, 집합건물법 제42조 제1항 및 공동주택관리령 제9조 제4항의 각 규정은 공동 주택의 입주자들이 공동주택의 관리·사용 등의 사항에 관하여 관리규약으로 정한 내용은 그것이 승계 이전에 제정된 것이라고 하더라도 승계인에 대하여 효력이 있다는 뜻으로서, 관리비와 관련하여서는 승계인도 입주자로서 관리규약에 따른 관리비를 납부하여야 한다는 의미일 뿐, 그 규정으로 인하여 승계인이 전 입주자의 체납관리비까지 승계하게 되는 것으로 해석할 수는 없다. 다만, 집합건물의 공용 부분은 전체 공유자의 이익에 공여하는 것이어서 공동으로 유지·관리해야 하고 그에 대한 적정한 유지·관리를 도모하기 위하여는 소요되는 경비에 대한 공유자 간의 채권은 이를 특히 보장할 필요가 있어 공유자의 특별승계인에게 그 승계의사의 유무에 관계없이 청구할 수 있도록 집합건물법 제18조에서 특별규정을 두고 있는바, 위 관리규약 중 공용 부분 관리비에 관한 부분은 위 규정에 터 잡은 것으로서 유효하다고 할 것이므로, 아파트의 특별승계인은 전 입주자의 체납관리비 중 공용 부분에 관하여는 이를 승계하여야 한다고 봄이 타당하다.

2001.09.20. 대법원 전원합의체 판결은 아파트의 관리비를 전유 부분과 공용 부분으로 나누고, 전유 부분은 입주자대표회의가, 공용 부분은 매수인이 부담하도록 했다.

전유 부분	전기료, 수도료, 하수도료, 난방비, TV 수신료 등
공용 부분	청소비, 오물수거비, 소독비, 승강기 유지비, 공용난방비, 수선유지비, 일반관리비, 장부기장료, 위탁수수료, 화재보험료 등

2) 2차 대법원 판결 – 공용 부분 원금만 부담

① 2001년 9월 1차 대법원 판결은 매수인이 전액 부담하던 밀린 관리비를 전유 부분과 공용 부분으로 나눠 매수인이 부담을 반감시켰다는 점에서 의미가 있었다.

② 그러나 공용 부분에 딸린 연체료가 쟁점으로 부상했다. 연체 기간이 1년을 넘으면 이자율이 20%를 넘어 몇 년 묵은 물건은 배보다 배꼽이 더 큰 경우가 적지 않았기 때문이다. 그러나 2006년 2차 판결은 <u>공용 부분 연체료는 매수인이 인수하지 않아도 된다</u>는 점을 분명히 했다.

3) 3년 이내 공용 부분 부담

① 관리비 채권은 소멸시효가 3년이다. 따라서 매수인은 매각대금 납부 시점에서 3년이 지난 관리비는 내지 않아도 된다. 단, 밀린 관리비를 이유로 가압류를 하지 않은 경우다.

② 가압류는 시효 중단의 효력이 있다. 일부 관리사무소는 다목적 카드로 사용하기 위해 가압류를 해놓은 경우도 있다.

4) 공용 부분은 얼마나 될까?

① 전체 관리비 중 전유 부분이 60~70% 내외이고 공용 부분은 30~40%를 차지한다.

② 따라서 밀린 관리비가 100만 원이라고 할 경우, 그중에 약 30만 원 내외는 매수인이 부담해야 한다.

③ 그러나 세대수가 300세대 미만인 경우 관리비 중 공용 부분의 비중이 약 60~70%로 높아진다. 관리비 항목 중에서 비중이 상대적으로 높은 일반관리비(인건비) 때문이다.

대법원 2006.6.29. 선고 2004다3598,3604 판결 [채무부존재확인 등]

【판시사항】
[1] 집합건물의 소유 및 관리에 관한 법률 제18조의 입법 취지 및 전(前) 구분소유자의 특별승계인에게 전 구분소유자의 체납관리비를 승계하도록 한 관리규약의 효력(=공용 부분 관리비에 한하여 유효)
[2] 집합건물의 전(前) 구분소유자의 특정승계인에게 승계되는 공용 부분 관리비의 범위 및 공용 부분 관리비에 대한 연체료가 특별승계인에게 승계되는 공용 부분 관리비에 포함되는지 여부(소극)
[3] 상가건물의 관리규약상 관리비 중 일반관리비, 장부기장료, 위탁수수료, 화재보험료, 청소비, 수선유지비 등이 전(前) 구분소유자의 특별승계인에게 승계되는 공용 부분 관리비에 포함된다고 한 사례
[4] 집합건물의 관리단이 전(前) 구분소유자의 특별승계인에게 특별승계인이 승계한 공용 부분 관리비 등 전 구분소유자가 체납한 관리비의 징수를 위해 단전·단수 등의 조치를 취한 사안에서, 관리단의 위 사용방해행위가 불법행위를 구성한다고 한 사례
[5] 집합건물의 관리단 등 관리 주체의 불법적인 사용방해행위로 인하여 건물의 구분소유자가 그 건물을 사용·수익하지 못한 경우, 구분소유자가 그 기간 동안 발생한 관리비채무를 부담하는지 여부(소극)

【판결요지】
[1] 집합건물의 소유 및 관리에 관한 법률 제18조에서는 공유자가 공용 부분에 관하여 다른 공유자에 대하여 가지는 채권은 그 특별승계인에 대하여도 행사할 수 있다고 규정하고 있는데, 이는 집합건물의 공용 부분은 전체 공유자의 이익에 공여하는 것이어서 공동으로 유지·관리되어야 하고 그에 대한 적정한 유지·관리를 도모하기 위하여는 소요되는 경비에 대한 공유자 간의 채권은 이를 특히 보장할 필요가 있어 공유자의 특별승계인에게 그 승계 의사의 유무에 관계없이 청구할 수 있도록 하기 위하여 특별규정을 둔 것이므로, 전(前) 구분소유자의 특별승계인에게 전 구분소유자의 체납관리비를 승계하도록 한 관리

규약 중 공용 부분 관리비에 관한 부분은 위와 같은 규정에 터 잡은 것으로 유효하다.
[2] 집합건물의 전(前) 구분소유자의 특정승계인에게 승계되는 공용 부분 관리비에는 집합건물의 공용 부분 그 자체의 직접적인 유지·관리를 위하여 지출되는 비용뿐만 아니라, 전유 부분을 포함한 집합건물 전체의 유지·관리를 위해 지출되는 비용 가운데에서도 입주자 전체의 공동의 이익을 위하여 집합건물을 통일적으로 유지·관리해야 할 필요가 있어 이를 일률적으로 지출하지 않으면 안 되는 성격의 비용은 그것이 입주자 각자의 개별적인 이익을 위하여 현실적·구체적으로 귀속되는 부분에 사용되는 비용으로 명확히 구분될 수 있는 것이 아니라면, 모두 이에 포함되는 것으로 봄이 상당하다. 한편, 관리비 납부를 연체할 경우 부과되는 연체료는 위약벌의 일종이고, 전(前) 구분소유자의 특별승계인이 체납된 공용 부분 관리비를 승계한다고 하여 전 구분소유자가 관리비 납부를 연체함으로 인해 이미 발생하게 된 법률효과까지 그대로 승계하는 것은 아니라 할 것이어서, 공용 부분 관리비에 대한 연체료는 특별 승계인에게 승계되는 공용 부분 관리비에 포함되지 않는다.
[3] 상가건물의 관리규약상 관리비 중 일반관리비, 장부기장료, 위탁수수료, 화재보험료, 청소비, 수선유지비 등은 모두 입주자 전체의 공동의 이익을 위하여 집합건물을 통일적으로 유지·관리해야 할 필요에 의해 일률적으로 지출되지 않으면 안 되는 성격의 비용에 해당하는 것으로 인정되고, 그것이 입주자 각자의 개별적인 이익을 위하여 현실적·구체적으로 귀속되는 부분에 사용되는 비용으로 명확히 구분될 수 있는 것이라고 볼 만한 사정을 찾아볼 수 없는 이상, 전(前) 구분소유자의 특별승계인에게 승계되는 공용 부분 관리비로 보아야 한다고 한 사례
[4] 집합건물의 관리단이 전(前) 구분소유자의 특별승계인에게 특별승계인이 승계한 공용 부분 관리비 등 전 구분소유자가 체납한 관리비의 징수를 위해 단전·단수 등의 조치를 취한 사안에서, 관리단의 위 사용방해행위가 불법행위를 구성한다고 한 사례
[5] 집합건물의 관리단 등 관리주체의 위법한 단전·단수 및 엘리베이터 운행정지 조치 등 불법적인 사용방해행위로 인하여 건물의 구분소유자가 그 건물을 사용·수익하지 못하였다면, 그 구분소유자로서는 관리단에 대해 그 기간 동안 발생한 관리비채무를 부담하지 않는다고 보아야 한다.

2. 관리사무소에서 입주를 방해하는 경우

1) 단전·단수, 엘리베이터 사용 정지

매수인은 공용 부분의 원금만 부담하면 되나, 아직도 일부 관리사무소에서는 전유 부분 체납액뿐만 아니라 그간 듬뿍 밀린 이자까지도 매수인에게 요구하고 있다. 통상적으로 관리사무소에서는 매수인은 말만 하면 다 들어주는 호구(?)로 알고 착한 매수인에게 받아낼 요량으로 체납자에게는 형식적인 압박만 하고, 매수인에게 터무니없는 요구를 하는 경우가 다반사다. 체납자에게는 성인군자 같은 관리사무소가 매수인한테는 마치 빌려준 돈을 악착같이 받으려는 채권추심업자(?)로 돌변한다. 혹 매수인이 안 들으면 전가의 보도를 꺼내 들기도 한다. 입주 지연은 물론이고 단전·단수하겠다고 엄포를 놓는다. 아파트는 밀린 관리비를 이유로 단전·단수를 하는 경우는 거의 없으나 상가의 경우 단전·단수 및 엘리베이터 사용을 못하게 해서 매수인에게 직접적인 영업 방해를 하거나 심리적 압박을 가하는 경우가 있다. 그럴 경우, 대다수 매수인은 관리소와의 관계 등을 고려해 대부분 타협한다.

그러나 관리사무소에서 밀린 관리비를 이유로 한 단전·단수 조치는 엄연한 불법행위(업무방해죄나 공갈죄 등으로 형사고소대상)이며, 오히려 임료 상당의 손해배당을 청구할 수 있다.

> **대법원 2006.6.29. 선고 2004다3598, 3604 판결**
> **[채무부존재확인 및 손해배상·채무부존재확인 등]**
>
> 집합건물의 관리단 등 관리 주체의 불법적인 사용방해행위로 인하여 건물의 구분소유자가 그 건물을 사용·수익하지 못한 경우, 구분소유자가 그 기간 동안 발생한 관리비채무를 부담하는지 여부(소극)
>
> 집합건물의 관리단 등 관리 주체의 위법한 단전·단수 및 엘리베이터의 운행정지 조치 등 불법적인 사용방해행위로 인하여 건물의 구분소유자가 그 건물을 사용·수익하지 못하였다면, 그 <u>구분소유자로서는 관리단에 대해 그 기간 동안 발생한 관리비 채무를 부담하지 않는다</u>고 보아야 한다.

2) 이삿짐 반출 방해

매수인이 밀린 관리비 납부를 거부하면 관리사무소가 이삿짐 반출을 막고 입주를 방해하는 풍경을 종종 보곤 한다. 말이 통하지도 않을뿐더러 이렇게 막무가내식으로 나올 경우, 다소 시간이 걸리더라도 강제집행이 최선이다. 집행관의 강제집행까지 이들이 막을 수는 없다. '강제집행효용침해죄' 때문이다.

3. 관리비 대납 시 돌려받는 방법

조기 입주를 위해 울며 겨자 먹기로 관리사무소의 요구대로 밀린 관리비를 매수인이 납부했다. 그런데 아무리 생각해도 너무 억울해서 전유 부분과 연체료를 돌려받고 싶다. 가능할까? 두 가지 경우를 생각할 수 있다. 먼저 관리사무소의 요구에 아무런 이의를 제기하지 않고 납부한 경우 돌려받기 어렵다. 채무승인 내지 대위변제되어 부당이득반환청구를 할 수 없기 때문이다. 다음은 납부의 불가피성이다. 어쩔 수 없이 밀린 관리비를 납부했다면 관리사무소의 압박으로 납부했다는 증거를 남겨야 한다.

→ 내용증명을 이용한다. 내용증명에 관리사무소의 강박에 의해서 어쩔 수 없이 관리비를 납부하나, 추후 소를 제기하겠다는 점을 명시하면 유용할 것이다.

4. 밀린 공과금(전기료, 수도료, 도시가스료) 처리 문제

밀린 도시가스요금은 누가 내야 하는가?

→ 전기요금, 도시가스요금, 수도요금 등 밀린 공과금은 매수인이 부담하지 않는다. 이들 요금은 전유 부분 사용료에 해당되기 때문이다. 전기(한국전력)와 수도(수도사업소), 도시가스(가스회사)는 매수인이 매각대금을 완납한 시점부터 부담한다.

1) 근거

대법원 판례에 따르면 매수인은 공용 부분만 부담하고 전유 부분은 입주자대표회의에서 부담한다. 관리비와 공과금의 부담 주체 결정 시 수익자(이용자) 부담이 원칙이다.

이런 연유로 전유 부분은 이용자가 부담하며, 이용자의 권리를 승계한 입주자대표회의가 부담한다. 따라서 전유 부분에 해당하는 공과금은 매수인이 부담하지 않는다.

2) 전기요금

> **대법원 1992.12.24. 선고 92다16669 판결 [부당이득금]**
>
> **【판시사항】**
> 가. 신수용가가 구수용가의 체납전기요금을 승계하도록 규정한 한국전력공사의 전기공급 규정이 일반적 구속력을 갖는 법규로서의 효력이 있는지 여부(소극)
>
> **【판결요지】**
> 가. 한국전력공사의 전기공급규정에 신수용가가 구수용가의 체납전기요금을 승계하도록 규정되어 있다 하더라도 이는 공사 내부의 업무처리지침을 정한 데 불과할 뿐 국민에 대하여 일반적 구속력을 갖는 법규로서의 효력은 없고, 수용가가 위 규정에 동의하여 계약의 내용으로 된 경우에만 효력이 생긴다.

3) 수도요금

> **서울특별시 수도조례 제30조(수도요금의 정산)**
> ① 건물 또는 토지의 매매 등으로 수도사용자 등이 변경되는 경우에 신규 수도사용자와 기존의 수도사용자등은 수도요금을 정산하여 신규 수도사용자가 납부하여야 한다. 다만, 경매·공매 처분에 따라 명의 변경된 경우에는 그러하지 아니하다.
> ② 제1항에도 불구하고 취득일 10일 전에 시장에게 신고한 경우에는 전 사용자가 사용한 요금을 분리하여 고지할 수 있다.

4) 도시가스

> **서울특별시 도시가스공급규정 제9조(계약의 준수)**
> ① 가스사용자는 다음 사항을 준수하여야 합니다.
> 1. 가스요금 및 그 밖에 이 규정에서 정한 제징수금을 기한 내에 납부하여야 합니다.
> 2. 가스공급 및 사용시설의 관리는 선량한 관리자로서의 주의의무를 다하여야 하며, 가스공급 및 사용시설을 설치 또는 변경하고자 하는 경우에는 사전에 당사에 통지하여야 합니다.
> 3. 가스공급 및 사용시설이 속한 건축물이 매매·임대·상속 등의 사유로 가스사용자가 변경된 경우 변경된 가스사용자는 문서(전자문서 포함) 또는 전화로 당사에 가스사용자 명의변경을 신청하여야 하며(별지 제3호 서식), 가스사용자 명의변경 신청이 있는 경우 당사는 이전 가스사용자의 체납확인 등 필요한 조치를 취하여야 합니다. 다만, 가스 수요자가 명의변경 없이 가스를 계속 사용할 경우에는 변경요인이 발생한 일로부터 실제 변경기준일까지의 요금은 납부하여야 합니다.
> 4. 가스사용자가 변경된 경우 이전 사용자의 체납요금은 변경된 가스사용자에게 승계되지 않습니다.
> 5. <u>법원 경매로 취득한 물건의 경우 소유권 이전일 이전 사용자의 체납요금은 변경된 가스 사용자에게 승계되지 않습니다.</u>

① 매수인은 소유권이전 등기후의 공과금만 부담한다. 이들 기관을 방문해 등기부등본을 제출하거나 유선상으로 경매를 통해 소유권이 변경되었음을 알리면 매각대금 납부(소유권이전등기) 이전의 연체료는 납부하지 않아도 된다.

② 다만 도시가스의 경우 낙찰자가 이전 사용자의 체납요금

을 변제하지 않아도 되지만, 일부 도시가스업체에서는 체납요금 변제 시까지 가스밸브를 오픈해주지 않는 식으로 가스시설 자체를 사용하지 못하도록 입주자를 압박하기도 한다.

> **대법원 1998.5.29. 선고 98다6497 판결 [보증금 반환]**
>
> 【판시사항】
> [1] 임차인이 임대차계약 종료 후 임차목적물을 계속 점유하였으나 본래의 계약상의 목적에 따라 사용·수익하지 않은 경우, 부당이득반환의무의 성립여부(소극)
> [2] 임차인이 임대차계약 종료 후 동시이행의 항변권을 행사하여 임차목적물을 계속 점유하는 경우, 불법점유로 인한 손해배상의무를 지기 위한 요건
> [3] 임차인의 비용상환청구권포기 특약이 있는 경우, 임차인이 임대차계약서상의 원상복구의무를 부담하지 않기로 하는 합의가 있었다고 본 사례
>
> 【판결요지】
> [1] 법률상의 원인 없이 이득하였음을 이유로 한 부당이득의 반환에 있어 이득이라 함은 실질적인 이익을 의미하므로, 임차인이 임대차계약관계가 소멸된 이후에도 임차목적물을 계속 점유하기는 하였으나 이를 본래의 임대차계약상의 목적에 따라 사용·수익하지 아니하여 실질적인 이득을 얻은 바 없는 경우에는 그로 인하여 임대인에게 손해가 발생하였다 하더라도 임차인의 부당이득반환의무는 성립되지 않는다.
> [2] 임대차계약의 종료에 의하여 발생된 임차인의 목적물반환의무와 임대인의 연체차임을 공제한 나머지 보증금의 반환의무는 동시이행의 관계에 있으므로, 임대차계약 종료 후에도 임차인이 동시이행의 항변권을 행사하여 임차건물을 계속 점유하여 온 것이라면, 임대인이 임차인에게 보증금반환의무를 이행하였다거나 현실적인 이행의 제공을 하여 임차인의 건물명도 의무가 지체에 빠지는 등의 사유로 동시이행의 항변권을 상실하지 않는 이상, 임차인의 건물에 대한 점유는 불법점유라고 할 수 없으며, 따라서 임차인으로서는 이에 대한 손해배상의무도 없다.

[3] 임대차계약서에 "임차인은 임대인의 승인하에 개축 또는 변조할 수 있으나 계약대상물을 명도 시에는 임차인이 일체 비용을 부담하여 원상복구하여야 함"이라는 내용이 인쇄되어 있기는 하나, 한편 계약체결 당시 특약사항으로 "보수 및 시설은 임차인이 해야 하며 앞으로도 임대인은 해주지 않는다. 임차인은 설치한 모든 시설물에 대하여 임대인에게 시설비를 요구하지 않기로 한다" 등의 약정을 한 경우, 임차인은 시설비용이나 보수비용의 상환청구권을 포기하는 대신 원상복구의무도 부담하지 않기로 하는 합의가 있었다고 보아, 임차인이 계약서의 조항에 의한 원상복구의무를 부담하지 않는다.

관리비는 3년이 소멸시효이며, 가압류 시 소멸시효가 정지된다.

소멸시효란 권리자가 권리행사를 할 수 있음에도 불구하고 일정한 기간 중에 그 권리를 행사하지 않은 경우, 그 권리를 소멸하게 하는 제도다.

제163조(3년의 단기소멸시효)
다음 각호의 채권은 3년간 행사하지 아니하면 소멸시효가 완성한다.
1. 이자, 부양료, 급료, 사용료 기타 1년 이내의 기간으로 정한 금전 또는 물건의 지급을 목적으로 한 채권
2. 의사, 조산사, 간호사 및 약사의 치료, 근로 및 조제에 관한 채권
3. 도급받은 자, 기사 기타 공사의 설계 또는 감독에 종사하는 자의 공사에 관한 채권
4. 변호사, 변리사, 공증인, 공인회계사 및 법무사에 대한 직무상 보관한 서류의 반환을 청구하는 채권
5. 변호사, 변리사, 공증인, 공인회계사 및 법무사의 직무에 관한 채권
6. 생산자 및 상인이 판매한 생산물 및 상품의 대가
7. 수공업자 및 제조자의 업무에 관한 채권

> **제168조(소멸시효의 중단 사유)**
> 소멸시효는 다음 각호의 사유로 인하여 중단된다.
> 1. 청구
> 2. 압류 또는 가압류, 가처분
> 3. 승인

낙찰자의 미납관리비 대납 후 사후처리 요령은 다음과 같다.

① 낙찰자가 이전 주인의 미납관리비를 대납했을 경우, 반드시 관리사무소로부터 관리비 납부증명서를 발부받아두어야만 한다.

② 통상적으로 관리비 채권은 3년의 소멸시효에 걸려 3년이 지나면 소멸하나, 낙찰자가 이전 주인을 대신해 납부한 구상채권은 소멸시효가 10년이다. 즉, 10년 내 전 주인이 어느 정도 신용이 회복된 시점에 구상권 소송을 제기할 경우 전부 변제받을 수 있다(필자도 최근 미납관리비 대납 후 5년이 경과한 시점에 소송을 제기해 승소 판결을 받았다).

③ 미납관리비의 주체가 폐업한 법인일 경우에는 굳이 소송을 제기하지 않아도 건물 관리소가 발급한 관리비 납부증명서만 있으면, 부동산 매도 후 양도세에서 필요경비로 전액 공제받을 수 있다.

서면-2015-법령해석재산-1971[법령해석과-3382], 2015.12.16

[제목]
전 소유자의 공용 부분 체납관리비를 납부한 경우 필요경비 해당 여부

[요지]
집합건물을 경매로 취득한 자가 전 소유자의 체납관리비(연체료 포함)를 '집합건물의 소유 및 관리에 관한 법률' 제18조에 따라 지급한 경우로서 전 소유자를 상대로 구상권을 행사하더라도 이를 상환받을 수 없는 경우 지급한 전체 체납관리비 중 공용 부분 체납관리비(연체료 제외)는 필요경비에 해당하는 것임

[회신]
집합건물을 경매로 취득한 자가 해당 부동산을 취득한 후 전 소유자의 체납관리비(연체료 포함)를 '집합건물의 소유 및 관리에 관한 법률' 제18조에 따라 지급한 경우로서 전 소유자를 상대로 구상권을 행사하더라도 이를 상환받을 수 없는 경우 지급한 전체 체납관리비 중 공용 부분 체납관리비(연체료 제외)는 '소득세법 시행령' 제163조 제1항 제1호 및 같은 영 제89조 제1항 제1호에 따른 매입가액에 가산되는 부대비용으로서 양도가액에서 공제할 필요경비에 해당하는 것입니다.

실전 사례로 풀어보는
상가 셀프 경매의 정석

제1판 1쇄 2021년 9월 7일

지은이 전병수
펴낸이 서정희   **펴낸곳** 매경출판㈜
기획제작 ㈜두드림미디어
책임편집 최윤경, 배성분   **디자인** 디자인 뜰채 apexmino@hanmail.net
마케팅 강윤현, 이진희, 장하라

매경출판㈜
등 록 2003년 4월 24일(No. 2-3759)
주 소 (04557) 서울시 중구 충무로 2(필동 1가) 매일경제 별관 2층 매경출판㈜
홈페이지 www.mkbook.co.kr
전 화 02)333-3577
이메일 dodreamedia@naver.com
인쇄·제본 ㈜M-print 031)8071-0961
ISBN 979-11-6484-300-8 (03320)

책 내용에 관한 궁금증은 표지 앞날개에 있는 저자의 이메일이나
저자의 각종 SNS 연락처로 문의해주시길 바랍니다.

책값은 뒤표지에 있습니다.
파본은 구입하신 서점에서 교환해드립니다.

부동산 도서 목록

  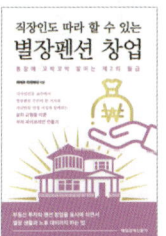 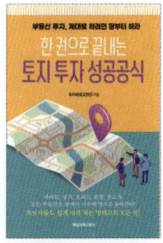

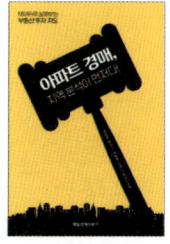

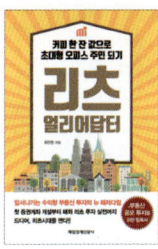

  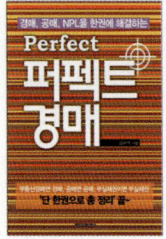 

두드림미디어
경매·경영, 재테크, 자기계발, 실용서 전문 출판 임프린트

㈜두드림미디어 카페
https://cafe.naver.com/dodreamedia

가치 있는 콘텐츠와 사람
꿈꾸던 미래와 현재를 잇는 통로

Tel : 02-333-3577
E-mail : dodreamedia@naver.com